PLATÃO

# A República

PLATÃO

# A República

Tradução
Ciro Mioranza

Lafonte

Título original: *The Republic*
Copyright da tradução © Editora Lafonte Ltda., 2017

Todos os direitos reservados.
Nenhuma parte deste livro pode ser reproduzida sob quaisquer meios existentes sem autorização por escrito dos editores.

**Direção Editorial** *Sandro Aloísio*
**Copidesque** *André Campos Mesquita*
**Revisão** *Suely Furukawa*
**Diagramação** *Marcelo Sousa | deze7 Design*
**Imagem de Capa** *Escola de Atenas (detalhe), Rafael, Wikimedia Commons*
**Produção Gráfica** *Giliard Andrade*

---

Dados Internacionais de Catalogação na Publicação (CIP)
(eDOC BRASIL, Belo Horizonte/MG)

P716r  Platão.
A república / Platão; tradução Ciro Mioranza. – São Paulo, SP: Lafonte, 2024.
368 p. : 15,5 x 23 cm

Título original: The Republic
ISBN 978-85-8186-253-8 (Capa Coleção)
ISBN 978-65-5870-593-2 (Capa Dura)

1. Ciência política. 2. Filosofia. 3. Utopias. I. Mioranza, Ciro. II. Título.
CDD 184

Elaborado por Maurício Amormino Júnior – CRB6/2422

---

**Editora Lafonte**
Av. Profª Ida Kolb, 551, Casa Verde, CEP 02518-000, São Paulo-SP, Brasil – Tel.: (+55) 11 3855-2100
Atendimento ao leitor (+55) 11 3855-2216 / 11 3855-2213 – atendimento@editoralafonte.com.br
Venda de livros avulsos (+55) 11 3855-2216 – vendas@editoralafonte.com.br
Venda de livros no atacado (+55) 11 3855-2275 – atacado@escala.com.br

# Índice

**Apresentação** ........................................................................ 7

**Livro I** ................................................................................... 9
Temas: a utilidade das riquezas / falsa definição de justiça e refutação / o homem justo é feliz e o injusto é infeliz

**Livro II** ................................................................................ 49
Temas: origem da lei / história do anel de === / o mau e o hipócrita / opinião do povo sobre o justo e o injusto / plano de fundação de um estado / educação dos defensores ou guerreiros / o bem tem origem na divindade

**Livro III** .............................................................................. 83
Temas: os poetas, a ficção e a mentira / o ensino da música / o amor / os bons juízes / a prática dos exercícios físicos, a ginástica / o caráter do bom governante / as raças de ouro, de prata e de ferro / os guerreiros não devem possuir riquezas

**Livro IV** .............................................................................123
Temas: a riqueza e a pobreza / limites do estado / culto aos deuses / o homem justo e o estado justo / sabedoria, coragem e temperança / definição de justiça e de injustiça

**Livro V** ............................................................................... 159
Temas: a educação das mulheres / superioridade dos homens e inferioridade das mulheres / casamento e raça pura / as mulheres na guerra / guerra e escravidão / o novo estado ou a nova república / papel dos filósofos no estado / o conhecimento e a ignorância / o belo

**Livro VI** ............................................................................. 201
Temas: qualidades dos governantes / porque o filósofo deve pleitear o governo / o verdadeiro sábio / a justiça e o bem / panorama do mundo visível / panorama do mundo ideal

**Livro VII** ............................................................................ 237
Temas: alegoria da caverna / educação dos futuros governantes / a importância da matemática e da astronomia / a escolha dos governantes / participação das crianças na guerra / provas de preparação dos guerreiros / idade para assumir o governo

**Livro VIII** .................................................................................................. **272**
Temas: diferentes formas de governo / passagem da aristocracia à timocracia / passagem da timocracia à oligarquia / perigos da oligarquia / passagem da oligarquia à democracia / vantagens da democracia / a democracia gera a tirania ou a ditadura

**Livro IX** ..................................................................................................... **305**
Temas: o homem democrático / o tirano / a razão e a alma / o prazer e a dor / a parte divina da alma / a utopia da república ideal

**Livro X** ...................................................................................................... **333**
Temas: a essência das coisas / os poetas e suas ficções prejudiciais / recompensas reservadas à virtude / a imortalidade da alma / o justo recebe recompensas dos deuses e dos homens / o outro mundo: céu, inferno, reencarnação

**VIDA E OBRAS DO AUTOR** ........................................................................ **365**

## Apresentação

Os estudiosos do pensamento filosófico concordam em afirmar que *A República* é a obra mais importante de Platão, filósofo grego que viveu entre os séculos V e IV antes de Cristo. Obra de caráter político, *A República* é uma utopia criada por Platão, um Estado ideal que deveria ser governado por homens justos, sábios e instruídos. Para ele, o homem capaz de reunir essas qualidades seria o filósofo. Ele mesmo teve a oportunidade de fazer a experiência, por três vezes, todas fracassadas, como conselheiro do tirano Dionísio, na cidade de Siracusa, sul da Itália, que fazia parte, na época, da Magna Grécia ou império grego que abrangia grande parte das costas mediterrâneas, desde a própria Grécia, norte da África, sul da Itália, chegando até a Espanha.

Em *A República*, Platão passa em revista todos os sistemas de governo existentes na época e analisa sobretudo a aristocracia, a oligarquia, a democracia e a ditadura que ele chama de tirania. Seu pensamento, na criação de seu Estado ideal ou perfeito, segue uma tríplice direção: a produção, a defesa, a administração da coisa pública. O sistema produtivo abrange agricultura, indústria e comércio. O terceiro eixo é o próprio governo que administra os bens do Estado e viabiliza a comercialização, mediante leis justas e pertinentes. Para que a sociedade produza e cresça em harmonia e paz, é necessário constituir e manter um grupo de defensores do

Estado e do povo, o exército, que deverá manter a harmonia e a paz contra as ameaças de inimigos internos e externos.

Para estabelecer esse Estado ideal, virtudes e qualidades são fundamentais. Platão se delonga em analisar as qualidades físicas, morais e intelectuais do cidadão, do guerreiro e do chefe de Estado. Critica vícios existentes nas sociedades e nos governos da época, condena atos e modos de vida que levam à degradação da sociedade, do exército e da cúpula de governo. A vícios e erros contrapõe virtudes, qualidades e a maneira ideal de agir, de se comportar, de conduzir, de guerrear, de governar em seu Estado ideal ou em sua República utópica. Ele mesmo reconhece que sua república é uma utopia, que provavelmente jamais haveria de ser implantada em lugar algum do mundo, nem por isso, contudo, deixa de demonstrar de modo convicto que esse seria o caminho para uma sociedade perfeita.

A leitura de *A República* é fácil, atraente e envolvente, mesmo porque o texto inteiro é apresentado em forma de diálogo, com personagens que o combatem, discutem com ele ou apresentam dúvidas. Para deixar o diálogo correr mais fluente, nesta tradução foram substituídas inúmeras expressões correntes no texto original, como "disse fulano", "respondeu sicrano", "retrucou beltrano", "rebateu", "perguntou", "acrescentou", "continuou", "concordou", "discordou", etc. Elas foram substituídas pelo nome do interlocutor, colocado no início de sua intervenção.

Apesar de ter sido escrito há mais de 2.300 anos e à parte alguns princípios sociais inaceitáveis hoje (como a depuração da raça pelo infanticídio e a inferioridade das mulheres), este livro é de uma atualidade impressionante. O modo de fazer política, o modo de ser do político, as mazelas do Estado, os males que afetam o sistema de governo e da sociedade, tudo é de tamanha atualidade que até parece que o mundo, nestes aspectos, pouco evoluiu.

*O tradutor*

## Livro I
Sócrates, Glauco, Polemarco,
Trasímaco, Adimanto, Céfalo*

### I

Ontem eu tinha descido ao Pireu com Glauco, filho de Aristo, para orar à deusa e, ao mesmo tempo, ver como tinham celebrado a festa que ocorria então pela primeira vez. Pareceu-me deveras muito bela a procissão do povo do lugar, mas não menos esplêndida me parecia aquela dos habitantes da Trácia. Estávamos voltando para a cidade, após termos feito nossa oração, e contemplado o espetáculo, quando Polemarco, filho de Céfalo, viu-nos de longe a caminho de casa e mandou que seu escravo corresse adiante, pedindo para que o esperássemos. Esse agarrou minha túnica pelas costas e me disse: "Polemarco pede a vocês para que o esperem." Voltei-me e lhe perguntei onde estava seu amo. Respondeu: "Está vindo logo ali atrás. Esperem-no." "Certamente vamos esperá-lo", disse Glauco.

Pouco depois, chegaram Polemarco e Adimanto, irmão de Glauco, e ainda Nicerato, filho de Nícias, com mais outros que voltavam da festa.

---

[*] Estes são os personagens que intervêm nos debates sobre as questões propostas por Platão. Para facilitar a identificação deles no decorrer de todo o livro, coloca-se, nos diálogos ou debates, a partir do item III logo adiante, antes de suas participações ou de seus questionamentos, a inicial de cada um desses nomes. Assim, S. = Sócrates; G. = Glauco; P. = Polemarco; T. = Trasímaco; A. = Adimanto; C. = Céfalo. Para facilitar, no início de cada item, na primeira participação de cada personagem, será colocado o nome por inteiro.

Polemarco se adiantou e disse: "Parece-me, Sócrates, que vocês estão voltando para casa pelo caminho da cidade."

Respondi: "Sem dúvida, isso mesmo!"

Ele insistiu: "Mas você não vê quantos somos?"

"Certamente, estou vendo!"

Ele continuou: "Ou vocês conseguem demonstrar que são mais fortes que nós ou então deverão ficar aqui."

"Há ainda outra alternativa", objetei, "se conseguirmos convencer a todos que devem deixar-nos partir."

Polemarco disse: "Se não lhes dermos ouvidos, como conseguirão convencer-nos?"

"De nenhuma maneira", respondeu Glauco.

"E então poderão ficar certos que não lhes daremos ouvidos."

Adimanto interveio por sua vez: "Vocês não sabem que esta noite haverá uma corrida de cavalos com as tochas em honra à deusa?"

"De cavalos?", perguntei. "Essa é nova! Você quer dizer uma corrida e eles vão se passar as tochas enquanto os cavalos seguem correndo? É isto que você quer dizer?"

"Exatamente", respondeu Polemarco. "Depois haverá uma festa noturna. Seria interessante assisti-la. Depois do jantar vamos sair para ver o espetáculo. Haverá muitos jovens e poderemos conversar com eles. Fiquem aqui, escutem-nos!"

Glauco disse então: "Parece que não há outra saída e seria bom ficar."

E eu completei: "De acordo, então. Vamos ficar."

## II

Fomos, portanto, até a casa de Polemarco, onde estavam Lísias e Eutidemos, seus irmãos, Trasímaco da Calcedônia, Carmantides de Peana e Clitofonte, filho de Aristônimo. Céfalo, pai de Polemarco, também estava em casa e me pareceu muito velho. Fazia muito tempo que não o via. Estava sentado numa cadeira, apoiado numa almofada, e trazia uma coroa na cabeça, porquanto havia oferecido há pouco um sacrifício no pátio. Começamos a sentar-nos em torno dele, em algumas cadeiras que estavam dispostas em círculo.

Logo que me viu, Céfalo me cumprimentou, dizendo: "Você não desce muitas vezes para junto de nós, aqui no Pireu, Sócrates. No entanto, isso é o que você deveria fazer mais vezes. Se ainda tivesse forças para me deslocar facilmente até a cidade, você não precisaria vir até aqui, mas nós iríamos procurá-lo. Em vez disso, agora é você que deve vir mais vezes até aqui. Devo dizer que, quanto mais diminuem em mim outros prazeres físicos, mais crescem o desejo e o prazer da conversa. Mantenha-se, portanto, em contato com estes jovens e venha com maior frequência a nossa casa. Somos amigos e lhe queremos bem."

Eu, de minha parte, falei: "Céfalo, gosto de conversar com as pessoas idosas. De fato, me parece que temos de aprender com elas, que já nos precederam no caminho que, talvez, também nós iremos percorrer, informando-nos como se apresenta esta estrada: se é áspera, dura ou fácil e cômoda. Gostaria de ouvir de você, uma vez que chegou ao momento da vida que os poetas chamam de 'no limiar da velhice', se lhe parece um momento difícil da existência ou se você pensa que não o seja."

## III

**Céfalo** – Sim, por Zeus, Sócrates! Eu lhe direi o que penso. Nós nos reunimos seguidamente, eu e mais uns poucos que temos mais ou menos a mesma idade, como diz o antigo provérbio[1]. Nesses encontros, a maioria de nós se lamenta, recordando com saudades os prazeres da juventude, relembrando as aventuras amorosas, a boa bebida, os banquetes e outras coisas desse tipo. Eles se afligem como se tivessem perdido todas as grandes alegrias e confessam que viviam bem, mas que esta de agora não merece ser chamada de vida. Há quem se queixe também por causa das humilhações que deve suportar dos próprios parentes porque é velho e passa a enumerar todos os males que a velhice lhe inflige. Para mim, Sócrates, me parece que eles não conseguem perceber o verdadeiro motivo de tudo isso, porque, se fosse verdade, eu também estaria na mesma condição, velho como sou, e como todos os

---

[1] Alusão ao provérbio: "Coetâneo gosta de coetâneo."

demais que atingiram a minha idade. A bem da verdade, encontrei também várias pessoas de idade que pensavam de modo bem diverso, como, por exemplo, o poeta Sófocles, a quem certa vez alguém lhe perguntou: "Como andam as coisas com o amor, Sófocles? Você ainda consegue chegar ao prazer com uma mulher?" Eu mesmo o ouvi responder: "Nem me fale disso! Já estou livre e, com imensa alegria, como se tivesse fugido de um patrão furioso e truculento".

Já na época me pareceu que tivesse razão e agora estou mais do que nunca convencido disso. A velhice traz consigo uma grande paz e o homem se liberta dessas coisas. Quando os desejos não são mais tão violentos e as rédeas se afrouxam, então sim é que, na verdade, se realizam as palavras de Sófocles e o homem se torna livre de muitos patrões furiosos. Dessas angústias e de outras similares, de que se lamentam meus amigos, a velhice não é responsável, Sócrates, mas sim seu modo de viver. Se realmente fossem equilibrados e serenos, a velhice também lhes seria suportável. Ao contrário, Sócrates, para pessoas desse tipo parece desagradável não somente a velhice, mas também a própria juventude.

## IV

Fiquei muito admirado com sua resposta e o encorajei a falar ainda, dizendo-lhe: "Céfalo, eu acho que quando você fala assim, a maioria de seus ouvintes não está de acordo com você. Talvez acreditem que você suporta facilmente a velhice porque você é muito rico. De fato, se diz por aí que os ricos dispõem de muitas coisas para se consolar."

**Céfalo** – É assim mesmo, eles não concordam mesmo comigo. Não deixam de ter razão, embora não tanto quanto pensam. Bonita, sem dúvida, foi a resposta que Temístocles deu a um cidadão de Sérifo. Esse o ofendeu, dizendo que sua fama não era mérito dele, mas de sua cidade. Temístocles retrucou que, como ele próprio não se teria tornado famoso se fosse de Sérifo, assim o outro teria ficado desconhecido, mesmo que fosse ateniense. O mesmo discurso vale para quem não é rico e mal tolera a velhice. Nem um homem equilibrado, sendo pobre, suportaria com grande facilidade a velhice, mas um homem desequilibrado nunca estaria em paz consigo mesmo, nem mesmo se fosse rico.

**Sócrates** – A maior parte dos bens, Céfalo, você os herdou ou você os foi adquirindo?

**C.** – Você quer saber quanto acumulei, Sócrates? Nos negócios, ocupo o meio termo entre meu avô e meu pai. Meu avô, que tinha o mesmo nome que o meu, herdou mais ou menos a riqueza que ora possuo e a tornou bem maior. Meu pai Lísias, ao contrário, a diminuiu um pouco em comparação com a situação atual. Para mim, é suficiente deixar a meus filhos um patrimônio não menor, mas sim um pouco maior daquele que herdei.

**S.** – Eu lhe perguntei isso porque me parecia que você não estava muito apegado ao dinheiro como geralmente ocorre com aqueles que não o ganharam com o próprio esforço. Pelo contrário, aqueles que o ganharam por iniciativa própria o apreciam mais que o dobro que os outros. De fato, como os poetas gostam mais de seus próprios poemas e os pais dos próprios filhos, assim também os homens de negócios se apegam ao dinheiro porque é fruto de seu trabalho. Além do mais, o amam, como todos os outros, porque é útil. Por isso é que sua companhia é enfadonha, pois têm disposição somente para falar de dinheiro.

**C.** – É assim mesmo.

# V

**Sócrates** – Claro que sim. Mas quero fazer outra pergunta. Qual é o maior benefício que você acredita ter auferido com a posse de um imenso patrimônio?

**Céfalo** – Se eu o confessasse, talvez não conseguisse convencer ninguém. Você tem de saber, Sócrates, que, quando o homem percebe que o momento de sua morte está se aproximando, fica tomado pelo temor e pela ansiedade em função de problemas que antes não lhe causavam qualquer preocupação. Os relatos sobre o Hades e sobre o castigo que lá embaixo devem sofrer os homens injustos, até aquele momento o faziam rir. A partir daí, porém, começam a perturbar o ânimo porque teme que sejam verdadeiros. Além do mais, a fraqueza da velhice ou a maior proximidade das coisas de lá debaixo impelem a considerar com maior atenção esses mistérios. Fica apreensivo e começa a repassar continuamente os erros cometidos. Quem descobre muitos erros na própria existência, desperta com frequência dos próprios sonhos, como as crianças, sobressaltado, e vive acabrunhado por maus pressentimentos. Quem, no entanto, sabe de não ter feito nada de mal, sempre tem uma doce esperança, e até, como diz Píndaro, a boa nutriz de sua velhice. Com efeito, Sócrates, esse poeta disse de modo magistral que 'quem viveu uma vida justa e santa, uma doce esperança o acompanha, aquecendo-lhe o coração e nutrindo sua velhice a esperança que governa de modo soberano o pensamento dos mortais'.

São versos verdadeiramente admiráveis! Por isso, acho que ser rico seja um bem muito precioso, não para qualquer um, mas somente para um homem equilibrado.

A riqueza, na realidade, contribui de maneira decisiva para não enganar nem mentir, sequer involuntariamente; para não ficar devedor de sacrifícios a um deus ou de dinheiro a um homem; e finalmente, para não partir daqui cercado de receios. Não há dúvida de que a riqueza traz muitas outras vantagens, mas, ponderando bem, para um homem sensato, esta me parece ser sua máxima utilidade.

**S.** – Céfalo, você realmente tem razão. Mas vamos definir a essência dessa vantagem. Trata-se somente do fato de dizer a verdade e de restituir o que se toma emprestado de alguém? Ou essas ações podem ser realizadas com razão ou sem razão, de acordo com cada caso? Por exemplo, alguém tomou emprestadas armas de um amigo que estava de plena posse de suas faculdades mentais. Esse, depois, é vítima de um acesso de loucura e pede a restituição das mesmas. Em tal caso, todos estão de acordo que as armas não deveriam ser restituídas. Quem o fizesse, agiria de modo errôneo, exatamente como se se quisesse contar toda a verdade a um homem em tal estado.

**C.** – Você tem razão.

**S.** – Então não se pode definir como justiça o fato de ser sincero e o de restituir o que se recebeu em consignação.

**P.** – Ao contrário, acho que sim, se Simônides merece crédito.

**C.** – Seja como for, deixo que vocês discutam porque já chegou a hora de me ocupar com o sacrifício.

**S.** – Então, Polemarco herda seu posto no debate?

**C.** – Certamente.

Assim respondeu Céfalo, rindo, e saiu para oferecer seu sacrifício.

## VI

**Sócrates** – Diga-me, por favor, você que é o herdeiro da discussão. O que é que Simonides diz a respeito da justiça? Por que achas que ele a define tão bem?

**Polemarco** – Diz que é necessário restituir a cada um o que é seu. Nisso, acho que ele está certo.

**S.** – Claro que está. Não é fácil não levar em consideração um homem sábio e divino como Simonides. O significado da frase, porém, e talvez você o saiba, Polemarco, para mim permanece obscuro. Não me refiro, contudo, ao que se dizia há pouco, isto é, que se alguém tivesse deixado alguma coisa depositada junto a outra pessoa e, depois, fora de si, a exigisse de volta, que devesse ser restituída. Um empréstimo, entretanto, é uma coisa devida, ou não?

**P.** – Com certeza!

**S.** – Mas não se deve restituir nada mesmo quando aquele que a reclama está fora de si?

**P.** – Exatamente assim.

**S.** – Então Simonides, pelo que parece, entende outra coisa ao afirmar que é justo restituir o que é devido.

**P.** – Com toda a certeza, por Zeus! Outra coisa, sem dúvida alguma! Ele é de opinião que aos amigos se deve sempre e somente fazer o bem.

**S.** – Agora entendo, quando restituir e retomar se torna perigoso e quando quem retoma e quem restitui são amigos, não cumpre seu papel quem restitui o ouro recebido em depósito. Não é esse, você não acha, o pensamento de Simonides?

**P.** – Precisamente este.

**S.** – E então? Aos próprios inimigos se deve devolver o que a eles se deve?

**P.** – Com toda a certeza. É necessário restituir o que a eles se deve. E um inimigo deve ao inimigo o que lhe toca, isto é, o dano; esta é a relação entre eles.

# VII

**Sócrates** – Simonides, pelo que parece, definiu portanto a justiça de maneira poeticamente enigmática. Aparentemente, pensava que justiça fosse devolver a cada um o seu, chamando isso de dívida.

**Polemarco** – O que você está querendo dizer?

**S.** – Por Zeus! Se lhe tivessem perguntado: Simonides, a profissão chamada medicina a quem e que coisa dá que seja devida ou apropriada? O que teria ele respondido, segundo você?

**P.** – Mas é de todo evidente: prescreve os medicamentos, os alimentos e a bebida ao corpo.

**S.** – E a assim chamada arte culinária a quem e que coisa dá que seja devida e apropriada?

**P.** – Acrescenta os temperos às iguarias.

**S.** – De acordo. E a arte, pois, que poderia ser definida como justiça, o que dá e a quem dá?

**P.** – Segundo o que já foi dito, Sócrates, a justiça é a arte de trazer benefício para os amigos e prejuízo para os inimigos.

**S.** – Simonides chama, portanto, justiça beneficiar os amigos e prejudicar os inimigos?

**P.** – Me parece que sim.

**S.** – Quem é, pois, o mais apto em fazer o bem aos amigos doentes e em prejudicar os inimigos com relação à doença e à saúde?

**P.** – O médico.

**S.** – E quem pode ajudar ou prejudicar os navegadores com relação aos perigos do mar?

**P.** – O piloto.

**S.** – Muito bem. E o homem justo? Em quais ações e com relação a que é o mais apto de todos em favorecer aos amigos e prejudicar os inimigos?

**P.** – Pelo que me parece, na guerra, como adversário destes e como aliado daqueles.

**S.** – Ótimo! Mas, caro Polemarco, para quem não está doente, o médico não tem serventia alguma.

**P.** – É verdade.

**S.** – Nem o piloto para quem não vive no mar.

**P.** – Evidente.

**S.** – Se não houver guerra, portanto, também o homem justo não tem qualquer serventia?
**P.** – Com relação a isto, não estou de acordo.
**S.** – Então a justiça é útil também em tempos de paz?
**P.** – Com certeza!
**S.** – Como a agricultura, ou não?
**P.** – Sem dúvida alguma.
**S.** – Como condição para a produção de frutos?
**P.** – Sim.
**S.** – E o que se poderia dizer da profissão do sapateiro?
**P.** – A mesma coisa.
**S.** – Isto é, que serve para fabricar sapatos?
**P.** – Mas é claro!
**S.** – E então? Segundo sua opinião, que objetivo tem ou o que promove a justiça em tempo de paz?
**P.** – Serve para os contratos, Sócrates.
**S.** – Por contratos você entende as sociedades ou alguma coisa diferente?
**P.** – Exato, as sociedades.
**S.** – Para dispor as peças no jogo de damas[2], porém, qual o companheiro melhor e mais útil, senão o que realmente sabe jogar?
**P.** – Ele e ninguém mais.
**S.** – E para colocar tijolos e pedras, o homem justo é um parceiro melhor e mais útil que o pedreiro?
**P.** – De jeito nenhum!
**S.** – Então, para que tipo de sociedade o homem justo vale mais que um tocador de harpa, posto que um tocador de harpa vale mais que um homem justo para fazer vibrar as cordas de um instrumento?
**P.** – Acho que em termos de dinheiro.
**S.** – Exceto, talvez, no caso em que se deva gastar para comprar ou vender um cavalo. Parece-me, então, que é mais útil um bom entendedor de cavalos, ou não?
**P.** – Acho que sim.

---

[2] Não se trata propriamente do jogo de damas, mas da "petteia" que consistia em alinhar as próprias pedras numa linha central do tabuleiro antes do adversário; além de evitar a ocupação dessa linha, o adversário tentava ser o primeiro a fazê-lo.

**S.** – No caso de uma embarcação, o construtor ou o piloto.

**P.** – Parece que é assim mesmo.

**S.** – Sendo assim, quando do trato com alguém se deve empregar ouro ou prata, em que caso o homem justo é mais útil que os outros?

**P.** – Quando se trata de depositar uma quantia com toda a tranquilidade, Sócrates.

**S.** – Se bem entendo, você se refere aos casos em que o dinheiro não deva circular, basta deixá-lo guardado?

**P.** – Exatamente.

**S.** – Então a justiça tem serventia só quando o dinheiro é improdutivo?

**P.** – Talvez seja assim.

**S.** – E quando é preciso manter guardado um podão, a justiça serve ao indivíduo e à comunidade. Mas quando é preciso usá-lo, não se torna útil o trabalho do vinhateiro?

**P.** – Parece que sim.

**S.** – De modo semelhante, você poderá dizer, quando é preciso guardar sem fazer uso um escudo e uma lira, a justiça é útil, mas quando é preciso usá-los é requerida a arte do soldado e do músico?

**P.** – Evidente!

**S.** – E com relação a todo o resto, a justiça é inútil para o uso de cada uma das coisas e, ao contrário, é útil quando dela não se faz uso?

**P.** – Talvez sim.

## VIII

**Sócrates** – Meu amigo, a justiça portanto talvez não seja uma coisa muito séria, se é útil somente quando se faz uso das coisas. Vamos, porém, considerar também isto: não é porventura verdade que no pugilato ou em qualquer outra luta, quem é muito hábil em atacar o é também em defender-se?

**Polemarco** – Claro!

**S.** – E quem sabe se defender de uma doença não é mais hábil também em transmiti-la a outros, sem que o percebam?

**P.** – Me parece que sim.

**S.** – Não é, portanto, um bom defensor do exército aquele que sabe surripiar dos inimigos seus planos e frustrar-lhe qualquer tipo de ação?

**P.** – Naturalmente.

**S.** – Portanto, quem é ótimo guarda é também ótimo ladrão?

**P.** – É o que parece.

**S.** – Se o homem justo é capaz de manter sob guarda o dinheiro, é portanto também capaz de roubá-lo.

**P.** – Esta pelo menos é a conclusão que a lógica sugere.

**S.** – O homem justo, portanto, se revelou um ladrão, pelo que parece, e talvez você aprendeu isso de Homero. Com efeito, ele nutre uma elevada consideração por Autólico, o avô materno de Ulisses, e diz que 'superava a todos na habilidade de roubar e perjurar'. Por isso, segundo você entende e, segundo Homero e Simonides, a justiça parece quase uma arte de roubar, mesmo que seja em benefício dos amigos e em prejuízo dos inimigos. Você pretendia dizer isso, não?

**P.** – Nada disso, por Zeus! Nem me lembro mais do que estava dizendo. Fico firme, porém, na opinião de que a justiça consiste em favorecer os amigos e em prejudicar os inimigos.

**S.** – Mas você considera amigos aqueles que parecem honestos para todos ou aqueles que o são, mesmo que não pareçam? Minha pergunta vale também para o caso dos inimigos.

**P.** – É natural amar aqueles que se supõe honestos e odiar aqueles que supostamente são maus.

**S.** – Mas não é por acaso verdade que neste ponto os homens se enganam seguidamente e assim muita gente lhes parece honesta quando na realidade não o é, e vice-versa?

**P.** – Sem dúvida.

**S.** – Para estas pessoas, portanto, os bons parecem inimigos e os maus, pelo contrário, parecem amigos?

**P.** – Exatamente.

**S.** – Neste caso, pois, é justo para eles favorecer os maus e prejudicar os bons?

**P.** – Parece que sim.

**S.** – No entanto, os homens bons são justos e incapazes de fazer o mal.

**P.** – É verdade.

**S.** – Portanto, segundo seu raciocínio, é justo fazer o mal aos inocentes.

**P.** – De modo nenhum, Sócrates! Este discurso me parece imoral.

**S.** – É justo então prejudicar os injustos e favorecer os justos?

**P.** – Acho que assim é melhor.

**S.** – Pode acontecer, portanto, Polemarco, que muita gente, errando na avaliação dos outros, achará justo fazer o mal aos amigos por julgar que sejam maus, mas favorecerá os inimigos, pensando que sejam bons. E desse modo estamos dizendo exatamente o contrário do pensamento que atribuímos a Simonides.

**P.** – Exatamente. Mas vamos corrigir nossa definição. De fato, talvez não tenhamos definido corretamente quem seja um amigo e quem seja um inimigo.

**S.** – Como assim, Polemarco?

**P.** – Definimos amigo aquele que parece honesto.

**S.** – E agora, como vamos colocar a definição?

**P.** – É um amigo quem parece e é efetivamente honesto, enquanto quem assim parece sem o ser aparenta ser um amigo, mas não o é. Da mesma maneira, vamos definir também o inimigo.

**S.** – Mas parece que, segundo este raciocínio, amigo é o homem bom e inimigo, o mau.

**P.** – Exato.

**S.** – Você sugere, portanto, acrescentar à ideia de justo alguma coisa que não tínhamos dito antes, quando afirmamos que é justo fazer o bem a um amigo e fazer o mal a um inimigo. Deveríamos, portanto, acrescentar que é justo fazer o bem a um amigo que seja efetivamente bom e fazer o mal a um inimigo que seja efetivamente mau?

**P.** – Exatamente. Esta me parece uma ótima afirmação.

## IX

**Sócrates** – Mas um homem justo pode prejudicar a outro?

**Polemarco** – Sem dúvida. Quem é mau e hostil deve haver-se com o mal.

**S.** – Mas se tratarmos mal os cavalos, eles se tornam melhores ou piores?
**P.** – Piores.
**S.** – Piores, com relação aos atributos dos cães ou dos cavalos?
**P.** – Dos cavalos.
**S.** – E se os cães forem maltratados, eles se tornam piores com relação às qualidades dos cães; certamente não daquelas dos cavalos.
**P.** – Indubitavelmente.
**S.** – Não deveríamos dizer, meu amigo, que os homens, se maltratados, se tornam piores com relação às qualidades humanas?
**P.** – Evidente.
**S.** – Mas a justiça não é uma virtude humana?
**P.** – Isto também está certo.
**S.** – Portanto, meu amigo, se os homens forem maltratados, não podem não tornar-se mais injustos.
**P.** – Talvez seja assim.
**S.** – Mas é possível que os músicos tornem os homens insensíveis à música?
**P.** – Certamente que não.
**S.** – E aqueles que são hábeis em equitação podem com a hípica tornar os outros incapazes de cavalgar?
**P.** – Impossível.
**S.** – E então podem ser tornados injustos os homens com a justiça? Ou, de modo geral, os homens honestos podem tornar maus os outros com a virtude?
**P.** – Realmente é impossível.
**S.** – Acho que é pelo fato de que o efeito do calor não consiste em esfriar, mas o contrário.
**P.** – Sim.
**S.** – Nem o efeito da seca consiste em umedecer, mas o contrário.
**P.** – Evidente.
**S.** – Nem é próprio do homem honesto fazer o mal, mas o contrário.
**P.** – Parece que sim.
**S.** – Mas o homem justo não é também bom?
**P.** – Sem dúvida alguma.

**S.** – Fazer mal a alguém, Polemarco, a um amigo ou a qualquer outro, portanto, é próprio não de quem é justo, mas sim de quem é injusto.

**P.** – Parece que você, Sócrates, está totalmente certo.

**S.** – Se, portanto, se afirma que a justiça consiste em dar a cada um o que lhe toca, e com isto se pretende dizer que o homem justo deve fazer o mal aos inimigos e o bem aos amigos, quem sustenta isto não é um sábio porque não fala de acordo com a verdade. De fato, pareceu-nos evidente que em nenhum caso é justo fazer o mal a quem quer que seja.

**P.** – Estou plenamente de acordo.

**S.** – Juntos portanto, você e eu, vamos nos opor a todos os que sustentarem que uma máxima semelhante tenha sido pronunciada por Simonides, por Bias, por Pítaco ou por qualquer outro sábio de respeito.

**P.** – Estou pronto em desempenhar com você minha parte nessa luta.

**S.** – Você sabe a quem atribuo a autoria da máxima que é justo favorecer os amigos e prejudicar os inimigos?

**P.** – A quem?

**S.** – Acho que teria sido Periandro, ou Perdicas, ou Xerxes ou o tebano Ismênio ou ainda algum outro indivíduo rico e inebriado pelo poder.

**P.** – Acho que você tem razão mesmo.

**S.** – Muito bem. Como para nós parece claro que a justiça e o que é justo não consistem nisto, então o que são na verdade?

Trasímaco, enquanto falávamos, esteve por várias vezes pronto para intervir na discussão. Havia sido impedido por seus amigos a seu lado, ansiosos por acompanhar o debate até o fim. Quando, porém, depois de minha última observação, interrompemos a discussão, ele não se conteve mais, se encolheu todo como uma fera e se lançou sobre nós como se fosse nos dilacerar.

Eu e Polemarco ficamos tomados de pânico. Ele, porém, dirigindo-se a todos, disse: "Por que, Sócrates, vocês se delongam em tais coisas insensatas? Por que vocês se deleitam em fazer o papel de néscio um para o outro? Se você realmente quer saber o que é a justiça, não deve se limitar a fazer perguntas, nem se vangloriar de saber rebater as respostas, porque você pôde perceber que perguntar é mais fácil que responder. Em lugar disso, tente responder você mesmo e tente expressar sua definição de justiça. Não me venha, porém, a dizer que é o dever, o útil, ou a vantagem, ou o lucro, o conveniente. Exponha com clareza e precisão o que você tem a dizer porque semelhantes banalidades, eu não o deixarei dizê-las."

Ao ouvir essas palavras, fiquei assustado e receava em fitá-lo. Talvez tivesse perdido a voz se eu não tivesse conseguido olhar para ele antes que ele pudesse me fitar. De fato, quando começou a ficar nervoso por causa de nossas palavras, eu o encarei por primeiro e assim pude responder-lhe. Tremendo, eu disse: "Não leve a mal, Trasímaco. Se este homem e eu estamos seguindo a trilha errada em nossa perquirição, fique certo que isto ocorre para nosso desgosto. Se procurássemos ouro, você bem sabe que ficaríamos a tecer elogios um para o outro, sob o risco de comprometer o êxito da busca. Se procuramos a justiça, que é uma coisa muito mais preciosa que muitas pepitas de ouro, não nos tome por tão estultos que um possa ceder ao outro e que não nos preocupemos seriamente em descobri-la. Amigo, a respeito disto você pode estar certo. Talvez, no entanto, não sejamos capazes. Vocês, portanto, que são hábeis, deveriam ter piedade de nós, e não deixar-se levar pela indignação."

## XI

Ao ouvir essas palavras, Trasímaco desatou a rir com sarcasmo e disse: "Ó Héracles, esta é a famosa e costumeira ironia de Sócrates. Eu já sabia, já tinha avisado a estes que você se recusaria em responder e teria tomado o caminho da ironia a qualquer custo, com o claro objetivo de não responder a eventuais perguntas."

**Sócrates** – Você sim é realmente sábio, Trasímaco. Você sabia muito bem, portanto, que, se fosse perguntado a alguém o que é o número doze, mas se logo se acrescentasse "Cuidado, amigo! Não me diga que o doze é seis vezes dois, ou quatro vezes três, ou duas vezes seis, ou três vezes quatro, porque não poderia aceitar de sua parte banalidades desse tipo!"; em tal caso, você bem sabia que, segundo penso, ninguém poderia responder a uma pergunta formulada desse jeito. Mas se fosse perguntado "O que você diz, Trasímaco? Não devo dar nenhuma das respostas que você enunciou? Nem, admirável homem, se uma dessas for a correta? Devo, portanto, afirmar alguma coisa que seja diversa da verdade ou você coloca de outro modo a questão?" O que você responderia numa pergunta semelhante?

**Trasímaco** – Bem, este problema é bem semelhante ao outro.

**S.** – Talvez sim. Mesmo, porém, que não fosse semelhante, conquanto aparecesse de tal modo a quem é interrogado, você acha, contudo, que não responderá o que parece justo a ele, independentemente de nossa proibição ou de nosso consentimento?

**T.** – Então também você faria alguma coisa desse tipo: escolheria uma das respostas que eu excluí?

**S.** – Não faria diferença, se me parecesse justo depois de atento exame.

**T.** – E se eu lhe apresentasse, além de todas essas, outra resposta melhor com relação à justiça? Que punição você acha que mereceria?

**S.** – Somente a que toca a quem não sabe, isto é, a de aprender com quem sabe. E esta, realmente, é a punição que acho que mereço.

**T.** – Você é muito esperto, mas não basta aprender. Você deve também pagar.

**S.** – Sim, quando tiver dinheiro.

**G.** – Dinheiro não é problema. Se a questão for dinheiro, fala, Trasímaco! Todos nós vamos contribuir com Sócrates.

**T.** – Ótimo! Assim Sócrates se comportará como sempre. Não vai responder por ele mesmo, mas captará as respostas dos outros para refutá-las.

**S.** – Mas como poderia responder um homem que não sabe e admite não saber? Principalmente, se um homem com autoridade o tenha intimado a não dizer nada do que pensa, se porventura tiver alguma ideia que seja sua. Parece mais natural que você fale, portanto, pois é você que diz saber e poder falar a respeito. Faça isto. Responda-me, por favor, e não se esquive em dispensar seus ensinamentos a Glauco e a todos os demais aqui presentes.

# XII

Quando terminei de falar, Glauco e os outros insistiram com ele para que não se recusasse. Podia-se ver muito bem que Trasímaco estava impaciente por falar e também para fazer bonito, uma vez que ele achava que possuía reservada uma esplêndida resposta. Fingia, contudo, insistir para que eu desse a resposta. Finalmente, porém, aceitou e disse então:

**Trasímaco** – Esta é a sabedoria de Sócrates: recusar-se a ensinar e andar por aí aprendendo com os outros, sem sequer demonstrar reconhecimento para com eles.

**Sócrates** – Que eu aprenda com os outros, é verdade, Trasímaco. Mas não sei como você pode dizer que eu não demonstre reconhecimento. Eu os pago como posso, tecendo-lhes elogios, porquanto não tenho dinheiro. Mas com quanto entusiasmo eu elogio a quem me parece que fala bem, logo o saberá, logo depois que você tiver dado a sua resposta, porque estou certo que você há de falar bem.

**T.** – Escuta, pois. Afirmo que a justiça não é outra coisa senão o interesse do mais forte. E então? Por que você não me elogia? Certamente não quererá fazê-lo!

**S.** – Um momento, deixe-me captar seu pensamento porque ainda não o compreendo. Você sustenta que seja justiça o interesse do mais forte. Que é isso, Trasímaco? Certamente você não pretende dizer que, por exemplo, se Polidamas, o lutador de Pancrácio, é mais forte que nós e para seu organismo faz bem carne de boi, o mesmo alimento seja vantajoso e justo também para nós que somos mais fracos que ele.

**T.** – Sócrates, você é repugnante! Você toma meu discurso da melhor maneira para desfigurá-lo!

**S.** – De jeito nenhum, caríssimo! É você que deve se explicar melhor.

**T.** – Você não sabe que alguns Estados possuem um regime tirânico, outros o têm democrático, enquanto outros ainda, aristocrático?

**S.** – Claro que sim!

**T.** – Você não sabe que em cada Estado domina quem está no governo?

**S.** – Claro que sei.

**T.** – Mas cada governo faz suas leis em seu próprio interesse. A democracia institui leis democráticas, a tirania emana leis tirânicas e os demais, do mesmo jeito. Uma vez estabelecidas as leis, os governantes proclamam justo para seus súditos o que convém a eles e punem os transgressores como violadores da lei e da justiça. Pretendo, portanto, dizer, meu caro, que em todos os Estados a justiça é sempre o interesse do poder constituído e esse tem tal força que, ao que parece, é justiça sempre e em qualquer lugar a mesma coisa, isto é, o interesse do mais forte.

**S.** – Agora entendi o que você quer dizer e vou tentar compreender para ver se você tem razão ou não. Mas também você, Trasímaco, respondeu que a justiça é o interesse e, no entanto, você me havia proibido de responder desse modo. Não resta dúvida que você sublinhou: "o interesse do mais forte".

**T.** – Um acréscimo de certa importância, ao que parece.

**S.** – Se esta particularidade é importante, deve ainda ser demonstrada. É claro que se torna necessário analisar se você tem razão. De fato, também reconheço que a justiça é algo ligado ao interesse, mas você sustenta, além disso, que é algo de vantajoso para o mais forte. Eu, porém, não estou muito seguro a respeito e, por isso, quero analisar este ponto.

**T.** – Pode fazê-lo.

## XIII

**Sócrates** – É o que vou fazer. Escuta só: você não sustenta, talvez, que seja justo também obedecer aos governantes?

**Trasímaco** – Certamente.

**S.** – Mas em qualquer Estado, os governantes são infalíveis ou podem errar?

**T.** – Mas que dúvida, que possam errar!

**S.** – Quando, pois, legislam, em parte o fazem com propriedade e em parte não?

**T.** – Acho que é isso mesmo.

**S.** – Baixar boas leis significa decretar o que é de interesse deles, enquanto baixar leis ruins, ao contrário, é contra seus interesses? Ou você interpreta a questão de outra maneira?

**T.** – Não, eu a interpreto exatamente assim.

**S.** – Mas os súditos devem observar o que os governantes estabeleceram e nisso consiste a justiça?

**T.** – Por que não?

**S.** – Segundo seu raciocínio, portanto, é justo não somente fazer o interesse do mais forte, mas também fazer o contrário, isto é, prejudicá-lo.

**T.** – Mas o que você está dizendo?

**S.** – O que você mesmo diz, pelo que me parece. Vamos, contudo, continuar no exame da questão. Não estamos talvez de acordo que os governantes, quando impõem certas ordens a seus súditos, por vezes se enganam com relação ao verdadeiro interesse e, por outro lado, é justo que os súditos executem as ordens dadas pelos governantes? Sobre isto, estamos de acordo, não é verdade?

**T.** – Acho que sim.

**S.** – Lembre-se, portanto, que, como você o admite, é justo também prejudicar aos governantes e aos mais fortes, quando estes involuntariamente derem ordens contrárias ao próprio interesse. Apesar disso, você afirma que é justo fazer o que eles impõem. Pois então, sapientíssimo Trasímaco, não decorre disso necessariamente que é justo fazer o contrário do que você afirma? Aos mais fracos, portanto, é dado prejudicar o mais forte.

**P.** – Sim, por Zeus, Sócrates! Isto está muito claro.

- É de todo claro, se você o confirmar com sua aprovação, rebateu Clitofonte.

**P.** – Mas que aprovação! O próprio Trasímaco admite que por vezes os governantes dão ordens contrárias a seus interesses e, no entanto, para os súditos é justo executá-las.

- Na verdade, Polemarco, Trasímaco estabeleceu que é justo fazer o que os governantes ordenam, continuou Clitofonte.

**P.** – Exatamente porque, Clitofonte, ele definiu a justiça como o interesse do mais forte. Mas com estes dois princípios admitiu também que por vezes os mais fortes impõem aos súditos, que são mais fracos, ordens contrárias a seus próprios interesses. Com base nestas afirmações, o interesse do mais forte não pode ser mais justo que seu contrário.

- Mas Trasímaco, retorquiu Clitofonte, entendia o interesse do mais forte como aquilo que o mais forte acha útil para si. Isto é o que deve fazer o mais fraco e, neste sentido, foi definida a justiça.

**P.** – Ele, porém, não se expressou deste modo.

**S.** – Pouco importa, Polermarco. Se agora Trasímaco pensa desse modo, que seja assim.

## XIV

**Sócrates** – Diga-me, Trasímaco. Você queria realmente afirmar que o interesse do mais forte está naquilo que lhe parece tal, com ou sem razão? Deveríamos definir assim o pensamento que você expressou?

**Trasímaco** – De modo algum! Você acha que eu talvez considere mais forte quem erra, exatamente quando erra?

**S.** – Eu, no entanto, achava que você queria dizer isto, mesmo admitindo que os governantes não são infalíveis e até possam errar em algumas coisas.

**T.** – Sócrates, nas discussões você é mesmo um sicofanta! Por acaso, você considera médico aquele que erra com relação aos doentes, precisamente enquanto erra? Ou matemático, aquele que erra os cálculos, exatamente enquanto erra, em virtude de seu próprio erro? Nós, assim penso, nos exprimimos desta maneira para dizer que um médico, um matemático, um professor de gramática errou. Mas cada um deles, na medida em que é tal qual nós o definimos, não erra nunca. Por isso, em termos rigorosos (visto que também você se exprime com rigor) nenhum artista erra. De fato, quem erra, erra somente na medida em que lhe falta o conhecimento e nisto não é um artista. Nenhum artista, portanto, nenhum sábio ou governante erra enquanto tal, embora todos possam dizer: aquele médico errou, aquele governante errou. Nesse sentido é que você deve avaliar minha resposta. Em termos mais exatos, o governante, enquanto tal, não erra, e sem erro determina seu verdadeiro interesse, que os súditos devem realizar. Por isso, como dizia no início, considero justo realizar o interesse do mais forte.

# XV

**Sócrates** – Muito bem, Trasímaco. Você acha que eu faço o papel de sicofanta?
**Trasímaco** – Isso mesmo!
**S.** – Você acha, portanto, que eu tenho feito esta pergunta exatamente para prejudicá-lo na discussão?
**T.** – Claro que sim! Mas disso não tirará proveito algum, pois não poderá me prejudicar sem que eu perceba, nem me derrotar com lealdade no decorrer deste debate.
**S.** – Nem tentaria fazer isso, caro amigo! Para evitar, contudo, outro problema desse tipo, esclareça se pretende falar do governante e do mais forte em sentido lato ou, como você dizia, de modo estrito. É neste sentido ou no outro que é justo para os mais fracos fazer o interesse do mais forte?
**T.** – Pretendo falar do governante no sentido estrito da palavra. E agora tente prejudicar-me e denegrir-me, se você puder. Vou permiti-lo, pois nada poderá fazer!
**S.** – Você acha, pois, que seja tão louco em tentar tosar um leão e denegrir um Trasímaco?
**T.** – É o que você acabou de tentar, embora nem disso tenha sido capaz.
**S.** – Está bem, basta! Parece-me mais importante que me responda: o médico, em sentido estrito, como agora mesmo você o definiu, é um mercador ou alguém que cura doentes? Peço, por favor, que fale somente do verdadeiro médico.
**T.** – Alguém que cura doentes.
**S.** – E o piloto? Aquele verdadeiro, é comandante dos marinheiros ou um marinheiro qualquer?
**T.** – Comandante dos marinheiros.
**S.** – Não tem importância alguma, acredito, que ele esteja no navio. Nem por isso se deve considerá-lo um marinheiro. De fato, é chamado de piloto, não pelo fato que esteja navegando, mas por sua arte e por sua autoridade sobre os marinheiros.
**T.** – É verdade.
**S.** – E cada um desses dois não tem um próprio interesse?

**T.** – Certamente!

**S.** – E sua própria arte, não tem por objetivo natural buscar e promover o que é de interesse de cada um dos dois?

**T.** – Sim, este é o objetivo.

**S.** – E toda arte tem um interesse diverso daquele de realizar-se no máximo grau possível?

**T.** – O que quer com esta sua pergunta?

**S.** – Vou dar um exemplo. Se você me perguntasse se ao corpo basta que seja assim como é ou se necessita de algo mais, eu responderia: "Sem dúvida que tem necessidade de algo mais. A medicina atual foi inventada para isto, precisamente porque o corpo é fraco e não se satisfaz em ser assim como é. Desenvolveu-se, portanto, a medicina para oferecer ao corpo o que ele precisa." Acho que eu teria razão em falar assim, ou não?

**T.** – Evidente que sim.

**S.** – E no entanto, também a medicina vale pouco, como qualquer outra arte que vez por outra precisa se valer de alguma qualidade, como os olhos requerem visão e os ouvidos audição. E por isso, além do mais, é necessária uma arte que busque e consiga os requisitos necessários para ver e ouvir. E se esta for um pouco defeituosa, torna-se necessário que outra arte forneça o que falta à anterior e assim por diante, ao infinito? Ou cada arte se basta para realizar seu próprio interesse? Ou ainda, não tem necessidade de si mesma, nem de qualquer outra para garantir o remédio à sua própria fraqueza? De fato, nenhuma arte possui alguma fraqueza ou erro e cada uma deve vislumbrar somente o interesse daquilo que lhe diz respeito. Por outro lado, se é verdadeiramente uma arte, permanece incorruptível e pura, enquanto o que é ficar integralmente? Analisa também este problema com rigor. Assim devem ser colocadas as coisas ou de outro modo?

**T.** – Assim devem ser colocadas, me parece.

**S.** – A medicina, portanto, não tem por finalidade o interesse da medicina, mas o do corpo?

**T.** – Sim.

**S.** – E a hípica não cuida do interesse da hípica, mas do interesse dos cavalos, como nenhuma outra arte faz o próprio interesse, uma vez que de nada necessita, mas aquele do objeto a que se aplica?

**T.** – Parece que sim.

**S.** – E no entanto, Trasímaco, toda arte controla e domina o objeto a que se aplica.

Sobre este ponto, ele me deu razão, mas com muita relutância.

**S.** – Então nenhuma ciência procura e prescreve o interesse do mais forte, mas aquele do mais fraco e de quem está numa posição de subordinação com relação a ela.

Embora tentasse resistir, acabou por dar-me razão também neste caso. Quando se entregou, continuei:

**S.** – Por acaso, não é verdade que nenhum médico, enquanto médico, procura e impõe o interesse do médico, mas aquele do doente? De fato, reconhecemos que o verdadeiro médico cura os corpos e não é um comerciante. Ou não?

Ele o admitiu.

**S.** – Portanto, o verdadeiro piloto é um comandante de marinheiros e não um marinheiro?

**T.** – Estamos de acordo.

**S.** – Portanto, este piloto e comandante não buscará nem imporá o interesse do piloto, mas aquele do marinheiro e daquele que está sob comando.

Admitiu isto a muito custo.

**S.** – Por isso, Trasímaco, ninguém no posto de comando, enquanto chefe, procura ou impõe o próprio interesse, mas aquele de quem comanda e para o qual exerce sua função. Com este objetivo, isto é, de interesse e para benefício daquela pessoa, é que se dirigem todas as suas palavras e suas ações.

# XVI

Quando chegamos a esta altura da discussão, e a todos pareceu claro que havia sido expressa uma definição da justiça, contrária à inicial, Trasímaco, em vez de responder, exclamou:

**Trasímaco** – Diga-me, Sócrates, você tem uma ama?

**Sócrates** – O quê? Não seria melhor responder, em vez de fazer perguntas desse tipo?

**T.** – É que ela deixa você com ranho no nariz e não o tira nem quando você precisa. Sequer ela o ensinou a distinguir o rebanho do pastor.

**S.** – O que é que você pretende dizer, afinal de contas?

**T.** – O fato é que você acha que os pastores ou os vaqueiros querem o bem das ovelhas ou dos bois e os engordam e cuidam deles para uma finalidade diversa daquela do interesse de seus donos e deles próprios. De modo semelhante, você imagina que nos Estados, os verdadeiros governantes se comportam com os súditos de modo diverso de como se comportaria alguém com as ovelhas e, dia e noite, não pensam em outra coisa, senão em tirar deles um proveito pessoal. Embora tão avançado no conhecimento do justo e da justiça, do injusto e da injustiça, você ainda ignora que a justiça e o justo na realidade não nos pertencem porque constituem o interesse do mais forte que comanda, enquanto que quem obedece e serve só leva prejuízo, e a injustiça, pelo contrário, se impõe a quem é verdadeiramente ingênuo e justo. Os súditos fazem o interesse do mais forte e, ao servi-lo, o tornam feliz, mas para eles mesmos não tiram a menor vantagem. Estultíssimo Sócrates, perceba que, em qualquer circunstância, o homem justo leva a pior no confronto com quem é injusto. Em primeiro lugar, em qualquer acordo privado em que dois indivíduos fazem sociedade, você jamais verá que, ao final de sua relação, o homem justo tenha ganho mais que o injusto, ocorrendo sempre exatamente o contrário. Nos negócios públicos, quando é necessário pagar impostos, de igual modo o homem justo paga mais e o injusto paga menos. Se, ao contrário, é questão de ganhar alguma coisa, um não ganha nada e outro, muito. Se ambos têm algum cargo, ao homem justo acontece, como mínimo, de desleixar por falta de tempo os próprios interesses domésticos e de não levar, exatamente porque é justo, nenhuma vantagem da coisa pública, além de atrair sobre si o ódio dos parentes e dos conhecidos, sempre que se recusar em favorecê-los contra a justiça. Precisamente o contrário ocorre com o homem injusto, isto é, a quem sabe impor-se eficazmente sobre os outros. Isto você deve considerar, se quiser compreender quanto é melhor, para o próprio interesse, ser injusto do que justo. Melhor você poderá compreendê-lo se atentar para a injustiça mais absoluta que torna extremamente feliz quem a comete e extremamente infeliz quem é vítima dela e que não gostaria de comportar-se injustamente. Essa injustiça absoluta é a tirania que não se apodera dos bens dos outros aos poucos, mas toma tudo de vez: sagrado e profano, privado e público, com engano e violência. Quem é surpreendido cometendo um só desses crimes é punido e humilhado. De acordo com o crime cometido, é chamado sacrílego, escravista, salteador, bandido, ladrão. Mas quem reduziu à escravidão seus concidadãos, além de tê-los despojado de seus bens, em lugar desses apelativos difamadores tem a reputação de homem feliz e afortunado, não somente da parte de seus concidadãos, mas também de todos os que chegam a saber da absoluta injustiça que cometeu. Isto porque se condena a injustiça não pelo temor de cometê-la, mas pelo medo de ter de sofrê-la. Portanto, Sócrates, a injustiça na medida adequada é uma coisa mais forte, mais nobre e que detém mais autoridade que a justiça. Esta, como eu dizia no começo, é o interesse do mais forte, enquanto que a injustiça é vantajosa e útil por si mesma.

# XVII

Ao terminar essas palavras, Trasímaco pretendia retirar-se, depois de nos ter inundado os ouvidos, como aquele que trabalha numa casa de banhos, com seu longo e pesado discurso. Os presentes, porém, não permitiram. Ao contrário, obrigaram-no a ficar para prestar contas de suas palavras. Eu também pedi com insistência para que ficasse, dizendo:

**Sócrates** – Divino Trasímaco, você pensa em partir depois de um discurso desse tipo, sem ter esclarecido de modo suficiente o tema para nós ou sem que você mesmo tenha refletido o bastante, para constatar se as coisas assim devem ser postas ou não? Por acaso, você acha que se dispôs em definir uma questão de somenos importância, antes que a norma de conduta que cada um de nós deve seguir para viver com o máximo proveito possível?

**Trasímaco** – Você acha porventura que eu penso de modo diverso?

**S.** – Esta é a impressão que você deixa, ou pouco se importa conosco e nem interessa a você se vivermos melhor ou pior, ignorando o que você diz saber. Procure antes, caríssimo, esclarecer as ideias também para nós. Não é que seja um mau investimento se você fizer algum bem para esta nossa tão numerosa turma. Quanto a mim, continuo a sustentar que não estou em nada convencido e que não posso acreditar que a injustiça seja uma coisa mais proveitosa que a justiça, mesmo no caso em que se lhe dê livre curso, sem obstáculo algum, para fazer o que quiser. Vamos admitir, meu caro, que um indivíduo seja injusto e possa comportar-se como tal, seja em segredo, seja com aberta violência. Nem nesse caso posso acreditar que para ele a injustiça seja mais proveitosa que a justiça. Talvez entre nós, haja alguém mais que pense como eu e não me encontre só. Por isso, grande homem, tente persuadir-nos de que não temos razão em sustentar que a justiça seja superior à injustiça.

**T.** – Como vou poder persuadi-lo? Se não o convenci com o que disse há pouco, que mais devo acrescentar? Deveria, por acaso, enfiar minhas palavras à força em sua mente?

**S.** – Não, por Zeus, nem tente. Mas antes de mais nada, permaneça firme em suas posições ou, se você pretende mudá-las, faça-o abertamente e não tente enganar-nos. Agora, porém, Trasímaco, para voltar ao que já discutimos, pode observar que, depois de ter definido quem é o verdadeiro médico, você não achou oportuno se ater estritamente à definição do verdadeiro pastor. De fato, você pensa que ele, enquanto pastor, leva para a pastagem seu rebanho sem levar em conta o interesse das ovelhas, mas tendo em vista somente uma ótima refeição, como um convidado, ou para vendê-las, como um mercador e não certamente como um pastor. Com efeito, à arte do pastor interessa somente aquilo a que é destinada, isto é, aquilo que melhor convém aos animais; e ela, enquanto permanece integralmente como tal, é perfeitamente adequada a este objetivo. De modo similar, eu achava que para nós era preciso estar de acordo precisamente sobre o fato de que toda autoridade, pública ou privada, se propõe enquanto tal somente para bem dos súditos. Você acha que nos Estados os verdadeiros governantes governem de bom grado?

**T.** – Por Zeus! Não só acho, como estou certo disso!

## XVIII

**Sócrates** – Mas por que, Trasímaco? Você não vê que ninguém quer exercitar espontaneamente cargos públicos, ao contrário, todos exigem uma compensação porque acreditam que não tiram nenhuma vantagem do exercício do poder, mas só farão o bem de seus súditos? Diga-me só mais uma coisa: não dizemos continuamente que cada arte é diferente da outra porque diversa é a função de cada uma delas? Não me responda, porém, por paradoxos, grande homem, se quiser que nossa discussão continue.

**Trasímaco** – É verdade. Cada arte se distingue por sua função característica.

**S.** – Então cada uma tem uma utilidade peculiar e diferente de todas as outras. Por exemplo, a medicina não nos dá a saúde, a arte do piloto a segurança na navegação, e assim por diante?

**T.** – Com certeza.

**S.** – E a arte do mercenário não visa por acaso um pagamento? Sua função não é esta? Ou você confunde a arte do médico com a do piloto? Se quiser, porém, definir cada coisa de modo estrito, como você mesmo prometeu, vou propor um exemplo. Se aquele que exerce a função de piloto fica saudável porque navegar no mar lhe faz bem, por isso você chamaria medicina a sua arte?

**T.** – Certamente que não.

**S.** – E tão pouco, acho, você chamaria assim a arte do mercenário, mesmo que este recupere a saúde graças a ela.

**T.** – Com absoluta certeza.

**S.** – E você considera mercenária a medicina, se um médico recebe seu salário?

**T.** – Não.

**S.** – Mas não acabamos de admitir que toda arte tem sua utilidade peculiar?

**T.** – É isso mesmo.

**S.** – Se, portanto, todos os artistas tiram uma vantagem comum, é claro que a tiram de um elemento comum, extrínseco ao exercício de sua arte.

**T.** – Talvez sim.

**S.** – Poderíamos pelo menos afirmar que os artistas ganham alguma coisa pelo fato de associarem à sua a arte do mercenário.

Ele reconheceu isto a contragosto.

**S.** – Nenhum deles então tira da própria arte a vantagem de ser pago porque, pelo visto, a medicina dá a saúde e a arte do mercenário dá um soldo, a arte da edificação constrói uma casa e a arte do mercenário dá o soldo, e isso vale para as outras artes. Cada uma delas desenvolve sua própria função e serve para a finalidade para a qual se organizou. Se a isto, porém, não se acrescenta um salário, o artista tira por acaso alguma vantagem de sua arte?

T. – Acho que não.

S. – Mas ele não é útil também quando trabalha gratuitamente?

T. – Acho que sim.

S. – Então, Trasímaco, é evidente que nenhuma arte, nenhuma autoridade procura o próprio benefício, mas, como dizíamos antes, realiza e impõe aquilo de quem está sujeito, visando o interesse do mais fraco e não aquele do mais forte. Este é o motivo, caro Trasímaco, pelo qual há pouco eu sustentava que ninguém quer espontaneamente comandar e se empenhar para corrigir os males de outrem. Ao contrário, um salário é exigido porque quem pretende exercer bem a própria arte não realiza nem impõe o próprio interesse, na medida em que comanda com relação à sua arte, mas no interesse de quem está subordinado a ele. Eis porque, segundo me parece, é preciso recompensar, com dinheiro ou com honras, a quem aceita comandar ou impor-lhe uma punição se não governa.

## XIX

**Glauco** – O que é que você quer dizer com isto, Sócrates? Conheço muito bem essas duas recompensas, mas desconheço qual poderia ser a punição de que você fala e o motivo pelo qual você a enumera entre as recompensas.

**Sócrates** – Você ignora, pois, a recompensa das pessoas honestas, aquela pela qual os melhores tomam realmente a decisão de governar. Você não sabe que o desejo de honrarias e de dinheiro é considerado, e efetivamente o é, desonroso?

G. – Sim, eu sei.

S. – Exatamente por isso os homens honestos não querem assumir o governo nem por dinheiro nem por honrarias. Na realidade, não querem ser considerados mercenários que exigem abertamente um salário, nem querem ser considerados ladrões ao tirá-lo de modo secreto de seu encargo. Como não são ambiciosos, não querem também governar pelas honrarias. Para induzi-los a isso, é preciso forçá-los e puni-los. Isso decorre talvez do fato de achar desonroso chegar ao poder por própria iniciativa, sem esperar ser compelido a isso. Mas o castigo supremo consiste em ser governados por quem é moralmente inferior, no caso em que o cidadão honesto não queira assumir o poder. É o temor desse castigo que, segundo minha opinião, impele os melhores a governar, se necessário. E então eles chegam ao poder não como em direção a alguma coisa de bom, nem para nele permanecer comodamente, mas como em direção a um dever inevitável, porque não podem confiar suas funções a pessoas melhores ou pelo menos iguais a eles. Se o Estado fosse composto de homens honestos, talvez haveria uma corrida para não governar, exatamente ao contrário do que acontece agora. Assim, seria evidente que o verdadeiro governante não visa por natureza seu interesse pessoal, mas o dos súditos. Todo homem sensato, porém, preferiria receber vantagens de outros, do que empenhar-se ele próprio para o interesse de outrem. De qualquer modo, não admito de maneira alguma que a justiça, como diz Trasímaco, seja o interesse do mais forte. Este ponto, contudo, o veremos melhor a seguir. Parece-me muito mais importante o que Trasímaco disse há pouco, isto é, que a existência do homem injusto é melhor do que aquela do justo. E você, Glauco, que tese escolheria? Qual das duas lhe parece mais verdadeira?

**G.** – Segundo minha opinião pessoal, é mais vantajosa a existência de quem é justo.

**S.** – Você ouviu bem, no entanto, quantas vantagens Trasímaco atribuiu a quem é injusto?

**G.** – Ouvi sim, mas não acredito nisso.

**S.** – Você quer que tentemos convencê-lo de que não tem razão, se conseguirmos encontrar um jeito de fazê-lo?

**G.** – Sem dúvida, que gostaria.

**S.** – Se, portanto, reunindo nossas forças opuséssemos discurso a discurso, isto é, todas as vantagens decorrentes do fato de ser justo, e se ele replicar e nós respondermos, será necessário contar e medir todas as vantagens da justiça e da injustiça e, ao final, deveremos recorrer a um juiz para dirimir a questão. Se, ao contrário, prosseguirmos em nossas indagações, colocando-nos de acordo como antes, nós mesmos seremos os juízes e defensores ao mesmo tempo.

**G.** – É assim mesmo.
**S.** – Que método você prefere?
**G.** – O segundo.

## XX

**Sócrates** – Vamos, Trasímaco, vamos voltar ao começo e você responde. Você afirma que a perfeita injustiça é mais vantajosa que a perfeita justiça?

**Trasímaco** – Exatamente, pelas razões que já expus.

**S.** – E então como é que você as define? Uma seria virtude e a outra, vício?

**T.** – Por que não?

**S.** – Portanto, você confere o nome de virtude à justiça e à injustiça o de vício?

**T.** – Você realmente me entendeu, caríssimo, uma vez que afirmo, além disso, que a injustiça é útil e a justiça não.

**S.** – E então?

**T.** – Eu afirmo o contrário.

**S.** – Ou seja, você chama a justiça de vício?

**T.** – Vício não, mas uma nobilíssima ingenuidade.

**S.** – Então você considera a injustiça como maldade?

**T.** – Não, eu a considero perspicácia.

**S.** – Isto quer dizer que para você, Trasímaco, os injustos parecem perspicazes e inteligentes?

**T.** – Sim, mas somente aqueles capazes de uma injustiça perfeita, aqueles que podem subjugar cidades e povos inteiros. Você acha, talvez, que eu pretenda falar dos batedores de carteiras! Certamente, também ações desse tipo trazem alguma vantagem, se não forem descobertas. Mas não vale a pena falar disso, defronte àquelas que mencionei há pouco.

**S.** – Entendo perfeitamente bem o que você pretende, mas fico surpreso com o fato de que você ponha a injustiça junto da virtude, e a sabedoria e a justiça no outro lado.

**T.** – Apesar de tudo, minha tese é exatamente esta.

**S.** – Agora parece mais sólida, amigo, e já não é fácil refutá-la. De fato, se você achasse útil a injustiça, mas reconhecesse também, como os outros, que é um vício ou uma coisa desonrosa, teríamos algumas objeções a fazer, apoiando-nos nas opiniões costumeiras. Mas é claro que você vai dizer que a injustiça é bela e forte e vai lhe atribuir todas as demais qualidades que nós atribuiríamos à justiça, uma vez que você teve a ousadia de colocá-la no mesmo plano da virtude e da sabedoria.

**T.** – Você parece um adivinho, com bela clarividência.

**S.** – Não obstante isso, não devemos renunciar à nossa análise, pelo menos até que eu possa estar certo de que você está exprimindo o que realmente pensa. De fato, eu acho que você, Trasímaco, não deve estar brincando; por isso, diga o que realmente pensa.

**T.** – Que lhe interessa, se eu penso exatamente assim ou não? Tente antes contestar o que digo.

**S.** – Não me interessa mesmo. Procure, porém, me responder esta outra pergunta. Segundo sua opinião, um homem justo deveria levar a melhor em alguma coisa sobre outro homem justo?

**T.** – De modo algum. Do contrário, não seria ridículo e ingênuo como o é realmente!

**S.** – Nem mesmo por uma questão justa?

**T.** – Não, nem por isso.

**S.** – Você pensa que ele gostaria de superar quem é injusto e acharia justo que assim agisse ou não?

**T.** – Acharia justo e ele gostaria de fazê-lo, mas não seria capaz.

**S.** – Não estou perguntando isto. Gostaria de saber se o homem justo teria a pretensão e a vontade de levar a melhor não sobre quem é justo, mas somente sobre quem é injusto.

**T.** – As coisas devem ser colocadas exatamente assim.

**S.** – E o homem injusto? Poderia levar a melhor sobre um homem justo, mesmo numa linha de conduta justa?

**T.** – Certamente, porquanto tem a pretensão de vencer a todos.

**S.** – O injusto, portanto, tentará superar também o homem injusto e o comportamento injusto, porquanto lutará para estar acima de todos?

**T.** – Exato!

## XXI

**Sócrates** – Vamos colocar as coisas assim. Quem é justo não se prevalece sobre seu semelhante, mas sobre seu contrário, enquanto que o injusto se prevalece sobre ambos, ou não?

**Trasímaco** – Você o disse com toda a exatidão.

**S.** – Mas o injusto é perspicaz e inteligente, enquanto o homem justo não tem nenhuma destas duas qualidades.

**T.** – Isto também está bem colocado.

**S.** – O injusto, portanto, é semelhante ao homem perspicaz e inteligente, enquanto o homem justo não se parece com ele?

**T.** – Exato, porque se assemelham as pessoas ornadas pelas mesmas características e são diferentes aquelas de índole diversa.

**S.** – Muito bem. Então cada um dos dois é como aquele a quem se assemelha?

**T.** – Sim, qual é a dúvida?

**S.** – De acordo, Trasímaco. Você, por exemplo, distingue quem é músico de quem não é?

**T.** – Eu sim.

**S.** – E qual dos dois você considera inteligente ou néscio?

**T.** – Considero inteligente o músico e tapado o outro.

**S.** – O primeiro, porquanto inteligente, é também bom, enquanto o segundo, porque é néscio, é mau?

**T.** – Sim.

**S.** – Não ocorre a mesma coisa no caso do médico?

**T.** – Sim.

**S.** – Então você, excelente amigo, pensa que um músico, tocando sua harpa, queira superar outro músico e pretenda levar a melhor sobre ele no ato de dedilhar e tocar as cordas?

**T.** – Não acho que seja assim.

**S.** – E quem não conhece a música?

**T.** – Ele sim, fora de qualquer dúvida.

**S.** – E o médico? Gostaria de superar outro médico ou de anular uma prescrição médica referente ao comer ou ao beber?

**T.** – Certamente que não.

**S.** – E quem não entende de medicina?

**T.** – Esse sim.

**S.** – Com relação a todo tipo de ciência ou de ignorância, considere bem se um perito qualquer queira realmente superar, em palavras ou fatos, outro perito ou se, ao contrário, aspira, nas mesmas circunstâncias, a comportar-se como seu colega.

**T.** – Talvez nisto você tenha razão.

**S.** – E o inapto? Não pretenderia igualmente prevalecer sobre o perito e o inapto?

**T.** – Provavelmente sim.
**S.** – O perito não é sábio?
**T.** – Sim.
**S.** – E o sábio não é bom?
**T.** – Sim.
**S.** – Quem é bom e sábio não deve, portanto, pretender superar seu semelhante, mas quem não se assemelha a ele e é seu contrário.
**T.** – Parece que sim.
**S.** – Mas aquele que é mau e ignorante tentará levar a melhor sobre seu semelhante e também sobre seu contrário.
**T.** – Parece que é assim mesmo.
**S.** – Mas Trasímaco, segundo nossa opinião, o homem injusto não se prevalece acaso sobre quem é diferente dele e sobre quem se assemelha a ele? Não era isto o que você dizia?
**T.** – Sim.
**S.** – Mas o homem justo não tentará se prevalecer sobre quem se assemelha a ele, mas sim sobre quem é diferente dele?
**T.** – Exato.
**S.** – Então, o justo é semelhante ao homem sábio e bom e o injusto, ao mau e ao ignorante.
**T.** – É possível.
**S.** – Mas nós reconhecemos que cada um dos dois é semelhante a quem possui suas próprias características.
**T.** – É verdade.
**S.** – Aqui está, portanto, a demonstração que o justo é bom e sábio, enquanto o injusto é ignorante e mau.

## XXII

Trasímaco admitiu tudo, mas não com a facilidade com que o narro, mas a contragosto e relutando. Entrementes, suava abundantemente, pois era verão. Aquela foi a primeira vez que vi Trasímaco corar. Depois de termos admitido que a justiça é virtude e sabedoria, enquanto a injustiça é vício e ignorância, eu falei:

**Sócrates** – Bem, este ponto pode ser considerado concluído. Mas dizíamos também que a injustiça tem como sua a força. Você se lembra, não é, Trasímaco?

**Trasímaco** – Lembro. Mas não aprovo nem o que você acabou de falar e sobre este ponto estou em condições de fazer algumas objeções. Se, no entanto, eu começasse a falar, estou convencido de que você diria que me proponho a fazer longo discurso. Deixe-me, contudo, falar quanto eu quiser ou, se você quiser perguntar, faça como achar melhor. Eu, como as velhinhas que contam fábulas, direi "Está bem" e responderei sim ou não, com um leve aceno da cabeça.

S. – Não responda, porém, aquilo que você não pensa.

T. – Vou tentar satisfazê-lo, uma vez que não me deixa falar. O que você quer mais?

S. – Nada, por Zeus! Faça, pois, como quiser e eu proporei algumas questões.

T. – Você pode começar.

S. – Para continuar com ordem nossa discussão, vou repetir minha última pergunta. Que diferença existe entre a justiça e a injustiça? Em certo momento, foi dito que a injustiça é mais poderosa e mais forte que a justiça. Ora, se a justiça é verdadeiramente sabedoria e virtude, ficará de todo claro, acho, que ela é algo mais forte que a injustiça, uma vez que esta última é ignorância. Ninguém poderia mais desconsiderar este fato. Contudo, Trasímaco, minha demonstração não será tão simples e prefiro examinar o problema da seguinte maneira: existe, segundo sua opinião, um Estado injusto que tenta submeter e já tem subordinado injustamente outros Estados e mantém muitos sob escravidão nos próprios domínios?

T. – Certamente. Esta será exatamente a atitude do Estado melhor e mais perfeitamente injusto.

S. – Já sabia que sua tese era esta. Vamos, porém, refletir. O Estado que se tornou dono de outro Estado terá tal capacidade sem a justiça, ou é necessário que tenha também essa?

T. – Se a justiça é sabedoria, como você disse antes, faz-se necessária a justiça; mas se eu é que tenho razão, é preciso a injustiça.

S. – Estou contente, Trasímaco, pois você não se limita a aprovar e a refutar com acenos e passa a me responder tão bem.

T. – Mas é só para deixá-lo um pouco mais contente.

# XXIII

**Sócrates** – Muita bondade de sua parte. Melhor, dê-me um pouco mais de alegria e me diga: você acredita que um Estado, um exército, ou os guerrilheiros, os ladrões ou um bando de salteadores, na medida em que se decidem em executar juntos uma tarefa desonesta, poderiam conseguir se se atacassem mutuamente?
**Trasímaco** – Certamente que não.
**S.** – Não teriam eles êxito melhor se respeitassem a justiça?
**T.** – Claro que sim.
**S.** – De fato, Trasímaco, a injustiça provoca discórdia, ódio e brigas entre uns e outros, enquanto a justiça traz consigo a concórdia e a amizade. Não é verdade?
**T.** – De acordo, tanto para não levantar discussões com você.
**S.** – Você faz muito bem, caríssimo. Mas me diga. Se o efeito da injustiça consiste em produzir ódio onde quer que esteja, entre homens livres e escravos, por acaso não fará surgir ódio recíproco, discórdia e incapacidade em realizar um projeto comum?
**T.** – Claro!
**S.** – Se a injustiça subsiste entre duas pessoas, elas não vão ficar divididas, se odiar e tornar-se inimigas entre si e em relação aos homens justos?
**T.** – É verdade.
**S.** – E a injustiça, admirável homem, se subsistir numa só pessoa, vai perder sua força ou vai conservá-la intacta?
**T.** – Vamos admitir também que a conserve intacta.
**S.** – Está claro, portanto, que a injustiça, onde quer que se encontre (num Estado, num povo, num exército ou em qualquer outra comunidade) vai produzir antes de mais nada o efeito de torná-la incapaz de agir em acordo consigo mesma por causa da discórdia e do desentendimento, além de torná-la a seguir inimiga de si mesma e de quem quer que seja, ao contrário, justo. Não é assim?
**T.** – Sim.
**S.** – Mas também os deuses, meu amigo, não são justos?
**T.** – Podemos admitir também isto.

**S.** – Portanto, Trasímaco, o homem injusto será inimigo dos deuses e o homem justo, ao contrário, será amigo deles.

**T.** – Continue a se fartar tranquilamente com palavras, porquanto não vou contrariá-lo para não desagradar as pessoas presentes.

**S.** – E então deixe-me o resto do banquete e continue a me responder como o tem feito até agora. Foi dito que os homens justos se revelam melhores, mais sábios e mais capazes de agir, enquanto os injustos nada conseguem realizar entre eles. Nós afirmamos que é completamente errado sustentar que por vezes alguns deles foram capazes de realizar de modo convincente algum projeto em comum, apesar de sua injustiça.

De fato, em tal caso não se teriam poupado mutuamente. Pelo contrário, é evidente que neles havia um pouco de justiça que os impedia de prejudicar-se entre si, pelo menos enquanto levavam dano a seus inimigos, o que lhes permitia de agir como agiram. Eles se decidiram por tarefas injustas, mas eram injustos somente pela metade, porque os homens completa e perfeitamente injustos são também perfeitamente incapazes de agir. Segundo meu parecer, assim devem ser colocadas as coisas, e não como você disse antes. Contudo, é preciso analisar, como nos tínhamos proposto, se os homens justos vivem melhor que os injustos e têm melhor sorte. Com base em nossas afirmações, este problema me parece desde já resolvido. Vamos estudá-lo, porém, mais a fundo porque não se trata de estultícia, mas está em jogo o modo pelo qual é preciso viver.

**T.** – Vá adiante.

**S.** – Claro, mas me diga. Você acha que o cavalo tem uma atribuição peculiar?

**T.** – Sim.

**S.** – Mas a atribuição do cavalo ou de qualquer outro ser não poderia ser definida como aquilo que se pode realizar somente mediante tal ser?

**T.** – Não entendi.

**S.** – Vamos explicar de outra maneira. Alguém pode ver com órgãos diversos que não sejam os olhos?

**T.** – Certamente que não.

**S.** – E ouvir com órgãos diversos dos ouvidos?

**T.** – De modo algum.

**S.** – Então podemos afirmar corretamente que suas funções são estas?

**T.** – Claro.

**S.** – Não se poderia, contudo, podar uma videira com uma faca, com um canivete e com muitos outros instrumentos?

**T.** – Por que não?

**S.** – O melhor resultado se obteria, no entanto, com o apropriado podão.

**T.** – É verdade.

**S.** – Diríamos, portanto, que a função do podão é esta?

**T.** – Sem dúvida alguma.

## XXIV

**Sócrates** – Acho que agora você pode entender melhor a pergunta que fiz há pouco. A função de cada coisa não é aquilo que só ela pode fazer ou, de qualquer modo, fazer melhor que todas as outras coisas?

**Trasímaco** – Sim, entendo e me parece que esta seja exatamente a função de cada coisa.

**S.** – Ótimo. E não lhe parece que cada coisa, se tem uma função, tem também uma virtude? Vamos retomar os exemplos precedentes. Os olhos têm uma função?

**T.** – Claro que sim.

**S.** – Têm, portanto, também uma virtude?

**T.** – Também uma virtude.

**S.** – Os ouvidos têm uma função?

**T.** – Sim.

**S.** – Também, portanto, uma virtude?

**T.** – Também uma virtude.

**S.** – E não é assim para todas as outras coisas?

**T.** – Exatamente.

**S.** – Atenção, contudo. Os olhos exerceriam de modo excelente sua função sem a virtude que lhes é própria, melhor com o defeito contrário?

**T.** – Como? Você pretende falar da cegueira, em vez da vista?

**S.** – Não estou perguntando a você qual é sua virtude, mas somente se mediante esta eles desenvolvem a contento sua função própria e se a desenvolvem mal por causa do defeito contrário.

**T.** – Você tem razão.

**S.** – Também os ouvidos, portanto, privados de sua virtude peculiar se desobrigam mal de sua função?

**T.** – Isto mesmo.

**S.** – Deveríamos achar que este princípio é válido também para todas as outras coisas?

**T.** – Acho que sim.

**S.** – Então, vamos refletir. A função insubstituível da alma não é aquela de dirigir, mandar, decidir e assim por diante? Poderíamos de modo justo conferir estas prerrogativas a alguma coisa diversa da alma ou, ao contrário, se deve dizer que estas são somente suas?

**T.** – Sim, somente da alma.

**S.** – E a vida? Não é uma função da alma?

**T.** – Mas que dúvida!

**S.** – Com isso sustentamos que a alma possui também uma virtude?

**T.** – Claro.

**S.** – Mas a alma, Trasímaco, poderá executar a contento suas funções sem sua virtude peculiar ou isto seria impossível?

**T.** – Impossível!

**S.** – Então é inevitável que uma alma má dê más ordens e conselhos, enquanto que a alma boa faça muito bem tudo isto.

**T.** – Sim, é inevitável.

**S.** – Não admitimos que a justiça é a virtude da alma e a maldade, da injustiça?

**T.** – Já o admitimos.

**S.** – A alma justa e o homem justo, portanto, viverão bem, e o injusto viverá mal.

**T.** – Sem dúvida, com base naquilo que você diz.

**S.** – Quem vive bem é, pois, sereno e feliz, enquanto quem vive mal se encontra na situação oposta.

**T.** – Não há como negar.

**S.** – Logo, o homem justo é feliz e o injusto é infeliz.

**T.** – Concordo.

**S.** – E é mais vantajoso ser feliz do que infeliz.

**T.** – Não há dúvida alguma.

**S.** – Então, venerável Trasímaco, a injustiça não é uma coisa mais vantajosa que a justiça!

**T.** – Banqueteie-se com isto, Sócrates, nas festas de Bendis.

**S.** – Muita bondade de sua parte, Trasímaco, porque você se tornou mais brando e deixou de lado o tratamento descortês. Certamente não fiz um grande festim, não por culpa sua, mas minha. Como os glutões se atracam em cada prato e dele provam apenas o que foi servido, antes de terem degustado bastante o prato anterior, assim fiz também eu, me parece. Sem ter ainda descoberto o que procurávamos antes de tudo, isto é, o que viria a ser a justiça, deixando de lado aquele problema, comecei a indagar se ela é vício e ignorância ou sabedoria e virtude. A seguir, enveredando o discurso para o fato que a injustiça é mais vantajosa que a justiça, não parei para passar daquele problema a este. Deste modo, nada tirei desta discussão. De fato, ignorando o que seja a justiça, não vou poder seguramente descobrir se é uma virtude ou não e se é infeliz ou feliz quem a possui.

# Livro II

## I

Com estas palavras, eu achava que me tivesse livrado da obrigação de continuar a conversa. Ao contrário, pelo que me parece, aquele tinha sido somente o prelúdio. De fato, Glauco, sempre muito agressivo com todos, também nessa circunstância não aceitou a renúncia de Trasímaco e falou:

**Glauco** – Você, Sócrates, acha que nos persuadiu ou pretende convencer-nos que, na realidade, a justiça é de qualquer maneira melhor que a injustiça?

**Sócrates** – Na verdade, este teria sido meu desejo, se isso dependesse de mim.

**G.** – Mas então você não conseguiu seu objetivo. Diga-me, pois. Você pensa que existe um bem tal que possa ser aceito só por si mesmo, sem levar em conta as consequências, como a alegria e todos os prazeres inofensivos que visam tão somente o deleite de quem os usufrui?

**S.** – Acredito que alguma coisa desse tipo deva existir.

**G.** – E não existe, por acaso, um bem que apreciamos por si mesmo e por suas consequências, como por exemplo possuir a inteligência, a vista, a saúde? Bens desse tipo são apreciados exatamente por ambos os motivos.

**S.** – Certo.

**G.** – E você não vislumbra um terceiro tipo de bem, do qual faz parte a ginástica, a cura de uma doença, a medicina e outras profissões lucrativas? Podemos afirmar que esses são bens penosos, mas úteis, e não gostaríamos de possuí-los por si próprios, mas somente em vista do lucro e de outras vantagens que deles se possam tirar.

**S.** – Sim, existe esta terceira espécie. E daí?
**G.** – Em qual das três se inclui, segundo sua opinião, a justiça?
**S.** – Eu acho que na melhor, ou seja, naquela que é preciso apreciar por si mesma e por suas consequências, se alguém almeja a felicidade.
**G.** – No entanto, muitos não pensam assim, uma vez que classificam a justiça entre os bens penosos que é preciso cultivar para o lucro, para a fama e as honrarias, mas é preciso evitá-los por si próprios exatamente porque são desagradáveis.

## II

**Sócrates** - Certamente há gente que assim julga. Delongadamente, Trasímaco andou depreciando a justiça e louvando a injustiça. Mas, ao que parece, eu é que sou duro em compreender essas coisas.

**Glauco** – Deixe disso! Tente me escutar e, quem sabe, você haverá de concordar comigo. Acredito que Trasímaco, como uma serpente, se deixou encantar rápido demais por aquilo que você proferiu. De minha parte, não estou ainda convencido com o modo pelo qual cada uma das duas teses foram demonstradas. O que mais me interessa saber é a natureza da justiça e da injustiça, bem como seus efeitos sobre a alma, além das vantagens e consequências que delas derivam. Por isso, se contar com seu acordo, pretendo continuar. Retomarei o discurso de Trasímaco e tentarei explicar primeiramente a opinião comum sobre a natureza e sobre a origem da justiça. Em segundo lugar, buscarei mostrar que todos a praticam, malgrado seu, porquanto a consideram inevitável e não como um bem. Finalmente, tentarei provar que têm razão em proceder assim. De fato, a vida do homem injusto é muito melhor que a do justo. Quanto a mim, Sócrates, não sou dessa opinião. Estou, contudo, com os ouvidos aturdidos pelos discursos de Trasímaco e de muitos outros, de tal modo que não sei ainda em que me agarrar, além de não ter ouvido ninguém defender ainda, como gostaria, a tese de que a justiça deve ser preferida à injustiça. Gostaria de ouvir louvar a justiça por si mesma e tal coisa eu esperaria exatamente de você. Pretendo delongar-me em exaltar o injusto, mas minhas palavras te mostrarão o quanto desejo ouvir você condenar a injustiça e exaltar a justiça. Esta minha proposta é de seu agrado?

**S.** – Sem dúvida. Nem creio que haja outro assunto com que se ocupar e discorrer com mais prazer.

**G.** – Muito bem. Escuta, portanto, a primeira parte de meu discurso, sobre a natureza e a origem da justiça. Dizem por aí que por natureza é um bem cometer injustiça e um mal é sofrê-la; ainda, que sofrê-la é um mal maior que cometê-la. Quando, pois, os homens se ofendem mutuamente e provam as duas condições, aqueles que não conseguem oprimir nem escapar à opressão, julgam que seria de bom alvitre não cometer nem sofrer injustiça. Esta foi a origem de suas leis e de seus pactos. Passaram a chamar de legalidade e de justiça a suas prescrições. Esta é a origem e a natureza da justiça que ocupa o meio termo entre a condição melhor – a de quem ofende impunemente – e a pior – a de quem é ofendido sem poder vingar-se. Mas a justiça, exatamente porque ocupa a posição intermediária entre esses dois extremos, não é amada como se fosse um bem, mas somente como algo que se aprecia quando inexiste a aptidão de prevalecer. Quem, na verdade, pudesse cometer injustiça e fosse um verdadeiro homem, jamais consentiria em não cometer e em não sofrer injustiça, pois para ele representaria uma loucura. Esta é, portanto, Sócrates, a natureza da justiça e esta sua origem, de acordo com a opinião comum.

## III

**Glauco** – Para compreender que também aquele que pratica a justiça o faz a contragosto e só pela impossibilidade de cometer injustiça, o expediente mais oportuno é recorrer a uma situação imaginária. Concedamos ao justo e ao injusto a possibilidade de fazer o que lhes aprouver. A seguir, sigamos a ambos para ver para onde os conduzirá o impulso da paixão. Encontraremos o justo percorrendo a mesma trilha do injusto, impelido pela avidez que, por natureza, todo ser persegue como o próprio bem, muito embora a lei o obrigue à força a respeitar a igualdade. Tal possibilidade se poderia realizar no mais elevado grau, se ambos tivessem os amplos meios de que dispunha, segundo se relata, Giges, antepassado de Creso, rei de Lídia. Ele estava a serviço, na qualidade de pastor, do rei que então reinava em Lídia. Certo dia, durante um violento terremoto acompanhado de um temporal, a terra se fendeu e se abriu um sorvedouro no local em que Giges apascentava os rebanhos. Ele observou a fenda e, surpreso e hesitante, desceu por ela. Entre as muitas maravilhas com que se deparou, conforme narra a lenda, viu um cavalo de bronze, oco e com algumas aberturas. Introduziu numa delas a cabeça e lá dentro avistou um cadáver de dimensões acima das humanas, totalmente nu, trazendo um anel de ouro num dos dedos. Giges o apanhou e saiu.

Uma vez por mês era costume os pastores se reunirem para prestar contas ao rei sobre o estado dos rebanhos e Giges se dirigiu à reunião com o anel no dedo. Enquanto estava sentado entre seus companheiros, virou por acaso o engaste do anel contra si mesmo, para dentro da mão, e se tornou invisível para os que estavam presentes, de modo que seus companheiros começaram a falar dele como se estivesse ausente. Surpreso, ele virou de novo o anel, girando o engaste para fora, e logo se tornou novamente visível. Curioso com o fato, repetiu a experiência para controlar o poder do anel. Constatou de fato que, ao voltar o engaste do anel para dentro, se tornava invisível e, ao girá-lo para o lado externo, voltava a ser visível. Assegurando-se sobre esse fenômeno, toma todas as providências para ser incluído entre os informantes do rei. Conhecedor dos meandros do palácio, tornou-se amante da rainha e, juntamente com ela, conjura contra o rei, mata-o e toma o poder.

Supondo que existissem dois desses anéis. Se um fosse dado ao homem justo e outro ao injusto, acredito que nenhum deles seria tão perseverante em persistir nas veredas da justiça e conservar a força moral para não lançar mão dos bens de outrem sem sequer tocá-los, uma vez que se lhe ofereceria a possibilidade de levar do mercado o que quisesse, de entrar nas casas e unir-se com quem desejasse, de matar a uns e de libertar a outros, segundo sua própria vontade, e de fazer tudo como se fosse um deus entre os homens. Procedendo desse modo, em nada o justo diferiria do injusto, porquanto ambos seguiriam pelo mesmo caminho. E nada provaria melhor que não se pratica justiça de espontânea vontade, mas somente por necessidade e não porque tenha a justiça como vantajosa por si mesma. De fato, todos cometem a injustiça, quando julgam que possam cometê-la. Todo homem pensa que injustiça lhe é muito mais útil que a justiça. E tem razão de assim pensar, segundo o defensor desta tese. De fato, quem tivesse semelhante poder e não quisesse ser injusto nem sequer tocar nos bens alheios, seria considerado por quantos o soubessem o mais infeliz e insensato dentre os homens, muito embora fosse louvado publicamente, enganando-se reciprocamente pelo temor de serem eles vítimas de possíveis danos. E é exatamente isso que ocorre.

## IV

**Glauco** — Para avaliar a condição das pessoas de quem estamos falando, só podemos nos pronunciar de modo correto fazendo a distinção entre o homem mais justo e o mais injusto. De outro modo, não é possível. Para distingui-los, vamos atribuir ao injusto toda a injustiça e ao justo, toda a justiça. Vamos considerá-los no mais alto grau do tipo de conduta que cada um deles abraçou.

Em primeiro lugar, vamos supor que o injusto proceda como os artistas particularmente hábeis como, por exemplo, um piloto extremamente hábil ou como um médico capaz de distinguir, no exercício de sua profissão, o que é impossível daquilo que é possível, e aplicar-se a este, deixando de lado aquele. Se cometer um erro, estará em condições de remediá-lo. Da mesma maneira, o homem injusto, se realmente assim pretende ser, deve realizar com perspicácia suas injustiças, passando despercebido. Quem se deixa apanhar deve ser considerado medíocre porque o cúmulo da injustiça consiste precisamente em parecer justo sem o ser. Deve-se, portanto, atribuir ao homem completamente injusto a injustiça perfeita, sem qualquer abrandamento, e conceder-lhe atrair sobre si a máxima reputação de justiça, apesar de sua extrema injustiça. Deve-se também conceder-lhe, em caso de erro, a capacidade de remediar, de falar de modo persuasivo se algum de seus crimes for denunciado e de agir com prepotência sempre que prepotência for exigida, graças à sua coragem, a seu vigor e à disponibilidade de amigos e de dinheiro.

A semelhante homem que acabamos de imaginar, confrontemos o homem justo, simples e nobre, desejoso, como diz Ésquilo, de ser bom e não de parecer bom. Vamos, contudo, privá-lo desta aparência, pois se parecer justo, receberia em decorrência honrarias e recompensas e, em tal caso, não se saberia se assim se comporta por amor da justiça ou por ter em vista honras e louvores. Deve-se, portanto, despojá-lo de tudo, menos da justiça, para contrapô-lo ao outro. Mesmo que não cometa injustiça, vamos imaginá-lo com fama de grande injusto, tanto para colocá-lo à prova. Assim se poderá ver se não será atingido pela má fama e por suas consequências. Cumpre que permaneça firme até a morte, sempre virtuoso, mas também sempre considerado injusto. Desse modo, um e outro, tendo atingido o mais alto grau, respectivamente da justiça e da injustiça, serão submetidos a julgamento e se poderá, enfim, decidir qual dos dois é o mais feliz.

## V

**Sócrates** – Notável, meu caro Glauco! Com que vigor você consegue despir esses dois homens para apresentá-los em juízo. Parece que você acaba de dar polimento a mera estátua!

**Glauco** – Faço o melhor que posso. Reduzindo-os a tal estado, não me parece difícil predizer qual sorte tocará a um e a outro. De qualquer maneira, vou explicá-lo. Se minhas palavras parecerem um tanto duras, tenha presente, Sócrates, que não sou eu quem falo, mas aqueles que exaltam a injustiça em detrimento da justiça. Segundo eles, o homem justo, em vista de sua conduta, será açoitado, torturado, posto sob grilhões, terá seus olhos queimados e, depois de ter sofrido todo tipo de males, será levantado num madeiro e só então se dará conta que convém desejar não o ser, mas somente parecer justo. Os versos de Ésquilo se aplicariam bem melhor ao injusto, porquanto todos dirão que ele concentrou todos os seus esforços numa coisa real em vez de pautar sua vida somente pelas aparências, não querendo parecer injusto, mas sendo-o de fato: "Sua mente se transformou em sulco profundo, de onde brotam nobres ideias."

Antes de mais nada, graças à sua reputação, domina sua cidade, toma por mulher a que melhor lhe apraz, casa suas filhas com quem melhor lhe parece, estipula contratos e sociedades com quem quer e tira partido de tudo, porquanto não hesita em comportar-se de modo injusto. Quando se defronta com rivalidades públicas ou privadas, ganha todas e elimina os competidores. Assim enriquece, presta benefícios aos amigos, persegue os inimigos, oferece aos deuses sacrifícios e dons magníficos e concilia melhor e mais perfeitamente que o justo os favores dos deuses e dos homens, a quem se empenha em agradar. Por esse motivo, ele pode se considerar convictamente mais caro aos deuses que o próprio homem justo. Por isso, Sócrates, os partidários da injustiça afirmam que os deuses e os homens asseguram ao injusto uma existência melhor que ao justo.

# VI

Ao terminar de proferir essas palavras, eu queria dar-lhe uma resposta, mas seu irmão Adimanto interveio:

**Adimanto** – Sócrates, você acredita que a questão tenha sido desenvolvida a contento?

**Sócrates** – Por que não?

A. – Do que era necessário falar, sequer se falou!

S. – Segundo o provérbio, pois, "que o irmão socorra o irmão". Vá, Glauco, em socorro de seu irmão, se achar que esqueceu algo de importante. Quanto a mim, suas palavras bastam para me pôr fora de combate e me tornar incapaz de defender a justiça.

A. – As palavras que você proferiu de nada valem. Escute, por favor. Cumpre apresentar também os argumentos dos adversários, mencionados por Glauco, daqueles que louvam a justiça e desaprovam a injustiça, para tornar mais claro o que o próprio Glauco tem em vista. Os pais e os preceptores recomendam aos filhos a necessidade da prática da justiça, não em vista da justiça em si mesma, mas das vantagens que acarreta. A reputação de justiça lhes rende magistraturas no Estado, matrimônios ilustres e todas as vantagens que Glauco acabou de enumerar há pouco, proporcionadas ao homem justo por sua boa fama. Estendem bem mais longe as consequências positivas da boa reputação, chegando a citar o reconhecimento dos próprios deuses, além de catalogar inumeráveis vantagens que, segundo eles, os deuses concedem a quem é justo. De modo semelhante falam o bom Hesíodo e Homero. O primeiro afirma que para os justos os deuses fazem "brotar bolotas nas copas dos carvalhos, abelhas no tronco das árvores e as ovelhas se cobrirem de espessa lã", além de muitas outras coisas boas como essas.

De modo similar escreve Homero: "Quando um rei irrepreensível teme os deuses e governa com justiça, a terra negra produz trigo e centeio, as árvores se carregam de frutos, as ovelhas se multiplicam em profusão, o mar oferece seus melhores peixes."

Museu e seu filho atribuem aos justos dons divinos mais esplêndidos ainda. Após a morte, os guiam por meio do Hades, fazem-nos assentar-se aos banquetes dos virtuosos, cingidos de coroas, passando o resto de seu tempo a beber, como se a melhor recompensa da virtude fosse uma eterna embriaguez. Outros lhes atribuem recompensas ainda maiores da parte dos deuses, afirmando que o homem justo e fiel aos pactos revive depois da morte nos filhos dos filhos e nos distantes descendentes. Essas e outras são as vantagens que os levam a tecer elogios à justiça. No tocante aos ímpios e injustos, os fazem precipitar no lodo do Hades e os condenam a carregar água numa peneira. Ainda em vida os condenam à infâmia, os cobrem com aqueles castigos que, segundo Glauco, são infligidos aos homens justos que passam por injustos. A respeito dos injustos dizem as mesmas coisas, sem acrescentar nada de novo. Este é, portanto, o louvor e esta a lamentação que entoam a um e outro.

## VII

**Adimanto** – Além disso, Sócrates, atente para outro tipo de argumentação sobre a justiça e a injustiça que se pode auscultar entre o povo e os poetas. Todos eles concordam em exaltar a temperança e a justiça como coisas belas mas difíceis e penosas, enquanto a intemperança e a injustiça como coisas agradáveis e fáceis de praticar, mas afrontosas para a opinião pública e para a lei. Acrescentam ainda que a injustiça é mais proveitosa que a justiça e que os homens são levados a se considerar felizes, a prestar honras em público e em particular aos maus que dispõem de riquezas e poder e a desprezar e a se afastar dos demais se forem fracos e pobres, mesmo reconhecendo sua superioridade moral. De todos, os discursos mais estranhos são os que se referem aos deuses e à virtude. De fato, sustentam que até os deuses reservaram para muitos homens justos uma existência desafortunada e infeliz, ao passo que aos outros concederam sorte contrária. Sacerdotes mendicantes e adivinhos batem à porta dos ricos, persuadindo-os de terem recebido dos deuses, graças a sacrifícios e encantamentos, a faculdade de reparar, com festins e divertimentos, iniquidades perpetradas pelo dono da casa ou por seus ancestrais. Se alguém pretender fazer mal a um inimigo, eles se empenham, por modesta compensação, em perpetrar o mal a quem quer que seja, justo ou injusto, mediante sortilégios e fórmulas mágicas, afirmando que com isso podem convencer os deuses a colocar-se a seu serviço. Para isso, evocam o testemunho de poetas, como Hesíodo, tentando provar quão fáceis são as sendas do mal:

"Fácil é alcançar a maldade, possível é segui-la com a multidão, pois o caminho é plano e ela está bem próxima de nós.

Mas diante da virtude, os deuses puseram suores, a estrada é longa e íngreme."

Outros mostram que os deuses se deixam aplacar pelos homens e se servem da autoridade de Homero que escreveu:

"Os próprios deuses se deixam aplacar com sacrifícios e amáveis preces, com libações, e a gordura das vítimas os homens os aplacam, suplicando a eles quando transgridem a lei e cometem crimes."

Mostram ainda uma quantidade de escritos de Museu e de Orfeu, filhos da Lua e das Musas, como se conta, sob cuja autoridade convencem não somente os simples cidadãos, mas também os homens de Estado, de que, para vivos e mortos, há ritos de absolvições e purificações das culpas, mediante sacrifícios e agradáveis divertimentos, chamando esses ritos de iniciações que seriam capazes de nos livrar dos males do além-túmulo. Afirmam ainda que, se desprezados, terríveis castigos nos são reservados.

# VIII

**Adimanto** – Que impressão, meu caro Sócrates, é de se supor que produzam tais discursos e tantos outros similares em que os homens e os deuses recompensam a virtude e o vício, na mente dos jovens dotados e capazes, por assim dizer, de captá-los rapidamente e deles deduzir o modo como devem portar-se para tomar a rota que os levem a viver da melhor maneira possível? Parece lógico que um jovem dirá a si mesmo o que consta nos versos de Píndaro: "Vou escalar os altos muros com a justiça ou chegarei até lá com tortuosos enganos, cercando-me do melhor e gozando da ventura da vida?"

Ouve-se dizer, com efeito, que, se for justo sem o parecer, não levarei vantagem alguma, mas somente penas e castigos inevitáveis; por outro lado, ao injusto é reservada uma existência brilhante, contanto que se esforce por obter fama de justo. Em vista, portanto, da aparência, como me demonstram os sábios, "ganha também a verdade que decide sobre a felicidade", convém voltar-me de todo às aparências. Devo traçar em torno de mim, como uma fachada bem decorada, uma imagem de virtuoso. Devo levar comigo a astuta e enganadora raposa do perspicaz Arquíloco. Se me for confutado que não é fácil esconder constantemente a maldade, responderia que nenhum outro empreendimento é fácil. Se, no entanto, quisermos ser felizes, é preciso percorrer esse caminho, traçado por nossos discursos. Para esconder nossa maldade, uniremos-nos em alianças e sociedades, além de existirem mestres de notável persuasão que asseguram a posse de uma sabedoria popular e jurídica, com as quais poderemos tanto persuadir como obrigar, aprimorando-nos na arte de enganar sem danos.

"Mas é impossível enganar ou resistir aos deuses!" Se, contudo, não existem ou se preocupam por nada com as vicissitudes humanas, para que nos preocuparmos em fugir deles? Se, por outro lado, existem e se preocupam conosco, não os conhecemos a não ser por ouvir dizer ou pelos autores de genealogias. Até eles afirmam que os deuses podem ser aplacados e passar para nosso lado por meio de "sacrifícios e amáveis preces", além de ofertas. Ora, ou se acredita em tudo o que dizem ou não se crê em nada. Se for para crer, então devemos nos comportar mal e oferecer aos deuses sacrifícios que sejam fruto de nossas más ações. Se fôssemos justos, certamente nada teríamos a temer dos deuses, mas perderíamos as vantagens da injustiça. Ao contrário, se injustos, conquistaríamos os deuses com orações, mesmo continuando a transgredir as leis e a cometer crimes, persuadindo-os depois a nos perdoarem. "Mas no Hades haveríamos de descontar as culpas aqui cometidas, nós mesmos ou os filhos de nossos filhos." Nosso racionalista, porém, há de responder: "As iniciações, meu caro, e os deuses libertadores ao muito poderosos, como o afirmam os Estados mais fortes e os filhos dos deuses, isto é, os poetas e os intérpretes dos deuses que nos asseguram que as coisas correm assim mesmo."

## IX

**Adimanto** – Por que, portanto, preferir a justiça à injustiça suprema, se adquirindo-a com uma falsa aparência de virtude tudo deverá correr melhor em vida e na morte da parte dos deuses e da parte dos homens, como o dizem os simples cidadãos e os homens ilustres? Diante de tudo o que acabo de dizer, que expediente, Sócrates, poderia levar um homem de alguma superioridade intelectual, física, econômica ou familiar a apreciar a justiça, em vez de desprezá-la quando ouve alguém que a elogia? Quem tivesse condições de demonstrar a falsidade de nossas afirmações e se convencesse de que a justiça é o sumo bem, tal homem, ainda assim, seria indulgente para com os injustos, em vez de mostrar-se irado com eles. Ele bem sabe que, excetuando-se aquele que por inspiração divina seja contrário à injustiça e dela se abstenha, porque iluminado pela ciência, ninguém mais é justo por espontânea vontade, mas somente por causa da covardia ou da velhice ou por qualquer outra debilidade, passando a lastimar a injustiça somente porque é incapaz de praticá-la.

E as coisas correm assim mesmo. Com efeito, o primeiro dentre eles que galga o poder será também o primeiro a ser injusto, dentro dos limites do possível.

A única causa de tudo isso é a que impeliu meu irmão, bem como a mim, a debater com você, Sócrates. Gostaria de dizer, meu caro amigo, que de todos vocês que se declaram partidários da justiça, a começar pelos heróis da antiguidade, cujos discursos chegaram até nós, nenhum dentre todos execrou a injustiça e louvou a justiça, senão em vista da boa reputação, das honrarias e das recompensas inerentes. Nunca, algum deles, em prosa ou em poesia, com base em sua natureza e no poder que exercem no ânimo de quem as possui, fora do conceito de deuses e homens, demonstrou que a injustiça é o maior de todos os males que possa afligir o espírito e a justiça, pelo contrário, o maior de todos os bens. Porque, se todos vocês nos tivessem desde logo falado assim e nos tivessem convencido disso desde nossa juventude, não estaríamos sempre de sobreaviso uns contra os outros, receando que a injustiça se propagasse; ao contrário, cada um se guardaria a si mesmo porque estaria atemorizado em atrair sobre si, ao cometer injustiça, o pior dos males.

Isto mesmo, Sócrates, ou quem sabe outras coisas teriam dito Trasímaco e outros sobre a justiça e a injustiça, confundido grosseiramente, segundo meu parecer, as características de ambas. Eu, porém, sem querer dissimular, gostaria de ouvir objeções de sua parte e, por esta razão, sustentei a tese contrária com o máximo ardor possível. Por isso, não gostaria que se limitasse a demonstrar que teoricamente se pode preferir a justiça à injustiça, mas explique também os efeitos de uma e de outra sobre quem as possui, exatamente aqueles que de uma fazem um bem e de outra, um mal. Deixe de lado as opiniões, como Glauco recomendou. Porque, se em ambos os casos, você não repelir as falsas opiniões para se ater somente às verdadeiras, poderíamos entender que você não louva a justiça mas somente a aparência e nem critica a injustiça mas somente o que parece como tal e, além disso, que você nos exorta a cometê-la às escondidas. Resumindo, você estaria de acordo com Trasímaco ao reconhecer que a justiça é um bem de outrem, é o interesse do mais forte, enquanto que a injustiça é útil e vantajosa por si mesma, ainda que seja prejudicial ao fraco.

Desde que você admitiu que a justiça faz parte dos bens supremos, daqueles que vale a pena atingir por suas consequências e ainda mais por si mesmos, como a visão, a audição, a inteligência, a saúde e todos os bens dotados de valor natural, prescindindo de sua aparência, elogie pois, no caso da justiça, as vantagens que traz consigo a quem a possui e, no caso da injustiça, lastima os danos que ela traz. De certo eu poderia aceitar que outro louvasse a justiça e atacasse a injustiça, limitando-se a apreciar e a criticar as aparências e as recompensas decorrentes de uma e de outra. Não o toleraria, porém, de sua parte, a menos que você o exigisse, porquanto você passou toda a vida estudando somente este problema. Não se atenha, portanto, em demonstrar que se pode preferir a justiça à injustiça, mas explique também os efeitos de uma e de outra como tais, prescindindo do fato de que elas sejam encobertas ou descobertas a deuses e homens, porquanto são exatamente tais efeitos a transformar uma num bem e outra num mal.

# X

Eu sempre havia admirado o caráter de Glauco e de Adimanto, mas depois de escutar essas palavras, senti-me invadido por uma alegria especial e falei:

**Sócrates** – Não foi por acaso, ó filhos daquele notável homem, que a amante de Glauco começou a elegia que lhes dedicou, celebrando suas façanhas na batalha de Magara: "Filhos de Aristo, divina estirpe de insigne herói." Esse elogio, amigos, me parece perfeito. Vocês estão, de fato, num plano realmente divino, se não supõem que a injustiça seja superior à justiça, embora capazes de defendê-la com tanta eficácia. Na verdade, me parece que vocês não estão ainda plenamente convencidos e o deduzo de toda a conduta de vocês, porquanto só as palavras não me deixariam convicto. Quanto maior é minha confiança em vocês, tanto mais encontro dificuldades, pois não estou em condições de ajudá-los. Acredito até ser incapaz disso. Sobretudo porque vocês não aceitaram os argumentos que apresentei em meu colóquio com Trasímaco, no qual me parecia ter demonstrado que a justiça é superior à injustiça. Por outro lado, não posso deixar de vir em seu auxílio porque, temo, seria uma impiedade, enquanto respirar e ainda possa falar, permitir que a justiça fosse colocada sob processo e recusar minha ajuda. A melhor solução será, portanto, a de defendê-la como melhor puder.

Ao ouvir isto, Glauco e seus companheiros me solicitaram de defendê-la com todas as minhas forças e de não abandonar a discussão, mas de investigar a natureza e as prerrogativas da justiça e da injustiça. Nesse momento, manifestei minha opinião, dizendo que a tarefa de averiguação a que nos propúnhamos era ingente e reclamava um homem de grande perspicácia. E acrescentei:

**Sócrates** – Porquanto não estamos em condições, segundo minha opinião, de conduzir uma semelhante averiguação, vamos fazer assim. Se fossem dadas para ler de longe palavras escritas em letras miúdas para quem não tivesse vista perfeita e depois alguém se lembrasse que as mesmas palavras se encontram escritas em outro local em caracteres maiores e sobre uma superfície bem maior, seria conveniente, acredito, ler por primeiro as de caracteres maiores para depois compará-las com as escritas em tamanho menor, a fim de controlar se são idênticas.

**Adimanto** – Perfeitamente. Mas que relação existe nisso, Sócrates, com a investigação sobre a justiça?

**S.** – Vou explicar. Não afirmamos que a justiça se encontra num homem em particular e também num Estado?

**A.** – Sem dúvida.

**S.** – O Estado não é maior que um só indivíduo?

**A.** – Certamente.

**S.** – Talvez no quadro maior se possa encontrar uma justiça mais consistente e mais fácil de discernir. Se quiserem, podemos examinar sua natureza primeiramente nos Estados e depois a estudaremos em cada pessoa, relacionando o que é menor com o que é maior, por analogia.

**A.** – Parece-me ideia razoável.

**S.** – Se considerássemos teoricamente, pois, o surgimento de um Estado, poderíamos assistir ao surgimento tanto da justiça como da injustiça.

**A.** – É bem provável.

**S.** – Teríamos então a esperança de encontrar mais rapidamente o que procuramos.

**A.** – Não há dúvida.

**S.** – Acham que vale a pena tentar? Pensem bem, porque não é tarefa das mais fáceis.

**A.** – Estamos decididos. Vamos fazer como você acabou de dizer.

# XI

**Sócrates** – Segundo minha opinião, um Estado se organiza porque ninguém se basta a si mesmo, ao contrário tem muitas necessidades. Ou talvez você pense que o Estado deva seu surgimento a algum outro motivo?

**Adimanto** – Não.

S. – Por isso, um homem se junta a outro por uma necessidade e a mais outro por outra necessidade porque têm muitas delas. Assim, muitas pessoas se reúnem num mesmo local para se valerem mutuamente e também para ter companhia. Assim se forma uma comunidade a que damos o nome de Estado. Não é assim?

A. – É assim mesmo.

S. – Um dá alguma coisa ao outro ou recebe desse alguma coisa e não acredita que esteja assim satisfazendo seu próprio interesse?

A. – Claro.

S. – Que tal? Vamos tentar fundar um Estado em teoria. Ele deverá surgir de acordo com nossas necessidades, pelo que parece.

A. – Sem dúvida alguma.

S. – A primeira e a mais importante é recolher alimento para continuar a viver.

A. – Certamente.

S. – A segunda é a habitação, a terceira, o vestuário e assim por diante.

A. – Perfeito!

S. – Como poderá, contudo, o Estado prover a tantas necessidades? Não será preciso que alguém seja agricultor, outro pedreiro e um terceiro, tecelão? Cumpre acrescentar ainda um sapateiro ou algum outro artesão para prover pelas exigências do corpo.

A. – Isso é realmente necessário.

S. – Então o núcleo do Estado se comporia pelo menos de quatro ou cinco pessoas.

A. – De acordo.

S. – Torna-se necessário, portanto, que cada um coloque à disposição da comunidade o próprio trabalho. O agricultor, por exemplo, embora sendo um só, deve prover à alimentação de outros quatro, gastando quatro vezes mais tempo e trabalho para fornecer alimento e dividi-lo com os demais. Ou, sem levar em conta os demais, trabalharia só para si, empregando uma quarta parte do tempo para prover um quarto do alimento, gastando os outros três quartos respectivamente construindo sua casa, fazendo seu vestuário e calçados e providenciando tudo para as próprias necessidades, sem preocupar-se com os outros?

**A.** – Talvez fosse mais indicada, Sócrates, a primeira solução.

**S.** – Por Zeus! Não é deveras estranho? As palavras que você proferiu me levam a pensar que cada um de nós é fundamentalmente diferente de outro, em primeiro lugar, por suas inclinações. Não acha?

**A.** – Perfeitamente.

**S.** – Então é melhor dedicar-se cada um a diversas atividades ou a uma só?

**A.** – A uma só.

**S.** – Parece-me claro também que se é menosprezado o tempo oportuno para fazer alguma coisa, esse não volta mais.

**A.** – Com certeza.

**S.** – Porque o trabalho não se acomoda às conveniências do trabalhar, mas este não deve fazê-lo como se fora um passatempo.

**A.** – Isso mesmo.

**S.** – Donde se conclui que mais coisas são feitas, melhores e mais facilmente, quando cada um se aplica a uma só atividade, segundo sua inclinação e no momento certo, sem se preocupar com as outras.

**A.** – É bem como você diz.

**S.** – Neste caso, Adimanto, para as necessidades de que falávamos, são necessários mais de quatro concidadãos. Com efeito, se tudo deve correr bem, não deverá ser o agricultor que fabrica seu arado, nem a enxada e outros implementos agrícolas. O mesmo se pode dizer do pedreiro que também necessita de utensílios, como ainda do tecelão, do sapateiro.

**A.** – É verdade.

**S.** – Assim, pois, carpinteiros, ferreiros e muitos outros artesãos afluirão a nosso Estado e vão aumentar sua população.

**A.** – Sem dúvida.

**S.** – Não seria demais acrescentar ainda os vaqueiros, os pastores e criadores de outros animais para fornecer aos agricultores bois de tração, aos pedreiros e aos camponeses animais de carga e ainda peles e lã para os tecelões e sapateiros.

**A.** – Um Estado que já reunisse tudo isso não seria mais tão pequeno.

**S.** – Há algo mais, pois, é quase impossível fundá-lo em local onde se encontre de tudo e não haja necessidade de importar algum produto.

**A.** – Praticamente impossível.

**S.** – Nosso Estado teria, pois, necessidade de outros cidadãos que fossem buscar em outro Estado o que falta no nosso.

**A.** – É verdade.

**S.** – Mas, se o encarregado dessa tarefa partir de mãos vazias, sem levar nada do que o outro Estado necessita, voltará igualmente de mãos vazias. Não seria assim?

**A.** – Parece-me que sim.

**S.** – Um Estado, portanto, deve produzir em quantidade adequada não somente o que lhe serve, mas também o que serve aos Estados dos quais importa.

**A.** – Assim deve ser.

**S.** – Então haverá necessidade de maior número de camponeses e outros artesãos para nosso Estado.

**A.** – Com toda a certeza.

**S.** – Seriam necessários também os encarregados da importação e da exportação de cada produto, isto é, os mercadores. Não deveria ser assim?

**A.** – Claro.

**S.** – Teríamos necessidade também de comerciantes?

**A.** – Por certo.

**S.** – E se o comércio se realiza por mar, teríamos necessidade de mais pessoas experientes em navegação.

**A.** – Sim, de bom número.

## XII

**Sócrates** – Mas como se realizará no interior do Estado a distribuição dos produtos do trabalho individual, tendo em vista que este foi o objetivo pelo qual nos reunimos e criamos o Estado?

**Adimanto** – Evidente que haverá o processo de compra e venda.

**S.** – Deveremos ter, portanto, um mercado e uma moeda como símbolo da compra e venda.

**A.** – Certamente que sim.

**S.** – Mas se um camponês ou um artesão leva ao mercado seu produto e não chega ao mesmo tempo que os outros que necessitam comprar, deverá largar seu trabalho para esperá-los ocioso no mercado?

**A.** – Nada disso! Haverá os encarregados que, notando esse inconveniente, se incumbem da mediação. Nos Estados bem administrados, geralmente assumem essa tarefa as pessoas fisicamente mais fracas e incapazes de desenvolver qualquer outra atividade. Essas permanecem na praça do mercado e compram com dinheiro de quem quiser vender e revendem o produto, sempre com dinheiro, a quem quiser comprar.

**S.** – Esta necessidade exige, portanto, a presença de mercadores em nosso Estado. Não chamamos assim, por acaso, aqueles que permanecem parados no mercado, enquanto designamos de comerciantes por atacado aqueles que circulam pelas cidades?

**A.** – Exatamente assim.

**S.** – Existem ainda, me parece, agentes de outro tipo que, embora sendo espiritualmente pouco dignos de fazer parte da sociedade civil, são contudo, por sua força física, aptos para suportar fadigas. Esses são chamados assalariados, ao que me parece, porque vendem o uso de sua força física e chamam de salário sua compensação. Não é assim?

**A.** – Claro que é.

**S.** – Vemos, portanto, que também os assalariados completam o Estado.

**A.** – Acho que sim.

**S.** – Então, Adimanto, nosso Estado já está atingindo um desenvolvimento que pode ser considerado quase perfeito.

**A.** – Parece que sim.

**S.** – E onde se poderia encontrar a justiça e a injustiça? Em qual das situações levadas em consideração poderiam ter surgido?

**A.** – Não atino, Sócrates, a menos que seja nas relações de intercâmbio das próprias mercadorias.

**S.** – Talvez tenha acertado, mas não devemos evitar de aprofundar o tema. Antes de mais nada, perguntemo-nos, portanto, que tipo de vida levarão as pessoas assim organizadas? Não se limitarão a produzir gêneros alimentícios, vinho, vestuário e calçados. Deverão construir casas e, no verão, irão trabalhar quase sempre seminus e descalços, enquanto no inverno bem agasalhados e calçados. Por alimento, farão pasta de farinha de centeio ou de trigo que cozinharão ao fogo. Farão belos pães e bolos e serão servidos em cestas de junco ou sobre folhas limpas. Reclinados sobre esteiras entrelaçadas com ramos de teixo e murta, se banquetearão juntamente com seus filhos, bebendo vinho, com coroas na cabeça, cantando hinos aos deuses. Viverão juntos em alegria e, por receio da pobreza e da guerra, não criarão mais filhos que quantos possam manter.

## XIII

Neste ponto, Glauco interveio: Parece-me que no banquete desse povo falta algo mais que somente o pão.

**Sócrates** – Você tem razão. Havia esquecido que eles deverão ter algo que acompanhe o pão: sal, azeitonas, queijo, cebolas, legumes, como se come nas zonas rurais. Vamos oferecer a eles também doces de figo, ervilha, fava, levarão ao forno bagos de murta e bolotas de carvalho, comendo e bebendo com moderação. E, passando assim a vida, cheios de saúde e alegria, chegarão à velhice, legando em herança a seus descendentes o mesmo modo de vida.

**Glauco** – Sócrates, se tivesses instituído uma sociedade de suínos, você lhe daria outro tipo de comida?

**S.** – O que deve ser feito, então, Glauco?

**G.** – O que se faz costumeiramente. Reclinar-se em leitos, para ficar bem cômodos, e comer à mesa, servindo-se de temperos e de doces, como se faz hoje.

**S.** – Muito bem! Finalmente entendi. Parece que estamos buscando não a origem de um Estado puro e simples, mas a de um Estado em que se viva no luxo. Quem sabe, também o estudo de uma cidade similar pode nos permitir compreender a origem da justiça e da injustiça nos Estados. Parece-me, no entanto, que o verdadeiro Estado, um Estado sadio, seja aquele que descrevemos. Se vocês quiserem, no entanto, podemos examinar também um Estado doente, repleto de humores doentios. Nada impede que o façamos. Parece que alguns não se contentariam com essas prescrições, nem se agradariam com esse modo de vida, mas acrescentariam camas, mesas e outros móveis, condimentos, perfumes, incenso, cortesãs elegantes e iguarias de todo tipo. Já não considerarão coisas simplesmente úteis, de que falávamos antes, como casas, vestuário, calçado, mas aparecerão as exigências da pintura, da arte do bordado e ambicionarão possuir ouro e marfim e todo material preciso desse tipo. Não é assim talvez?

**G.** – Mas certamente que é.

**S.** – Torna-se necessário, pois, expandir o Estado, se aquele sadio não basta. É necessário aumentá-lo, povoá-lo de gente que não se encontrará na cidade por necessidades básicas, como os caçadores, os comediantes, os muitos que se ocupam de figuras e cores, muitos músicos, poetas com seu séquito: os rapsodos, os atores, os empresários, os artesãos de objetos de todo tipo e sobretudo os que se ocupam dos adornos femininos. Serão necessários também muitos servos, como pedagogos, aios e amas, hospedeiros, barbeiros, cozinheiros, açougueiros e outros serviçais, como os de limpeza, todas pessoas ausentes em nosso primitivo Estado, porque nele não tinham serventia alguma. Neste, porém, se tornaram necessários. Haverá ainda necessidade de muitos outros animais que satisfazer a fantasia de alguns até no comer. Ou não é assim?

**G.** – Nem é de outra forma.

**S.** – Assim sendo, teremos necessidade de médicos muito mais do que antes.

**G.** – E como não!

# XIV

**Sócrates** – E o território, que antes era mais que suficiente para alimentar a população, tornar-se-á de todo insuficiente, não é verdade?

**Glauco** – Sem dúvida.

**S.** – Deveremos, portanto, tomar uma parte daquele dos vizinhos para responder a nossas exigências de pastagem e de cultivo. Eles, no entanto, por sua vez, farão outro tanto com relação a nós e ultrapassarão os limites do necessário, entregando-se a uma ambição desmesurada para tomar posse de riquezas.

**G.** – É algo quase inevitável, Sócrates.

**S.** – E então, Glauco, vamos mover guerra, não é ?

**G.** – A guerra virá.

**S.** – Vamos deixar de lado por ora o problema das consequências positivas ou negativas da guerra. Vamos nos limitar em descobrir a origem da guerra que, quando eclode, acarreta aos Estados e aos cidadãos os mais funestos flagelos.

**G.** – Perfeitamente.

**S.** – Meu amigo, é preciso expandir mais ainda o Estado, e já não lhe bastará pequena tropa de ordem, mas necessitará de um exército inteiro que se porá em campanha para defender todas as nossas posses e os bens de que mal falamos, combatendo os invasores.

**G.** – Mas como? Não seriam capazes de combater os próprios cidadãos?

**S.** – Impossível, se nos ativermos ao acordo tomado no momento de imaginar a fundação de nosso Estado – você não se lembra? – , quando reconhecemos que uma só pessoa não pode desempenhar bem diversas atividades?

**G.** – Você tem razão.

**S.** – E o treino para a guerra não lhe parece um ofício?

**G.** – Certamente.

**S.** – É preciso, pois, maior empenho para ser sapateiro do que para ser guerreiro?

**G.** – De modo algum.

**S.** – Não quisemos, no entanto, que um sapateiro fosse ao mesmo tempo agricultor, tecelão ou pedreiro, estipulando que fosse tão somente sapateiro, exatamente para obter melhores resultados com seu trabalho. De modo análogo, concedemos um ofício próprio a cada um que correspondesse a suas inclinações, ofício que deverá desempenhar com maestria por toda a vida, excluindo qualquer outro, sem deixar de aproveitar os momentos propícios para se aperfeiçoar sempre mais. Mas não é muito importante também desempenhar bem o exercício da guerra? Ou seria tão fácil para um camponês, um sapateiro e qualquer outro trabalhador tornar-se também um soldado, sabendo-se que ninguém poderia jogar muito bem dados ou damas se não se dedicasse inteiramente, desde pequeno, a esses jogos, mas somente no tempo livre? Bastaria no próprio dia da guerra que alguém sobraçasse um escudo e outra arma ou artefato de guerra para se tornar um soldado valoroso nas fileiras da infantaria ou em algum outro esquadrão do exército, sabendo-se que nenhum outro instrumento jamais transformará em artesão ou atleta quem o toma, mas pelo contrário se tornará inútil para quem não tenha conhecimento de cada ofício e não tenha treinamento suficiente?

**G.** – Se assim não fosse, instrumentos desses custariam bem caro!

## XV

**Sócrates** – Quanto mais importante for a função de guardião do Estado, tanto mais exigirá em assiduidade, arte e exercício.

**Glauco** – Acho também.

**S.** – Para um ofício desse tipo não seriam necessárias também aptidões naturais?

**G.** – Acredito que sim.

**S.** – Compete a nós então, pelo que parece, escolher, se não formos nós capazes, aqueles que por sua natureza têm melhores condições para defender o Estado.

**G.** – Sim, é de nossa competência.

**S.** – Por Zeus! Escolhemos uma tarefa nada fácil. Não devemos, contudo, desanimar e tentar realizá-la dentro dos limites de nossas forças.

**G.** – Claro que não devemos desanimar.

**S.** – Não lhe parece que, como guardião, um cão de raça seja por natureza diferente de um nobre guerreiro?

**G.** – Explique-se melhor.

**S.** – É necessário que ambos tenham um ótimo faro e grande velocidade para perseguir o inimigo e que também sejam fortes para combatê-lo depois de tê-lo alcançado.

**G.** – Sim, essas qualidades lhes são necessárias.

**S.** – Além da coragem para combater com valentia.

**G.** – Sem dúvida.

**S.** – Mas um cavalo, um cão, qualquer outro animal poderia ser corajoso sem ser fogoso? Você não entende que o ardor é uma qualidade insuperável e invencível, tornando impávido ante qualquer perigo e intrépido o ânimo de quem o possui?

**G.** – Já o havia notado.

**S.** – Então parece evidente quais os predicados físicos que um guardião deva ter.

**G.** – Sim.

**S.** – E também é evidente que seu predicado espiritual deva ser o ardor.

**G.** – Sem dúvida, é evidente.

**S.** – Mas homens desse tipo, Glauco, não serão agressivos entre si e contra seus concidadãos?

**G.** – Por Zeus, é muito provável!

**S.** – No entanto, é necessário que eles sejam brandos com seus concidadãos e rudes com os inimigos, do contrário, antes que outros os destruam, se aniquilarão a si mesmos.

**G.** – É verdade.

**S.** – O que fazer então? Onde encontrar uma índole que seja ao mesmo tempo branda e ardorosa, porquanto a branda é o oposto da ardorosa?

**G.** – É complicado.

**S.** – Mas sem uma ou outra não se pode ser um bom defensor. Parece impossível tê-las juntas e daí se conclui que um bom defensor não pode existir.

**G.** – Talvez.

Eu também fiquei um pouco hesitante, mas refleti sobre o que havíamos dito e continuei:

**S.** – Meu amigo, temos realmente motivos para ficarmos embaraçados. O fato é que nos afastamos de nossa comparação.

**G.** – Como é que é?

**S.** – Não suspeitamos e não levamos em conta o fato de que existem caráteres que possuem essas duas qualidades opostas.

**G.** – Quais?

**S.** – Podem ser encontradas em muitos animais e sobretudo naquele que comparamos ao defensor ou guardião. Você sabe que os cães de raça são por índole muito dóceis para com as pessoas que conhecem bem e, pelo contrário, muito agressivos com os estranhos.

**G.** – Sei disso.

**S.** – Logo, a coisa é perfeitamente possível e quando procuramos um defensor desse tipo não procuramos nada contrário à natureza.

**G.** – Parece que não.

## XVI

**Sócrates** – Mas não lhe parece que ao futuro defensor lhe falte ainda uma qualidade, ou seja, uma índole filosófica além de ardorosa?

**Glauco** – Como assim? Não entendo.

**S.** – Também esse vestígio pode ser encontrado nos cães, ainda que pareça estranho admirá-lo num animal.

**G.** – Que vestígio?

**S.** – O cão, ao ver um desconhecido, fica irritado até sem motivo. Mas ao ver uma pessoa conhecida, a saúda, mesmo que maltratado. Você nunca observou isso?

**G.** – Não muito, mas é claro que o cão age assim.

**S.** – Entretanto, esse comportamento revela uma índole nobre e verdadeiramente filosófica.

**G.** – Em que sentido?

**S.** – O cão sabe distinguir uma figura amiga ou inimiga pelo simples fato que conhece uma e ignora a outra. Logo, como poderia não amar o conhecimento, se o conhecimento e a ignorância lhe permitem distinguir o amigo do estranho?

**G.** – Realmente, você está com a razão.

**S.** – Mas ter uma natural avidez de aprender não é a mesma coisa que ser filósofo?

**G.** – A mesma coisa, claro.

**S.** – Podemos, pois, afirmar tranquilamente que também no caso do homem quem quer ser meigo com os amigos e conhecidos deverá possuir também uma natureza filosófica e ávida por aprender.

**G.** – Concordo.

**S.** – E assim será também este. Mas como criar e educar pessoas com essa índole? O exame deste problema pode nos ajudar a descobrir o fim de toda nossa indagação, isto é, a origem da justiça e da injustiça num Estado, sem deixar de lado nenhum argumento importante e sem delongar excessivamente a discussão.

O irmão de Glauco interveio: "Sim, acho que esta investigação seja mesmo útil para nosso objetivo".

**S.** – Por Zeus, caro Adimanto, então não precisa nem deixá-la de lado, por mais longa que seja.

**A.** – De certo que não.

**S.** – Muito bem! Vamos tentar então, à maneira daqueles que não fazem outra coisa senão contar fábulas, delinear em teoria a educação desses defensores.

**A.** – Vamos lá.

# XVII

**Sócrates** – Mas que educação escolher? Será possível encontrar uma melhor que aquela que, desde longa data, está em uso em nosso meio? Talvez consista em formar o corpo pela ginástica e a alma pela música.

**Adimanto** – Assim mesmo.

**S.** – Por que não começar pela música, em vez de da ginástica?

**A.** – Por que não?

**S.** – Você acha que as composições literárias fazem parte da música?

**A.** – Sem dúvida.

**S.** – Mas há duas espécies de discursos: os verdadeiros e os falsos.

**A.** – De acordo.

**S.** – Então, a educação deve ter a contribuição de ambos, a começar pelos falsos?

**A.** – Não consigo entender o que pretende dizer.

**S.** – Você não percebe que às crianças contamos primeiramente fábulas? Para sermos sinceros, são falas cheias de mentiras, embora encerrem também verdades. A elas, no entanto, ensinamos as fábulas antes da ginástica.

**A.** – É verdade.

**S.** – Por esta razão dizia que é necessário dar a precedência à música com relação à ginástica.

**A.** – Tem razão.

**S.** – E você não sabe que o princípio é decisivo em todas as coisas, sobretudo para toda criatura jovem e delicada? De fato, é mormente nessa idade que a pessoa se deixa amoldar e definir o caráter de acordo com o que se almeja.

**A.** – É fora de dúvida.

**S.** – E então consentiríamos que as crianças ouçam fábulas de todo tipo, inventadas pelo primeiro que aparece, e recebam na alma impressões geralmente contrárias àquelas que, segundo nosso parecer, seriam necessárias na idade adulta?

**A.** – De forma alguma pode ser consentido.

**S.** – Importa, pois, antes de mais nada, vigiar os inventores de fábulas, acatando o uso de invenções que são boas e rejeitando as que não prestam. Importa convencer as mães e as amas de contar às crianças somente aquelas aprovadas por nós e amoldar, por meio das fábulas, a alma infantil muito mais do que elas modelam o corpo com as mãos[3]. De qualquer maneira, deveriam ser expurgadas quase todas as fábulas que ora estão em voga.

**A.** – Quais são?

**S.** – Nas grandes poderemos ver refletidas também as pequenas. De fato, sejam grandes ou pequenas, é inevitável que sejam calcadas nos mesmos moldes e produzam o mesmo efeito. Você não é também dessa opinião?

**A.** – Sim, mas não entendi ainda o que você quer dizer com fábulas grandes.

**S.** – São aquelas compostas por Hesíodo e Homero e por outros grandes poetas. São eles os autores dos contos falsos que eram narrados e ainda são narrados hoje a todos.

**A.** – Mas quais são? E que há neles que merecem reprovação?

**S.** – O defeito mais deplorável em absoluto são as mentiras que se contam que, além de tudo, sequer são brilhantes.

**A.** – Como assim?

**S.** – Fornecer uma imagem errônea dos deuses e dos heróis, como um pintor que pinta figuras em nada semelhantes ao modelo em que se inspirou.

**A.** – Cabe mesmo semelhante reprovação. Mas qual é precisamente seu conteúdo?

**S.** – Em primeiro lugar, a mentira mais grave, aquela que diz respeito aos seres supremos, contada por Hesíodo ao atribuir a Urano as ações que perpetrou e a vingança contra ele de

---

[3] Mães e amas costumavam massagear o corpo das crianças.

Cronos. Mesmo se fosse verdade o que Cronos fez e o que sofreu por parte de seu filho, não acho que deveria se contada com tamanha leviandade às crianças que são seres privados ainda de razão. Seria melhor nem falar nisso. Se fosse mesmo necessário falar a respeito, que esses contos fossem difundidos de modo velado entre o menor número possível de ouvintes, depois de ter oferecido em sacrifício não um porco, mas uma vítima preciosa e rara, exatamente para que sejam os ouvintes reduzidos ao mínimo.

**A.** – Sem dúvida alguma, essas narrativas são embaraçosas.

**S.** – Por causa disso, Adimanto, não deverão ser, difundidas em nosso Estado. Jamais se deverá permitir falar diante de um jovem, que cometer os crimes mais atrozes e punir a qualquer custo um pai culpado, não é nada de estranho, porquanto, ao agir assim, se imitam as mais antigas e supremas divindades.

**A.** – Por Zeus, a mim também esses contos me parecem de todo inoportunos.

**S.** – Nem se deverá dizer que os deuses guerreiam entre si, travam batalhas, armam ciladas uns aos outros, porquanto isto, de resto, nem verdade é, se ao menos quisermos que os futuros defensores abominem o ódio recíproco. Convém evitar de narrar e representar em figurações diante deles os combates dos titãs e as inúmeras outras disputas similares dos deuses e dos heróis contra seus familiares e amigos. Ao contrário, se quisermos convencê-los de algum modo que o ódio jamais reinou entre os cidadãos de um Estado, porque seria um crime, importa que os anciãos, homens e mulheres, comecem a falar disso de imediato às crianças. Quando essas crescerem, convém zelar para que os poetas narrem episódios conformes a esse princípio. Cumpre não difundir na comunidade narrativas como a de Hera acorrentada pelo filho, de Hefesto jogado para longe pelo pai porque tentava defender sua mãe agredida fisicamente por aquele, dos combates entre os deuses, imaginados por Homero, mesmo que tivessem um sentido alegórico. Com efeito, uma criança não sabe distinguir o que é alegórico daquilo que não o é, mas as impressões da infância permanecem indeléveis e imutáveis. Por isso é de máxima importância que sejam contadas às crianças primeiramente as fábulas mais adequadas para conduzi-las à virtude.

# XVIII

**Adimanto** – Muito sensatas são tuas palavras, mas o que deveríamos responder se nos perguntassem quais seriam essas fábulas?

**Sócrates** – Você e eu, Adimanto, não somos por ora poetas, mas fundadores de um Estado. Compete aos fundadores conhecer os modelos segundo os quais os poetas devem compor seus cantos, adequando-se a eles sem desvios.

**A.** – Está bem, mas quais seriam realmente os modelos segundo os quais se deveria falar dos deuses?

**S.** – Seriam mais ou menos os seguintes: na epopeia, bem como na poesia lírica e na tragédia importa sempre representar a divindade como ela é.

**A.** – Claro.

**S.** – Mas Deus não é essencialmente bom e como tal não deve ser descrito?

**A.** – Sem dúvida.

**S.** – Nada do que é bom pode ser nocivo. Não é assim?

**A.** – Parece-me que sim.

**S.** – Pode causar dano o que não é nocivo?

**A.** – De modo algum.

**S.** – Pode fazer algum mal o que não é nocivo?

**A.** – Também isto é impossível.

**S.** – Mas aquilo que não faz mal algum sequer pode ser causa de um mal.

**A.** – E como poderia?

**S.** – Mas aquilo que é bom não é útil?

**A.** – Sim.

**S.** – Então, o que é bom não é a causa de tudo, mas somente do bem e não do mal.

**A.** – Perfeitamente.

**S.** – Assim, a divindade, enquanto boa, não pode ser responsável, apesar do que se diz, de cada evento humano, mas somente de poucos fatos e não da maioria, porque para nós os bens são muito menos numerosos que nossos males. Quanto aos bens, porém, ninguém é causa deles senão a divindade, ao passo que é necessário procurar em outro lugar a responsabilidade pelos males.

**A.** – A meu ver, você está com toda a razão.

**S.** – Em decorrência disso, é impossível admitir o erro de Homero e de alguns outros poetas que, de modo bastante insensato, com relação aos deuses, afirmam que "no limiar do palácio de Zeus estão dois odres cheios, um contendo bens e o outro, males". E quando Zeus entorna a ambos sobre alguém, "este ora experimenta o mal, ora o bem". Quando entorna somente o segundo, o homem "é perseguido por toda parte pela fome devoradora". Sequer é justo afirmar que Zeus seja para todos "aquele que reparte bens e males".

## XIX

**Sócrates** – Mas quem ousa dizer que Pandaro violou os juramentos por instigação de Atenas e de Zeus não terá nossa aprovação, o mesmo devendo ser dito a respeito da contenda das deusas aplacada por intervenção de Têmis e Zeus. Nem se deve consentir que os jovens ouçam o que diz Ésquilo: "A divindade provoca a culpa entre os homens, quando quer arruinar de todo uma casa." A quem canta as desventuras de Niobe, das quais fazem parte esses versos jâmbicos, ou dos Pelópidas, ou a guerra de Troia ou ainda outros fatos desse tipo, cumpre impedir que digam que essas desgraças são obra da divindade. Caso contrário, torna-se necessário recolocar as coisas como ora fizemos e acrescentar que a divindade agiu de modo justo e bom e que para aqueles personagens a punição foi lucro. É preciso também evitar que o poeta afirme que os homens punidos se tornaram infelizes por obra da divindade. Se, por outro lado, dissessem que os maus, exatamente porque infelizes, tiveram de ser punidos e, ao descontar suas culpas, foram beneficiados pela divindade, então sim seria necessário deixá-los difundir isso. Cumpre impedir, porém, e a qualquer custo, que se diga que um deus, ainda que sendo bom, seja causa da desgraça de alguém. Isto não deve ser repetido num Estado que almeje ser bem governado e ninguém deve escutar isso, seja jovem ou velho, nem em verso nem em prosa, porque tais palavras seriam de uma impiedade inútil para nós e absurdas em si mesmas.

**Adimanto** – Dou meu pleno acordo e apoio com entusiasmo esta lei. Eu a subscrevo sem reservas.

**S.** – Logo, esse poderia ser o primeiro princípio legal com relação aos deuses, respeitando-o nos discursos e na poesia, isto é, que a divindade é responsável somente pelo bem e não por tudo o que acontece.

**A.** – Isto basta.

**S.** – Qual seria o segundo princípio? Você acha que a divindade seja um feiticeiro capaz de nos enganar, mudando continuamente de aparência, ora realmente presente e transmutando-se em mil aparências, ora mostrando de si mesma somente uma aparência enganadora? Não seria, antes, um simples ser e de todo incapaz de deixar sua forma natural?

**A.** – Assim, de repente, não sei o que responder.

**S.** – Vejamos. Qualquer coisa que deixe sua forma, tal mudança deveria vir inevitavelmente de si própria ou por obra de outrem. De acordo?

**A.** – Sim.

**S.** – Mas o que é perfeito não é o ser menos sujeito a mudanças e a alterações por obra de outrem? A mesma coisa se pode constatar no caso do corpo com relação aos alimentos, às bebidas e ao trabalho, como também em qualquer planta em relação ao calor do sol, aos ventos e a outros fenômenos similares; quanto mais forem vigorosos e sadios, tanto menos sofrerão.

**A.** – Sem dúvida alguma.

**S.** – E a alma mais corajosa e sábia não será precisamente a menos suscetível a conturbações e mudanças?

**A.** – Certamente.

**S.** – Pela mesma razão, o mesmo vale para todo objeto composto, como vasos, casas, vestes; pouco é alterado pela ação do tempo e por outros elementos, se é bem feito e está em bom estado.

**A.** – É verdade.

**S.** – Então, tudo o que está em boas condições, por sua natureza, por arte ou por ambas, é o que menos fica sujeito a transformações sob influência de intervenção externa.

**A.** – Parece que sim.

**S.** – Mas a divindade, como tudo o que lhe diz respeito, está sob qualquer aspeto na melhor das condições.

**A.** – Não há dúvida.

**S.** – Então, a divindade é o ser que menos está sujeito a assumir formas variadas.

**A.** – Sem dúvida alguma.

## XX

**Sócrates** – Pode ela mudar e transformar-se por si só?

**Adimanto** – Evidentemente, se é verdade que se transforma.

**S.** – Muda para melhor e no que é mais belo ou para pior e no que é mais feio?

**A.** – Se mudar, forçosamente para pior, porque não gostaríamos de afirmar que lhe falte beleza ou virtude.

**S.** – Muito bem! Mas se assim é, você acha, Adimanto, que um ser divino ou humano mude espontaneamente para pior?

**A.** – Impossível!

**S.** – Logo, é também impossível que a divindade queira mudar. Ao contrário, sendo sumamente belo e bom, cada um dos deuses permanece simplesmente em sua forma característica.

**A.** – Parece-me que deva ser necessariamente assim.

**S.** – Que nenhum poeta, pois, nos venha contar que "os deuses, sob a aparência de viajantes estrangeiros, disfarçados de todas as maneiras, atravessam as cidades". Que ninguém nos venha contar mentiras sobre as metamorfoses de Proteu e de Tétis. Que Hera não seja representada, nas tragédias e em outros gêneros poéticos, com vestes de sacerdotisa mendigando "para os benéficos filhos do rio Ïnaco, de Argos". Nem nos venham contar outras invencionices desse jaez. Que as mães, persuadidas por esses, não assustem as crianças com fábulas inoportunas, dizendo que algumas divindades vagueiam à noite sob as aparências de peregrinos de todo tipo; assim, não mais blasfemarão contra os deuses e, ao mesmo tempo, evitarão de tornar mais assustadiços seus filhos.

**A.** – Que se guardem bem disso!

**S.** – Será verdade, no entanto, que os deuses, embora incapazes de transformar-se por si mesmos, como nos fazem crer, apareçam sob múltiplas formas para nos enganar e nos ferir com seus encantamentos?

**A.** – Talvez.

**S.** – Mas como? A divindade pode querer enganar por palavras ou por fatos, oferecendo-nos um fantasma de si própria?

**A.** – Não sei.

**S.** – Você não sabe que a verdadeira mentira, se assim se pode defini-la, é universalmente odiada pelos deuses e pelos homens?

**A.** – O que você pretende dizer com isso?

**S.** – Que ninguém quer ser espontaneamente enganado na parte mais importante de seu ser e sobre as questões fundamentais. Pelo contrário e sobretudo naquela parte de si mesmo, o que mais teme é encontrar-se na mentira.

**A.** – Ainda não compreendo.

**S.** – Sim, porque você está pensando que eu esteja dizendo algo de muito profundo. Pelo contrário, desejo tão somente afirmar que a pior desgraça para todo homem seria permanecer espiritualmente no engano em relação à natureza das coisas e que não há nada de mais desagradável e detestado do que ter e possuir na própria alma a ignorância e a mentira. Ninguém gostaria disto, melhor, todos odeiam sobretudo isto.

**A.** – É verdade.

**S.** – E com toda a segurança se poderia chamar de verdadeira mentira aquilo de que se falava, ou seja, o estado de ignorância espiritual de quem é enganado, porque aquela que se manifesta em palavras é um reflexo do estado de alma, uma imagem sucessiva, não a mentira pura. Você não acha que é assim?

**A.** – É assim mesmo.

## XXI

**Sócrates** – A verdadeira mentira, pois, é detestada não somente pelos deuses, mas também pelos homens.

**Adimanto** – Assim também acho.

**S.** – Mas quando e para quem um conto falso é tão útil de modo a não se tornar odioso? Quando os inimigos ou aqueles que consideramos amigos são levados, pela loucura ou pela insensatez, a cometer uma má ação, então a mentira não é útil como um remédio para desviá-los de seus propósitos? E nas fábulas de que mal falamos, porquanto sobre os fatos antigos ignoramos a verdade, não tornamos a mentira útil inventando-a com a maior verossimilhança possível?

**A.** – É assim mesmo.

**S.** – Em que sentido, pois, a mentira é útil à divindade? Esta poderia porventura mentir, tornando verossímil o passado porque o ignora?

**A.** – Seria ridículo supor tal coisa.

**S.** – Logo, na divindade não pode coexistir um poeta mentiroso.

**A.** – Creio que não.

**S.** – Mas a divindade poderia mentir por receio dos inimigos?

**A.** – Só o que faltava!

**S.** – Para se defender da loucura ou da insensatez de seus amigos?

**A.** – Mas nenhum louco, nenhum insensato é amigo dos deuses.

**S.** – Logo, a divindade não tem motivo algum para mentir.

**A.** – Nenhum.

**S.** – Aquilo que é demoníaco e divino, portanto, nada tem a ver com a mentira.

**A.** – Claro que não.

**S.** – Resumindo, a divindade é simples e verdadeira nos fatos e nas palavras, não é mutável e não engana nem com aparições, nem com discursos, nem com o envio de sinais durante a vigília ou o sono.

**A.** – Suas palavras me parecem convincentes.

**S.** – Você aprova, portanto, que o segundo princípio que nos deve guiar, falando dos deuses, em prosa e verso, é que eles não nos enfeitiçam mudando de aparência e não nos enganam com palavras nem com fatos?

**A.** – Aprovo.

**S.** – Assim, embora elogiando muitas coisas em Homero, não o aprovaremos a passagem do sonho mandado por Zeus a Agamenon[4]. Nem a passagem de Ésquilo, no qual Tétis evoca o que Apolo cantou em suas bodas: "Predizia para mim fecundidade e filhos, isentos de doenças e longevos; depois de ter dito que meu destino era caro aos deuses, entoou um hino dando-me coragem. E eu acreditava com sinceridade na boca divina de Febo, cheia de sabedoria e de vaticínios. Mas ele próprio, que havia cantado no banquete de minhas bodas, depois de tais palavras, ele próprio se tornou o assassino de meu filho."

Quando um poeta assim se expressar sobre os deuses, com indignação, o repeliremos e lhe negaremos o coro. Nem aos mestres permitiremos que assim se exprimam, eles que são encarregados de instruir os jovens, caso nossos guardiões possam tornar-se pios e semelhantes aos deuses, quanto isso seja possível ao homem.

**A.** – Aprovo de maneira cabal estes princípios; melhor, atribuiria aos mesmos força de lei.

---

[4] 1 Zeus prediz a vitória através de um sonho enganador enviado a Agamenon. Este parte para o ataque com suas tropas, mas sofre grave derrota

# Livro III

**I Sócrates** – Estes são os discursos que, desde a infância, segundo meu parecer, devem escutar ou não em relação aos deuses as crianças que no futuro deverão respeitar os deuses e os pais e dar o devido apreço à amizade recíproca.

**Adimanto** – Acho que as conclusões a que chegamos são justas.

**S.** – Mas esses, se devem ser corajosos, não teriam de ouvir, além desses, todos os discursos aptos a torná-los quanto possível imunes ao temor da morte? Ou você acha que se possa ser corajoso apesar desse temor?

**A.** – Não, por Zeus!

**S.** – Mas quando se acredita que exista o Hades e que esse seja um lugar assustador, você acha que se possa permanecer impávido diante da morte e que nas batalhas se possa preferir a morte à derrota e à escravidão?

**A.** – Certamente que não.

**S.** – Importa, pois, vigiar também aquele que conta essas fábulas e recomendar-lhe que não difame com tanta facilidade o Hades, em vez de elogiá-lo, porque de outro modo pouco se diria de verdadeiro e de útil a quem está destinado ao ofício da guerra.

**A.** – Assim se deve agir.

**S.** – Passaremos, portanto, a eliminar afirmações como estas, começando por estes versos:

"Preferiria trabalhar a terra a serviço de outro, mesmo pobre, privado de grandes recursos, antes de reinar sobre todos os mortos."

E mais estes:

"Que se revelasse aos olhos dos mortais e dos imortais a mansão assustadora, cheia de horrores, odiada pelos próprios deuses."

E ainda estes:

"Ai de mim! Na mansão do Hades só resta uma alma e uma sombra, mas privadas de qualquer sensação."

E estes outros:

"Só ele conserva a capacidade de perceber, os demais não passam de sombras errantes."

Mais ainda:

"A alma voou de seu corpo e desceu ao Hades, lamentando o próprio destino, abandonando o vigor e a juventude."

E mais:

"A alma, qual tênue fumaça, sumiu por sob a terra, a gemer."

E por último:

"Tal como os morcegos, no fundo de sagrada caverna, voam aos gritos quando um deles cai da fila colada ao rochedo e se achegam uns aos outros, assim partiam as almas, aos gemidos, para o além."

Rogaremos a Homero e a outros poetas que não se indignem por eliminarmos esses e todos os demais versos similares, não porque lhes falte arte poética ou sejam desagradáveis ao ouvido, mas exatamente porque quanto mais poéticos, menos devem ouvi--los jovens e adultos, se quiserem ser livres e temer mais a escravidão que a morte.

**A.** – Você tem toda a razão.

## II

**Sócrates** – Convém proscrever também todos aqueles nomes terríveis e assustadores, como Cocito, Estígio, manes, espectros e outros semelhantes que arrepiam os ouvintes. Talvez possam servir para

outro objetivo, mas receamos que, pelo terror que infundem, nossos guerreiros se desencorajem e se abrandem mais que o necessário.
**Adimanto** – E motivo há para recear.
**S.** – Vamos, portanto, eliminar esses termos?
**A.** – Sim.
**S.** – Tanto nos discursos como na poesia, deveremos impor que se expressem segundo o princípio contrário a esses?
**A.** – Por certo.
**S.** – Vamos suprir também lamentos e gemidos que se põem na boca dos heróis?
**A.** – É uma consequência inevitável do que acabamos de dizer.
**S.** – Vamos pensar com calma. Será que devemos mesmo cercear isso? Costumamos dizer que um homem equilibrado não considera um mal a morte de um amigo, sensato quanto ele.
**A.** – Sim.
**S.** – Não chorará por ele como se tivera sido vítima de uma desgraça.
**A.** – Certamente que não.
**S.** – Mas sustentamos também que sobretudo um homem como esse se basta a si mesmo para viver bem e, diferentemente dos demais, sente necessidade de outra pessoa.
**A.** – É verdade.
**S.** – Logo, ele se ressentirá menos que qualquer outro pela perda de um filho, de um irmão, de dinheiro ou de qualquer outro bem desse tipo.
**A.** – Certamente.
**S.** – E menos que qualquer outro se ressente ainda, suportando ao contrário com a máxima tranquilidade uma desventura semelhante.
**A.** – Sem dúvida.
**S.** – Teríamos, portanto, razão em eliminar dos homens ilustres lamentos e deixá-los para as mulheres, mas somente para aquelas mais frágeis, como também para os efeminados, de tal modo que aqueles que destinarmos para serem preparados para a defesa de nosso território deverão detestar esse tipo de comportamento.
**A.** – Assim é que devemos fazer.
**S.** – Rogaremos novamente a Homero e a outros poetas que não representem Aquiles, filho de uma deusa, "ora deitado de

lado, ora de costas, ora de bruços, ora levantando e vagueando transtornado pelo litoral do mar, exausto; nem no momento em que apanha com as mãos cinza escura, jogando-a por sobre a cabeça. Nem enquanto chora e soluça, como em Homero. Nem se deve representar Príamo, descendente dos deuses, enquanto súplice, "rola no lodo, chamando pelo nome todos os seus guerreiros". Mais ainda, apelaríamos a Homero para que não represente os deuses enquanto se lamentam, dizendo: "Infeliz de mim, que me tornei mãe desgraçada!" Com maior razão ainda devemos impedir que os poetas ousem deformar o maior dos deuses, a ponto de levá-lo a dizer:

"Ai de mim! Sou obrigado a ver com meus próprios olhos um homem que me é tão caro, perseguido em torno dos muros da cidade e meu coração se conturba de dor."

E também:

"Ai de mim! Infeliz de mim! Sarpedon, meu predileto dentre todos os homens, quis o destino que deva morrer pelas mãos de Pátroclo, filho de Meneio."

## III

**Sócrates** – Se, com efeito, caro Adimanto, nossos jovens levassem a sério essas narrativas, em vez de se rirem delas e considerá-las indecorosas, dificilmente poderiam estimá-las indignas deles, meros mortais, e reprovar aquele que reproduzisse palavras semelhantes ou que tivesse um comportamento desse tipo. Pelo contrário, ao menor sopro de um infortúnio, elevariam lamentos e gemidos sem conta e sem se envergonhar ou se conter.

**Adimanto** – É isso mesmo que ocorre.

**S.** – Mas isto não deve acontecer, como dissemos há pouco. Além do mais, é preciso ser fiel a tal proibição, pelo menos até que alguém não consiga substituí-la por outro critério melhor.

**A.** – Sem dúvida.

**S.** – Nem é conveniente que se estejam sempre prontos ao riso. De fato, o excesso de riso reflete também uma forte agitação interior.

**A.** – Parece que sim.

**S.** – Não se deve, portanto, consentir que sejam representados os homens graves e muito menos os deuses no momento em que se deixam vencer pelo riso.

**A.** – Certamente não.

**S.** – Então deveremos reprovar também estes versos de Homero sobre os deuses:

"Entre os deuses respeitáveis, uma risada irrompeu inextinguível, quando viram Hefesto atravessar a sala coxeando."

De acordo com o arrazoado que você desenvolveu, não devem ser aceitos.

**A.** – Se você quiser atribuir-me isso. Versos semelhantes, de fato, não devem ser aceitos em nenhum caso.

**S.** – É preciso, contudo, que a verdade se sobreponha a tudo. Porque, se não tínhamos razão há pouco, e na realidade assim deve ser, quando afirmávamos que a mentira é inútil para os deuses e útil para os homens somente como remédio, é claro que tal expediente é preciso deixá-lo aos médicos, enquanto os profanos não deveriam a ele recorrer.

**A.** – Evidente.

**S.** – Quando muito, cabe aos chefes de Estado mentir aos inimigos ou aos concidadãos em vista do interesse público, mas os demais não devem fazê-lo. Poderíamos dizer que para um cidadão comum mentir aos governantes é culpa igual e até pior daquela do doente que engana o médico ou do atleta que não revela sua verdadeira condição física ao treinador ou do marinheiro que esconde do comandante as condições do barco e do equipamento, seu comportamento ou aquele de um companheiro.

**A.** – Perfeitamente.

**S.** – Se, portanto, for surpreendido mentindo à cidade um dos artesãos, um adivinho, um médico ou um carpinteiro, esse deverá ser punido porque introduz um hábito capaz de fazer soçobrar e de destruir a nave do Estado.

**A.** – Isso aconteceria, se às palavras se seguissem os fatos.

**S.** – E para nossos jovens não será necessária a temperança?

**A.** – Claro que sim.

**S.** – De modo geral, a temperança não consiste essencialmente em obedecer aos governantes e em exercer um domínio sobre si mesmos nos prazeres do beber, do amor e do comer?

**A.** – Parece-me que sim.

**S.** – Logo, também aprovaríamos versos de Homero, como aqueles postos na boca de Diomedes: "Pai, senta, fica em silêncio e escuta meus conselhos." E também os seguintes: "Respirando coragem, os gregos marchavam em silêncio por temor de seus chefes." Assim também com todos aqueles desse tipo.

**A.** – Concordo.

**S.** – O que dizer, porém, deste: "Cheio de vinho, olhos de cão, coração de cervo!" E há algum decoro no que se segue, com todos os insultos que em prosa e verso os súditos dirigem contra seus chefes?

**A.** – De modo algum.

**S.** – Certamente que não e acho que não inspiram moderação alguma aos jovens que os escutam. Apesar disso, chego até a crer que, sob outro ponto de vista, esses versos são até agradáveis. Ou você pensa de modo diferente?

**A.** – Não, concordo com você.

## IV

**Sócrates** – Você acha que seja de ajuda a um jovem para manter-se na temperança, escutar o que Homero faz dizer ao mais sábio dos homens, a quem parecia supremo prazer "ter a seu lado mesas repletas de iguarias e de carne e um copeiro que tirava o vinho da cratera para levá-lo e vertê-lo nas taças"? Ou ainda que "morrer de fome é a mais triste das mortes". Ou ainda Zeus que fica desperto enquanto os outros deuses e os homens dormem, se esquece facilmente de todos os desígnios que havia concebido, vencido por transportes de paixão, fica tão arrebatado ao ver Hera que se excita a tal ponto que sequer a conduz para o quarto, mas quer satisfazer sua paixão ali mesmo no chão, declarando que jamais havia sido tomado de tal paixão por ela, nem mesmo quando da primeira vez se haviam unido às escondidas de seus pais? Ou mesmo quando narra que por motivos semelhantes, Ares e Afrodite foram acorrentados por Hefesto?

**Adimanto** – Por Zeus, não me parece oportuno que os jovens escutem episódios desse tipo.

S. – Por outro lado, é preciso observar e escutar os homens ilustres quando falam e agem como heróis, como nestes versos:
"Batendo no peito, repreendeu seu coração:
Sê forte, coração! Outras coisas muito piores já suportaste."
A. – Certamente que sim.
S. – Nem se deve consentir que os guerreiros se tornem venais ou ambiciosos.
A. – Com toda a certeza que não.
S. – Nem se poderia cantar em sua presença: "Os presentes persuadem os deuses, os presentes dobram os veneráveis reis." Nem se deveria elogiar a sabedoria de Fênix, preceptor de Aquiles, quando o aconselhou a socorrer os gregos em troca de presentes, mas sem esses que continuasse a guardar ressentimento. Parece indigno até acreditar que Aquiles fosse tão ambicioso que aceitasse presentes da parte de Agamenon e que cobrasse o resgate de um cadáver, negando-se caso contrário a restituí-lo.
A. – Comportamento similar não é mesmo digno de louvor.
S. – Pelo respeito que Homero merece, nem ouso afirmar que sequer é digno dizer isso contra Aquiles e acreditar em outros que o sustentam. Nem diria que o herói tenha dito a Apolo:
"Tu me prejudicaste, ó arqueiro, o mais cruel dentre todos os deuses.
Sem dúvida de ti me vingaria, se isso me fosse dado!"
Nem se deve crer que Aquiles não tenha obedecido ao rio, que era um deus, com o qual estava pronto para combater. Nem que tenha dito a Esperquio, rio a quem sua cabeleira fora consagrada: "Gostaria de oferecê-la a Pátroclo, meu herói?" embora esse já tivesse falecido. Nem teria arrastado Heitor em torno do túmulo de Pátroclo, nem teria perpetrado sacrifícios humanos na fogueira. Todos esses relatos devemos admiti-los como não verdadeiros e não consentiremos que nossos guerreiros acreditem que Aquiles, filho de uma deusa e de Peleu, o mais virtuoso dos homens e neto de Zeus, e ainda educado pelo sumamente sábio Quiron, estivesse tão transtornado que abrigasse em si duas doenças contrárias: uma sórdida avidez e um arrogante desprezo pelos deuses e pelos homens.
A. – Tem razão.

# V

**Sócrates** – Não devemos crer, portanto, e nem consentir que se diga que Teseu, filho de Poseidon, e Pirito, filho de Zeus, tivessem ousado, como se lhes atribui erroneamente, executar raptos tão criminosos, nem que outro herói, filho de um deus, tenha podido perpetrar crimes tão cruéis e hediondos. Cumpre forçar os poetas a admitir que essas não são obra de heróis ou que esses não eram filhos dos deuses. Mas não se deve, de modo algum, sustentar as duas afirmações, tentando persuadir nossos jovens que os deuses incidiram em práticas desonrosas e que os heróis não são melhores que os homens. Como dizíamos antes, de fato esses relatos não são edificantes nem verdadeiros porque já demonstramos que é impossível que o mal provenha dos deuses.
**Adimanto** – É verdade.
**S.** – Esses relatos são prejudiciais também para quem os escuta porque se tornará indulgente com sua própria maldade, convencido de que o mesmo fazem e faziam também "os parentes próximos dos deuses, aqueles próximos de Zeus que, sobre o pico do monte Ida, erigiram um altar a Zeus, seu pai nos céus" e que "ainda trazem intacto o sangue dos deuses". Por isso, é preciso dar um fim a semelhantes balelas, por receio que provoquem em nossos jovens uma forte inclinação aos delitos.
**A.** – Sem dúvida alguma.
**S.** – Há ainda algo a precisar em relação ao que se pode ou não se pode dizer? Estabelecemos como se deve falar dos deuses, dos demônios, dos heróis e dos habitantes do Hades.
**A.** – Sim.
**S.** – Não nos resta estabelecer o que diz respeito aos homens?
**A.** – Certamente.
**S.** – Por ora, no entanto, meu amigo, não podemos ainda estabelecer.
**A.** – Por quê?
**S.** – Porque certamente teríamos de dizer que poetas e prosadores falam a respeito dos homens de modo totalmente errôneo quando afirmam que muitos homens injustos são felizes e os jus-

tos são infelizes e que comportar-se mal é útil, contanto que se consiga sair-se bem, enquanto a justiça é um bem para os outros e um prejuízo para si próprios. A nós compete impedi-los de falar assim, melhor ainda, os obrigaremos a cantar e narrar exatamente o contrário. Não acha que deva ser assim?

**A.** – Estou plenamente certo disso.

**S.** – Se você reconhece que tenho razão, devo concluir que você está de acordo comigo também com relação à discussão que tivemos no início?

**A.** – Exatamente.

**S.** – A necessidade de falar o que convém acerca dos homens vamos estabelecê-la quando tivermos descoberto o que vem a ser a justiça e se ela por natureza é proveitosa a quem a pratica, quer esse seja tido por justo quer não.

**A.** – Perfeito.

## VI

**Sócrates** – A propósito dos discursos, por enquanto basta o que dissemos até aqui. Acho que agora é preciso levar em consideração o estilo porque somente desse modo teremos analisado o que deve ser dito e como deve ser dito.

**Adimanto** – Não consigo entender você.

**S.** – Mas é preciso que me entenda. Talvez possa entender melhor de outra maneira. Todos os relatos dos mitólogos e dos poetas não são narrativas de fatos passados, presentes ou futuros?

**A.** – E daí?

**S.** – Mas sua narração não se desenvolve em forma direta ou imitativa ou em ambas as formas?

**A.** – Gostaria de entender melhor também este ponto.

**S.** – Pelo que parece, sou um mestre ridículo e complicado. Por isso, como alguém que não sabe se expressar, vou tentar esclarecer meu pensamento não em seu conjunto, mas ponto por ponto. Diga-me, por favor: você se lembra do prelúdio da Ilíada, em que Homero nos conta que Crises rogou a Agamenon que lhe restituísse sua filha mas que este se irritou e então o velho, ao se ver repelido, invocou a maldição divina sobre os gregos?

**A.** – Lembro, sim.

**S.** – Logo, você sabe que até os versos "suplicava a todos os gregos, mas sobretudo aos dois filhos de Atreu, comandantes de exércitos", o poeta fala em seu nome e não procura levar-nos a crer que seja outro a falar. Daí em diante, porém, finge que seja Crises que está falando e se empenha na arte de fazer-nos crer que não seja Homero, mas o velho sacerdote que está falando. E desse modo continua a narrar quase todo o relato dos fatos que dizem respeito a Ílion e a Ítaca e de quase toda a Odisseia.

**A.** – É isso mesmo.

**S.** – E não recorre à narração também toda vez que relata os discursos de seus heróis e os acontecimentos inseridos entre um discurso e outro?

**A.** – Certamente.

**S.** – Mas quando fala em nome de outro, não poderíamos dizer que adapta quanto possível seu modo de se expressar a cada um de seus personagens?

**A.** – Sim, dá para dizer assim. E daí?

**S.** – Ora, conformar-se à voz ou aos gestos de outro não significa imitar a pessoa que se quer?

**A.** – Sim, e então?

**S.** – Em tal caso, Homero e os outros poetas, pelo que parece, desenvolvem uma narrativa mediante a imitação.

**A.** – Concordo plenamente.

**S.** – Pelo contrário, se o poeta não se ocultasse nunca sob o nome de outrem, toda a sua poesia e seu relato nada teriam a ver com a imitação. Não me repita, por favor, que não entende. Já lhe direi como isso pode ocorrer. Se Homero, depois de ter narrado que Crises chegou, levando o valor do resgate pela filha e suplicando aos gregos, mas sobretudo aos reis, tivesse continuado a falar não em nome de Crises mas em seu próprio nome, você entende que não teria ocorrido imitação mas sim uma simples narrativa. Ele nos teria falado mais ou menos assim, embora eu me sirva da prosa porquanto não sou poeta: "Ao chegar, o sacerdote rogou aos deuses para que concedessem aos gregos de voltar sãos e salvos após conquistarem Troia, contanto que libertassem sua filha, mediante o resgate que trazia por respeito para com o deus. A essas palavras, todos os gregos declinaram seu respeito e acolheram seus rogos, mas Agamenon, irritado, ordenou-lhe que partisse para nunca mais voltar, caso contrário de pouco lhe valeriam o cetro e as insígnias de seu deus. Acrescentou que sua filha, antes de ser restituída, haveria de envelhecer com ele em Argos. Repetiu-lhe a ordem de ir embora e de não mais irritá-lo, se quisesse voltar para casa são e salvo. Ao ouvir essas palavras, o velho ficou com medo e se afastou em silêncio. Uma vez distante do acampamento, orou com ardor a Apolo, invocando-o por todos os seus nomes relembrando-lhe e suplicando-lhe que olhasse com favor para ele se considerasse que havia feito algo de grato a seus olhos, já erigindo-lhe templos, já oferecendo-lhe em sacrifício vítimas agradáveis. Em troca, suplicava que descarregasse contra os gregos suas flechas para fazê-los pagar pelas lágrimas que lhe haviam feito verter."

Assim, meu amigo, se escreve uma narrativa simples, sem imitação.

**A.** – Agora entendo.

# VII

**Sócrates** – Logo, você deverá compreender também que se usa um estilo oposto a esse, quando se conservam os diálogos, suprimindo os trechos narrativos.

**Adimanto** – Sim, claro, e me parece que esta é a estrutura própria da tragédia.

**S.** – Exatamente. Parece que agora você já entende com clareza o que antes eu não conseguia lhe explicar. Na invenção poética há um gênero totalmente imitativo, como você diz, e é representado pela tragédia e pela comédia. Há outro, em que é o próprio poeta que narra, como ocorre especialmente nos ditirambos. Há ainda um terceiro tipo, misto de narrativa e imitação, que se encontra na epopeia e em muitas outras composições. Você está entendendo, não está?

**A.** – Claro, agora entendo tudo quanto você dizia anteriormente.

**S.** – Lembre-se também que antes dizíamos ainda que já havíamos falado do conteúdo e que faltava analisar o estilo.

**A.** – Sim, me lembro bem.

**S.** – Queria dizer-lhe ainda que me questionava se deveríamos permitir aos poetas a narração puramente imitativa ou parcialmente como tal e em que casos, ou se devessem renunciar de qualquer modo à imitação.

**A.** – Já adivinho o que você pretende, ou seja, você coloca em questão se convém ou não admitir a tragédia e a comédia em nosso Estado.

**S.** – Talvez, ou talvez mais ainda. Por ora nem eu o sei, mas continuemos para onde o discurso, como um sopro de vento, nos haverá de impelir.

**A.** – Muito bem!

**S.** – Examina agora, Adimanto, se nossos defensores devem ou não ser peritos na arte de imitar. Do que se disse, não se segue que cada um pode exercer bem uma só função em vez de várias e se quisesse dedicar-se a muitas não obteria prestígio em nenhuma?

**A.** – Sem dúvida alguma.

**S.** – Logo, o mesmo discurso se aplica à imitação. Um homem pode imitar muitas coisas tão bem quanto uma só?

**A.** – Certamente que não.

**S.** – Menos ainda poderia dedicar-se a tarefas importantes e imitar muitas coisas com sucesso, visto que sequer os dois gêneros aparentemente afins um com o outro, a tragédia e a comédia, podem ser bem imitados pelos mesmos poetas. Há pouco, no entanto, você não as considerou imitações?

**A.** – Sim e você tem razão. Os mesmos poetas não estão em condições de ser exímios em ambas.

**S.** – Nem se pode ser ao mesmo tempo rapsodo e ator.

**A.** – É verdade.

**S.** – E os atores da comédia não são os mesmos da tragédia, embora sejam ambas imitações. Não é verdade?

**A.** – Claro, são imitações.

**S.** – E mais, Adimanto. Me parece que a natureza humana esteja subdividida em partes ainda menores, de modo que é impossível imitar bem várias coisas ou executar as mesmas coisas que se imitam.

**A.** – Nada mais verdadeiro.

# VIII

**Sócrates** – Se, pois, considerarmos ainda válida nossa primeira tese, nossos defensores devem deixar de lado qualquer outra ocupação para dedicar-se escrupulosamente à liberdade do Estado, sem nada fazer que não vise esse objetivo. De modo definitivo, não convém que façam ou imitem qualquer outra coisa. Quanto muito, podem imitar as qualidades que se exigem deles desde a infância: a coragem, a temperança, a santidade, a generosidade e assim por diante. O que é mesquinho, porém, não devem fazê-lo nem serem capazes de imitá-lo, o mesmo ocorrendo com tudo o que seja indecoroso, a fim de que, pela imitação, não passem à prática que seria prejudicial. Você nunca observou que as imitações, quando formadas na infância, passam para a idade adulta e se transformam em hábito natural no corpo, na voz e no pensamento?

**Adimanto** – Sem dúvida.

**S**. – Não deveríamos consentir, portanto, que os que estão sob nossos cuidados para serem educados na honestidade imitassem, sendo homens, uma mulher jovem ou velha no ato de insultar o marido, de se nivelar com os deuses e de se vangloriar de sua prosperidade, quando feliz ou quando infeliz, aflita, queixosa e muito menos doente, apaixonada ou em trabalhos de parto.

**A**. – Por certo, não.

**S**. – Nem devem imitar os escravos ou as escravas em suas ocupações.

**A**. – Nem isso devem fazer.

**S**. – Nem os malvados e covardes, acho, pois que se comportam ao contrário do que recomendávamos há pouco, se insultam e se esbofeteiam, brigam entre si, embriagados ou sóbrios, e praticam todo tipo de mal contra eles mesmos e contra os outros com palavras e ações. Acho que os defensores não deveriam habituar-se sequer a imitar os discursos e o comportamento dos loucos. Se é certo que se deve reconhecer os loucos e malvados, homens e mulheres, não se deve jamais imitá-los.

**A**. – Realmente verdade.

**S.** – Conviria, por acaso, imitar o comportamento dos ferreiros ou de outros artesãos, os remadores ou quem bate o tempo dos remadores ou qualquer outra coisa que se referisse a tudo isso?

**A.** – Impossível, porquanto a nenhum defensor é permitido sequer dedicar-se a qualquer um desses ofícios.

**S.** – Poderiam, porventura, imitar cavalos que relincham, touros que mugem, rios que murmuram, o mar que brame, os trovões e outras coisas mais?

**A.** – Não, porquanto são proibidos de se enfurecerem como loucos e de imitar os loucos.

**S.** – Se bem entendo suas palavras, existe um modo de se expressar e de contar, ao qual deve ater-se, quando fala, o homem realmente honesto. E há um outro, diverso do precedente, ao qual sempre se atém, em seu modo de se expressar, quem possui uma natureza e uma educação desonestas.

**A.** – E quais são esses dois modos?

**S.** – O homem de bem, quando levado a mencionar uma palavra ou uma ação de homem honrado, procurará referi-las identificando-se com ele, sobretudo se imitar de homem honesto um comportamento sério e sensato; menos se empenhará quando o imite abatido pela doença, pelo amor, pela embriaguez ou por qualquer outra situação deprimente. Mas quando tiver de falar de um indivíduo inferior a si próprio, jamais tentará imitá-lo com empenho a não ser ocasionalmente, quando esse indivíduo tenha feito algo de bom. De qualquer modo, não se sentirá bem porque não está habituado a imitar gente desse tipo e se aborrecerá em reproduzir modelos e tipos de exemplos de quem lhe é inferior, além de desprezar em seu íntimo toda imitação que não seja feita por brincadeira.

**A.** – Sim, é lógico que deva ser assim.

## IX

**Sócrates** – Logo, ele deverá usar uma forma narrativa semelhante ao exemplo que acabamos de dar a propósito de Homero e seu estilo será em parte imitativo e em parte puramente expositivo, mas por longos trechos pouco lugar deverá ter a imitação. Estou falando bobagem, talvez?

**Adimanto** – Seguramente não. Tal orador deverá seguir esse modelo.

**S.** – No caso oposto, quanto mais decadente, tanto mais será levado à imitação e se empenhará em imitar diante de seu público realmente qualquer coisa, também o que dizíamos antes: os trovões, o assobio dos ventos, o fragor do granizo, o ruído das rodas, dos eixos, o clangor das trombetas, o som das flautas, das gaitas dos pastores e de qualquer outro instrumento, dos quadrúpedes e das aves. Seu modo de se expressar consistirá quase exclusivamente de imitações de vozes e gestos, sem quase nenhum elemento narrativo.

**A.** – Isso também é inevitável.

**S.** – Esses são, portanto, os dois modos de expressão de que desejava falar.

**A.** – Sim, é isso mesmo.

**S.** – Como se pode observar, o primeiro tem poucas variações. Encontrados a harmonia e o ritmo convenientes ao estilo, quem fala corretamente pode manter quase sempre a mesma harmonia, exatamente porque as variações são poucas e têm quase o mesmo ritmo.

**A.** – É exatamente assim.

**S.** – O outro modo, pelo contrário, não tem talvez características opostas, uma vez que é preciso para expressá-lo adequadamente todas as harmonias, todos os ritmos, visto que possui variações múltiplas?

**A.** – Sem a menor dúvida.

**S.** – Mas todos os poetas e oradores usam o primeiro modo ou o segundo, ou ainda uma mistura dos dois.

**A.** – Inevitavelmente.

**S.** – Em vista disso, que fazer? Aceitaríamos no Estado todos esses modos ou um só dos dois, ou ainda o misto?

**A.** – Se tivesse de prevalecer minha opinião, admitiríamos o imitador simples que imita o homem de bem.

**S.** – Apesar disso, Adimanto, é gracioso também o modo misto, aliás, se demonstra muito mais agradável para as crianças, para seus preceptores e para o povo em geral e é oposto ao que você prefere.

**A.** – Concordo com isso.

**S.** – Talvez você possa alegar que não se adapta bem a nossa constituição porque entre nós não há homem duplo ou múltiplo, uma vez que cada um exerce uma só função.

**A.** – De fato, é assim mesmo.

**S.** – É que em um Estado como o nosso, o sapateiro é apenas sapateiro e não comandante, o agricultor é só agricultor e não juiz, o guerreiro é somente guerreiro e não também comerciante, e assim por diante.

**A.** – É verdade.

**S.** – Assim, pois, se um indivíduo, capaz de assumir com habilidade formas diferentes e de imitar qualquer coisa, chegasse a nosso Estado e quisesse declamar seus poemas, nós o reverenciaríamos como um ser sagrado, extraordinário e agradável, mas lhe diríamos que entre nós uma pessoa como ele não existe e não deve existir e o enviaríamos para outro lugar, após tê-lo perfumado com mirra e coroado de lã. Quanto a nós, que visamos a pura utilidade, preferiríamos um poeta e um fabulista menos agradável mas mais sério, capaz de imitar para nós o modo de se expressar de um homem honesto e de falar atendo-se aos modelos por nós estabelecidos no início, quando começamos a traçar o plano de educação dos guerreiros.

**A.** – Assim faríamos, se dependesse de nós.

**S.** – Parece-me agora, caro amigo, que concluímos a parte da música no tocante às palavras e aos mitos, explicando o que é necessário dizer e em que modo.

**A.** – Sou do mesmo parecer.

# X

**Sócrates** – Resta-nos, portanto, examinar as características do canto e das melodias.

**Adimanto** – Certo.

**S.** – Mas agora não é muito fácil para qualquer um determinar o que deveríamos dizer e quais deveriam ser, em harmonia com nossas premissas?

Glauco, com um sorriso nos lábios, disse:

**G.** – Por mim, Sócrates, talvez eu esteja fora deste "qualquer um" porque não entendo bem ainda o que deveríamos dizer, muito embora eu possa fazer conjeturas.

**S.** – Creio que você, pelo menos, deve estar em condições de falar sobre este primeiro ponto, isto é, de dizer que uma melodia se compõe de três elementos: palavra, harmonia e ritmo.

**G.** – Quanto a isso, certamente que sim.

**S.** – Mas entre o canto e a simples recitação não há diferença alguma, com relação ao fato de que ambas devem ser expressas nas formas e nos modos que acabamos de precisar.

**G.** – É verdade.

**S.** – E a harmonia e o ritmo devem corresponder às palavras.

**G.** – Como não!

**S.** – Dizíamos, porém, que lamentos e gemidos não devem fazer parte dos discursos.

**G.** – Sem dúvida alguma.

**S.** – Quais são as harmonias lamentosas? Você pode dizê-lo, já que é músico.

**G.** – A lídia mista, a lídia aguda e outras similares.

**S.** – Então, é necessário excluí-las. São inúteis até para as mulheres que devem ser equilibradas. Imagine então para os homens!

**G.** – Sem sombra de dúvida.

**S.** – E para os defensores do Estado, a embriaguez, a moleza e a preguiça são vícios sumamente inconvenientes.

**G.** – Com toda a certeza.

**S.** – Quais são, portanto, as harmonias moles e em voga nos festins?

**G.** – A jônica e a lídia que são chamadas exatamente de relaxantes.

**S.** – Então, amigo, que serventia têm para os guerreiros?

**G.** – Nenhuma. Só restam agora, talvez, a harmonia dórica e aquela frígia.

**S.** – Não conheço as harmonias, mas conserve aquela que imite adequadamente os tons e os acentos que convêm a um homem corajoso, empenhado numa ação de guerra ou em outra ação violenta, e que, suposto que não tenha tido sucesso e vá de encontro aos ferimentos ou à morte ou a qualquer outra desgraça, em qualquer uma dessas circunstâncias, lute contra o destino com coragem e firmeza. Conserve também outra, capaz de imitar um homem empenhado em obra de paz, não por coação mas por livre escolha. Convém, por exemplo, a um homem que procura convencer um deus com suas preces ou que dá a outro conselhos úteis ou, ao contrário, se mostre ele próprio sensível às preces, às admoestações, às dissuasões de outrem e, em decorrência, bem-sucedido sem orgulhar-se por isso, mas que aceite sempre aquilo que lhe acontece com temperança, com equilíbrio e de bom grado. Essas duas harmonias, a enérgica e a voluntária, devem ser conservadas, pois são capazes de imitar em grau supremo quem cai em desgraça e quem tem sucesso, quem é sensato e quem é corajoso.

**G.** – As harmonias que você me convida a reservar são exatamente aquelas duas de que falava antes.

**S.** – Então em nossos cantos e melodias não necessitaríamos dos instrumentos de muitas cordas e ricos em harmonia.

**G.** – Acho que não.

**S.** – Então, não nos interessaria encorajar os artesãos que fabricam trígonos, petidas, nem outros instrumentos com muitas cordas e muitas harmonias.

**G.** – Evidente que não.

**S.** – E os que fabricam flautas, bem como os tocadores de flauta seriam aceitos em nosso Estado? Não seria este talvez o instrumento mais rico, além disso até os instrumentos que modulam todas as harmonias não seriam imitações da flauta?

**G.** – É claro que é assim.

**S.** – Assim, para a cidade restariam a lira e o alaúde, ao passo que para os pastores nos campos, a gaita de fole.

**G.** – Parece que é quanto se infere de nosso discurso.

**S.** – De resto, não nos portaríamos de maneira estranha se preferíssemos Apolo e seus instrumentos a Mársias e suas invenções.

**G.** – Por Zeus! Não me parece mesmo.

**S.** – Pelo cão! Quase sem nos darmos por isso, livramos o Estado da moleza de que falávamos há pouco!

**G.** – Fazendo isso, agimos de maneira sábia.

# XI

**Sócrates** – Pois bem! Vamos concluir nossa obra purificadora e digamos dos ritmos o que dissemos das harmonias. Não é preciso procurar os ritmos variados, nem as cadências complexas, pelo contrário, é preciso examinar quais seriam os ritmos adequados a uma vida bem regrada e corajosa. Uma vez determinados, é preciso subordinar a cadência e a melodia ao modo de um homem se expressar, em vez de adaptar este à cadência e à melodia. Quais seriam esses ritmos, cabe a você explicar, como no caso das melodias.

**Glauco** – Por Zeus! Não me sinto capaz disso. Poderia dizer, porquanto estudei, que os tipos de que se formam as cadências são três, como no caso das harmonias são quatro os sons, dos quais derivam todas as outras. Não saberia, contudo, explicar a correspondência entre os ritmos e o modo de viver.

**S.** – Quem vai nos explicar isso será Damon. Quais cadências correspondam à avareza e à insolência, à insensatez e outras manifestações da maldade, além dos ritmos que se adaptam, ao contrário, às qualidades opostas. Parece-me tê-lo ouvido falar vagamente sobre um ritmo composto, que o chamava de enóplio, além do dátilo, do hexâmetro. Ele o regulava, não sei bem como, igualando os tempos fortes aos tempos fracos e fazendo com que terminasse com uma sílaba breve ou longa. Depois, me parece, falava de jambo e ainda do troqueu, a que adaptava as breves e longas. A respeito de algumas dessas cadências, aprovava ou condenava os movimentos do pé e os próprios ritmos ou qualquer peculiaridade comum a ambos. Esta parte, no entanto, repito, vamos deixá-la para Damon porque discutir sobre isso nos tomaria muito tempo. Tenho razão ou não?

**G.** – Por Zeus! Sem dúvida alguma!

**S.** – Você, contudo, poderia pelo menos, descrever como a elegância e a deselegância dependem da presença ou da ausência do ritmo.

**G.** – Isso sim.

**S.** – Mas a perfeição e a imperfeição rítmica acompanham respectivamente um estilo bom ou mau, como ocorre com a harmonia e a falta de harmonia, se é verdade, como dizíamos há pouco, que o ritmo e a harmonia foram feitos para a palavra e não esta para aqueles.

**G.** – Sim, estes devem se acomodar à palavra.

**S.** – Mas a expressão e as próprias palavras não dependem do caráter da alma?

**G.** – Certamente.

**S.** – E tudo o mais depende do estilo? **G.** – Sim.

**S.** – Logo, a perfeição das palavras e da harmonia, a graça e a euritmia são consequências da transparência espiritual, não da estupidez, a que chamamos falsamente e de modo lisonjeiro de simplicidade, mas da verdadeira transparência do caráter em que se conjugam beleza e bondade.

**G.** – Sem dúvida alguma.

**S.** – E não seria isso que nossos jovens, se quisessem bem desempenhar seus deveres, deveriam exatamente se esforçar em conseguir?

**G.** – Sim, isso mesmo deveriam fazer.

**S.** – As mesmas características devem distinguir também a pintura e todas as artes semelhantes: a tecelagem, o bordado, a arquitetura e tudo o que se relaciona com a decoração, a natureza dos corpos e das plantas de toda espécie. Em tudo isso, de fato, pode subsistir elegância ou deselegância. A falta de graça, a ausência de ritmo e de harmonia são inerentes à vulgaridade da linguagem e do caráter, assim como, pelo contrário, as qualidades opostas são expressão e imagem do homem sábio e honesto.

**G.** – Exatamente assim.

## XII

**Sócrates** – Mas bastaria vigiar e obrigar os poetas, com a ameaça de transferi-los para outro lugar, a introduzir em suas obras a representação dos bons costumes? Não seria necessário vigiar também os outros artistas e impedir que introduzam, tanto na representação de seres vivos como nas construções e em qualquer outra obra deles, a maldade, o desregramento, a mesquinhez, a indecência, sob pena de lhes negar a permissão de trabalhar em nosso meio para quem fosse incapaz de se impor essa limitação? Com efeito, seria de bom aviso preservar nossos defensores, criados no meio dessas imagens viciadas como se fora no meio de ervas daninhas, colhendo muitas delas, um pouco cada dia, e delas se nutrindo, para evitar que contraiam, por fim, sem notar, uma grande enfermidade para sua alma. Não deveríamos, ao contrário, procurar os artistas capazes de seguir os traços do que é belo e nobre? Destarte nossos jovens, como quem vive num local saudável, tirariam benefício de todas as coisas e teriam a impressão de uma obra bela para os olhos ou para os ouvidos, como uma brisa salutar que sopra de lugares saudáveis. Então, desde a infância, sem sequer se darem conta, seriam guiados, mediante tais impressões, à concórdia, à amizade e a uma perfeita sintonia com a reta razão.

**Glauco** – Certamente essa seria para eles a melhor educação.

**S.** – Para essa finalidade, pois, a educação decisiva é a musical porque o ritmo e a harmonia penetram até o fundo da alma e a tocam da maneira mais vigorosa, infundindo-lhes elegância, e tornam belo aquele que tenha recebido uma educação correta, ao passo que ocorre o contrário com o inculto. Aquele que possui uma educação musical suficiente pode perceber com grande perspicácia o que é feio ou imperfeito nas obras de arte ou na natureza, indignando-se com razão, ao passo que sabe aprovar e receber com alegria na alma o que é belo, dela se nutrirá e se tornará um homem honesto. Desde jovem, por outro lado, saberá lamentar e odiar justamente o que é feio, mesmo antes de poder motivar racionalmente sua aversão. Ao depois, quando estiver de posse também dessa faculdade, a saudará com carinho porque se tiver recebido semelhante educação, haverá de senti-la bem próxima de si.

**G.** – Parece-me que a finalidade da educação musical seja exatamente essa.

**S.** – Do mesmo modo, nos sentíamos donos do alfabeto quando chegávamos a distinguir as letras, embora poucas, e suas combinações sem excluir nenhuma delas, grande ou pequena, mas aplicando-nos a reconhecê-las em cada palavra, certos de que não havia outra maneira para chegar a sermos hábeis leitores.

**G.** – É verdade.

**S.** – Mesmo os contornos das letras, aparecendo sobre a água ou num espelho, não as teríamos distinguido antes de conhecer as próprias letras, porque tudo isto é objeto da mesma arte e do mesmo estudo.

**G.** – É a pura verdade.

**S.** – Assim também, pelos deuses, repito que não poderíamos sequer ser músicos, nem nós nem os defensores, nossos alunos, antes de sermos capazes de distinguir as formas da coragem, da generosidade, da magnanimidade e de toda outra virtude, bem como dos vícios opostos e de suas combinações, antes de saber detectar sua presença e aquela de suas imagens, sem desprezar uma sequer, nem pouco nem muito, na convicção de que esse seja o objetivo da própria arte e do próprio estudo.

**G.** – Não poderia ser de outra forma.

**S.** – Porventura o mais belo espetáculo para quem o pudesse contemplar não seria o de divisar um homem de índole honesta e de semblante que lhe correspondesse?

**G.** – Sem dúvida.

**S.** – Mas o que é extremamente belo não é também muito amável?

**G.** – Certamente.

**S.** – Então o músico haverá de gostar muito mais dos homens em que se vislumbre o belo e não daqueles em quem se depara o imperfeito?

**G.** – Não, caso a imperfeição se relacione com a alma; mas se é física, continuaria a gostar daquela pessoa.

**S.** – Entendo. Pelo jeito você amou ou ainda ama uma pessoa assim e eu não posso desaprovar. Mas diga-me, um prazer excessivo pode se conciliar com a temperança?

**G.** – Impossível, porque perturba a alma não menos que a dor.

**S.** – E com as outras virtudes, pode haver conciliação?

**G.** – De jeito nenhum.

**S.** – E com a insolência e o desregramento?

**G.** – Com essas, muitas vezes.

**S.** – Você pode mencionar um prazer mais forte e mais intenso que o sexual?

**G.** – Não, e tão pouco um mais louco.

**S.** – Por outro lado, o amor conforme a razão busca por natureza um homem sensato e belo segundo a temperança e a música?

**G.** – Com certeza.

**S.** – Logo, a esse amor não se deve permitir que se associe com a insensatez ou com o que se aproxima do desregramento?

**G.** – Sob hipótese alguma.

**S.** – Torna-se, pois, necessário excluí-lo e não deve estar presente numa relação correta entre o amante e o amado?

**G.** – De certo, por Zeus! É preciso excluí-lo.

**S.** – Por isso mesmo, no Estado que estamos fundando se deveria estabelecer a lei que o amante deva beijar e tocar o amado como se beija e se toca um filho, por um fim nobre, mas com relação ao resto deveria comportar-se com a pessoa amada de tal modo a evitar a impressão de que queira ultrapassar aquele ponto; do contrário, deveria incorrer na repreensão de homem inculto e indelicado.

**G.** – Exatamente.

**S.** – Você também não acha que nossa discussão sobre a música está quase chegando ao fim? Pelo menos, nosso discurso chegou até onde devia chegar, porque a música encontra seu ápice no amor do belo.

**G.** – De acordo.

# XIII

**Sócrates** – Depois da educação musical, os jovens deveriam praticar ginástica?

**Glauco** – Certamente.

**S.** – Nesta também é preciso prepará-los muito bem desde a infância e por toda a vida. O método poderia ser mais ou menos este, mas você também deve pensar sobre o assunto. Não me parece que o corpo, por mais bem constituído que seja, por efeito próprio torne boa a alma. Ao contrário, acho que a alma, quando boa, por si só confere ao corpo as melhores condições possíveis. Que lhe parece?

**G.** – Acho a mesma coisa.

**S.** – Faríamos bem se, depois de ter dispensado ao espírito os cuidados necessários, confiar a ele o exame do que diz respeito ao corpo e limitar-nos a estabelecer alguns critérios gerais para evitar longos discursos?

**G.** – Sem dúvida.

**S.** – Dizíamos que os defensores devem evitar a embriaguez porque um defensor, menos que qualquer outro, pode embriagar-se, correndo o risco de não saber sequer onde está.

**G.** – Sim, seria ridículo que um defensor tivesse necessidade do auxílio de outro defensor.

**S.** – E o que se deveria dizer a respeito da nutrição? Aqueles que são destinados ao maior dos combates não são atletas?

**G.** – Sim.

**S.** – Conviria, portanto, a eles o regime dos atletas de hoje?

**G.** – Talvez.

**S.** – Esse regime, no entanto, privilegia o sono e é nocivo à saúde. Você não repara que passam a vida dormindo e mal se afastam do regime prescrito caem gravemente enfermos?

**G.** – Percebo.

**S.** – Para os atletas da guerra é necessário um regime mais acurado porque devem estar sempre alerta como cães, ter a vista aguda e o ouvido apurado, mudar com frequência durante a guerra comida e bebida, suportar o sol ardente e o frio invernal e conservar, assim mesmo, uma saúde inalterável.

**G.** – Acho que você está certo.

**S.** – A melhor ginástica, portanto, não é talvez irmã da música, no sentido em que mal a definimos?

**G.** – Como assim?

**S.** – Quero dizer uma ginástica simples, moderada, que vise sobretudo uma preparação para a guerra.

**G.** – E em que consistiria?

**S.** – Pode-se aprender isso também em Homero. Você sabe que na mesa de guerra os heróis homéricos não comem peixe, embora se encontrassem próximos ao Helesponto, nem consomem carne cozida, mas somente assada, porque é aquela que os soldados podem mais facilmente preparar. Com efeito, em qualquer lugar que estejam é mais cômodo assar diretamente ao fogo do que carregar consigo utensílios de cozinha.

**G.** – Por certo.

**S.** – Não me parece também que Homero mencione alguma vez os temperos. Aliás, os próprios atletas não sabem que, para manter-se em boa forma, devem se abster de tudo isso?

**G.** – Geralmente sabem e se abstêm.

**S.** – Meu caro amigo, se semelhantes prescrições lhe parecem justificáveis, certamente você não aprovaria os banquetes siracusanos e os variados condimentos sicilianos.

**G.** – Eu não.

**S.** – Você também não aceitaria que alguém tomasse como amante uma moça de Corinto, se quiser manter-se em forma.

**G.** – Certamente que não.

**S.** – E as famigeradas delícias de doces da Ática?

**G.** – Certo que não.

**S.** – Teríamos razão, penso, em comparar esse modo de se alimentar e esse regime como um todo às composições musicais e aos cantos que comportam todas as harmonias e todos os ritmos?

**G.** – Naturalmente.

**S.** – Então, a variedade provoca o desregramento naquele caso e neste, a doença, ao passo que a simplicidade gera na música a temperança espiritual e na ginástica a saúde física?

**G.** – Nada mais certo.

**S.** – Mas se num Estado se difundissem o desregramento e as doenças, não deveriam ser abertos muitos tribunais e ambulatórios? E deixariam de adquirir grande prestígio a jurisprudência e a medicina, quando homens livres passassem a se dedicar a elas em grande número e com paixão?

**G.** – Não poderia ser diferente.

# XIV

**Sócrates** – Poderia haver prova maior num Estado de uma educação má e indecorosa que o fato de haver necessidade de peritos em jurisprudência e em medicina, não somente para os cidadãos mais simples e para os artesãos, mas também para aqueles que se vangloriam de ter recebido uma educação liberal? Não lhe parece uma vergonhosa prova de incultura recorrer a uma justiça feita pelos outros, na qualidade de patrões e juízes, na falta da própria?

**Glauco** – Nada mais vergonhoso.

**S.** – Não lhe parece ainda mais vergonhoso não somente passar nos tribunais a maior parte da existência, apresentando e defendendo processos, mas levar o mau gosto até o ponto de gloriar-se também de poder ser desonesto e sair de situações complicadas de mil maneiras, encontrar mil maneiras de se safar, livrando-se assim da punição, e ignorar quanto melhor e mais proveitoso seria disciplinar por si a própria vida, sem dever recorrer a um juiz sempre um tanto quanto adormecido?

**G.** – Sim, isso me parece uma indecência ainda maior.

**S.** – E recorrer ao médico, não para curar feridas ou doenças sazonais, mas porque, em decorrência daquele regime ocioso de que falamos, em que se enche o corpo de humores e ventosidades como um pântano, obrigando assim os engenhosos filhos de Esculápio a designar como doenças inchaços e catarros. Tudo isso não lhe parece uma vergonha?

G. – Por certo que esses são nomes realmente insólitos e estranhos para doenças.

S. – Acredito que não existissem, contudo, na época de Esculápio. Você quer a prova? Quando Euripilo foi ferido, uma mulher lhe deu de beber vinho de Prano, coberto abundantemente de farinha e de queijo ralado, medicamento que parece inflamatório. Apesar disso, os filhos de Esculápio não a repreenderam e sequer criticaram o modo de curar de Pátroclo.

G. – Ainda que aquela fosse uma poção muito estranha para um doente.

S. – Pelo contrário, não, se considerar que a maneira atual de curar doenças, segundo se diz, não foi praticada pelos discípulos de Esculápio antes de Heródico. Este era um treinador, mas caiu doente. Acabou mesclando então a ginástica e a medicina, atormentando por primeiro e sobretudo a si mesmo e, a seguir, a muitos outros.

G. – De que maneira?

S. – Procurando para si uma morte lenta. Porque, como a moléstia era mortal e não podia, acredito, debelá-la, se obstinou em acompanhar-lhe a marcha, renunciando por isso a qualquer atividade, devorado de inquietações pela mínima transgressão ao regime que se havia imposto e, graças à sua habilidade, se arrastou meio morto até a velhice.

G. – Belo serviço lhe prestou sua arte!

S. – Exatamente o que era de se esperar de quem desconhecia que Esculápio havia escondido de seus descendentes esse aspecto da medicina, não por ignorância ou por inexperiência, mas porque sabia que num Estado com boas leis cada cidadão tem sua função e deve exercê-la, não tendo tempo para passar a vida para tratar suas doenças. Por outro lado, parece-nos ridículo esse comportamento por parte dos artesãos, mas não prestamos atenção se assim fazem também os ricos e as pessoas que dão a impressão de serem felizes.

G. – Não entendo.

# XV

**Sócrates** – Um carpinteiro, quando cai doente, pede ao médico que lhe dê uma poção que o faça vomitar ou evacuar a doença ou ainda lhe pede que faça uma cauterização ou uma incisão para curá-lo. Se lhe é prescrito, no entanto, um longo tratamento, como cobrir a cabeça com barretes de lã ou coisas do tipo, logo diz que não tem tempo para ficar doente ou viver auscultando sua doença em detrimento de seu trabalho que o espera. Dispensa tal médico, retoma seu regime habitual, recupera a saúde e vive de seu trabalho, mas se, ao contrário, não for bastante forte para sobreviver, virá a morte que o libertará o de suas doenças.

**Glauco** – Para um homem assim, parece mesmo que essa seja a medicina que lhe convém.

**S.** – Mas isso não ocorre exatamente porque ele deve viver de seu trabalho?

**G.** – Por certo.

**S.** – De um rico, ao contrário, dizemos que seu trabalho não lhe é indispensável para viver.

**G.** – Sim, assim se costuma dizer.

**S.** – Mas você não sabe que, segundo Focilides, quando se tem do que viver é preciso praticar a virtude?

**G.** – Acho que é preciso praticá-la mesmo antes de ter com que viver.

**S.** – Deixemos de lado esse ponto. Perguntemo-nos, antes, se o rico deve praticar a virtude e não deva viver sem ela ou se as doenças imaginárias que impedem um carpinteiro e a outro artesão qualquer de aplicar-se a seu trabalho não impediriam ao rico de seguir o conselho de Focilides.

**G.** – Por Zeus, sim! Este excessivo cuidado com o corpo que vai além das regras da ginástica é o maior dos obstáculos. De fato, torna-se inconciliável com a administração de um patrimônio, com as magistraturas militares e com as ocupações sedentárias no interior do Estado.

**S.** – Pior ainda, é que cria obstáculos para qualquer estudo, reflexão e meditação interior porque tem sempre receio da dor de cabeça e das vertigens, atribuindo a responsabilidade disso à filosofia. Por isso, esse cuidado excessivo cria ainda obstáculos ao exercício e à manifestação da virtude porque leva a crer que se está sempre doente e a lamentar-se continuamente da própria saúde.

**G.** – É lógico.

**S.** – Por isso podemos afirmar que Esculápio, ciente dessas coisas, revelou a medicina somente para as pessoas de constituição sadia e com um regime sadio, sujeitas a doenças bem determinadas. Combatia as doenças com poções e incisões e, para não prejudicar o Estado, não impedia aos doentes de continuar vivendo como de costume. Pelo contrário, ele lhes impôs de sequer tentar curar com lentos processos de evacuação e infusão os indivíduos grave e irremediavelmente doentes e de não dar a um homem uma existência longa, mas penosa, com a probabilidade de procriar filhos igualmente doentios. Esculápio pensava, ao contrário, que não valia a pena curar quem não conseguisse viver o tempo que lhe seria natural porque sua sobrevivência se configuraria inútil para ele próprio e para o Estado.

**G.** – Você vê Esculápio como um político.

**S.** – E seguramente o foi. Você não consegue notar que seus filhos em Troia se revelaram valorosos guerreiros e exerciam a medicina como acabei de dizer? Você não se lembra que de Menelau, atingido pela flecha de Píndaro, "sugaram o sangue da ferida e aplicaram medicamentos", mas não lhe prescreveram, como não o fizeram no caso de Euripilo, o que deveria comer ou beber a seguir, porque aqueles remédios eram apropriados para curar homens que antes de serem feridos eram sadios e sóbrios, mesmo que por vezes lhe dessem uma beberagem medicamentosa. Eles acreditavam que a existência de um homem doentio e intemperante fosse inútil para ele e para os outros e que a medicina nem deveria existir para eles e não devessem ser tratados, mesmo que fossem mais ricos que Midas.

**G.** – Você acha os filhos de Esculápio realmente inteligentes.

# XVI

**Sócrates** – E não diria que não deva ser assim. Entretanto, os poetas trágicos e Píndaro têm parecer diverso e dizem que Esculápio era filho de Apolo, mas que por dinheiro se deixou convencer a curar um homem rico já gravemente enfermo e por essa culpa foi atingido por um raio. De acordo com quanto dissemos, não seríamos levados a acreditar em ambas as partes dessa afirmação, porquanto se era filho de um deus não podia ser ávido e se era ávido não podia ser filho de um deus.

**Glauco** – Tem total razão, mas no Estado não são necessários bons médicos? E os melhores não são exatamente aqueles que trataram muitíssimas pessoas, sadias e doentias, como os melhores juízes não são aqueles que tiveram de tratar com homens de todos os tipos?

**S.** – Certamente que sim, mas nós necessitaríamos somente dos bons. Você sabe quais são, segundo meu ponto de vista?

**G.** – Se você o disser, saberei.

**S.** – Vou tentar. Mas na pergunta, você abrangeu dois problemas diferentes.

**G.** – Por quê?

**S.** – Os médicos mais hábeis seriam aqueles que começaram a aprender a arte desde a infância, depararam-se com as doenças físicas mais graves e mais numerosas, também sofreram todo tipo de doenças e não são por natureza muito sadios. Com efeito, acho que não é pelo corpo que curam os corpos, do contrário não seria possível que fossem ou tivessem sido doentes, mas curam o corpo pela alma; esta, porém, nada poderia curar se se tornasse ou já fosse doente.

**G.** – É verdade.

**S.** – O juiz, pelo contrário, exerce sua influência sobre a alma com a alma. Sua alma, portanto, não deve ser educada desde a infância no meio de ânimos malvados e ter contatos negativos com esses, nem ter feito experiência de toda culpa de sorte a poder arguir com perspicácia as culpas de outrem com base nas próprias, como acontece com as doenças físicas. Pelo contrário, é necessário que sua alma tenha permanecido, durante a juventude, inexperiente e isenta de todo vício, distante dos maus hábitos, se quiser discernir de modo mais transparente o que é justo, com base em sua própria honestidade. Por isso, as pessoas honestas desde jovens se revelam ingênuas e se deixam enganar facilmente pelos desonestos, porque em si próprias não têm exemplos das mesmas paixões dos maus.

**G.** – Sim, os jovens honestos são exatamente assim.

**S.** – Assim, um bom juiz não deve ser jovem, mas de idade madura, que só tardiamente tenha aprendido o que é a injustiça, em vez de tê-la conhecido como um vício inato em sua alma, e deve tê-la estudado longamente nos outros como uma paixão de outrem e graças a isso compreenda a natureza do vício por meio da ciência adquirida e não pela experiência pessoal.

**G.** – Certo, esse seria um juiz coberto de toda a nobreza.

**S.** – Seria também um bom juiz, tal como você andava procurando, pois é honesto quem tem alma honesta. Ao contrário, o homem sagaz e suspeito, aquele que cometeu muitas injustiças e se julga esperto e sábio, quando se depara com pessoas como ele, dá provas de clarividência superior, porquanto se baseia no modelo que traz dentro de si. Quando, porém, depara-se com pessoas honestas e mais velhas, se revela um incapaz, porque desconfia sem razão e desconhece a honestidade, da qual não possui o modelo dentro de si. Como se depara no mais das vezes com gente má do que honesta, dá a impressão aos outros e a si mesmo de ser um sábio antes que um ignorante.

**G.** – Pura verdade!

## XVII

**Sócrates** – Não é esse, portanto, o juiz honesto que devemos procurar, mas outro, porque a maldade não poderá jamais se conhecer a si mesma e a virtude, enquanto virtude, com o auxílio da natureza e da cultura, gradualmente tomará conhecimento de si mesma e também da maldade. O honesto, portanto, e não o malvado, segundo minha opinião, se torna mais perspicaz.

**Glauco** – Sou do mesmo parecer.

**S.** – Por isso você admitiria no Estado a medicina e a jurisprudência, como as definimos, sob a condição de que se preocupem somente com os cidadãos bem constituídos física e espiritualmente. Com relação às pessoas com defeitos físicos, elas serão deixadas morrer e os próprios concidadãos se encarregarão de suprimir os indivíduos espiritualmente perversos e incuráveis.

**G.** – Sim, é o que de melhor se pode fazer para esses que sofrem e para o Estado.

**S.** – É também evidente que os jovens procurariam não precisar de juízes e fariam uso dessa música simples, de que falávamos, capaz de mantê-los na temperança.

**G.** – Certamente.

**S.** – Por analogia, pois, o músico que praticasse também a ginástica, poderia até, se quisesse, prescindir da medicina, exceto em casos extremos?

**G.** – Acho que sim.

**S.** – Poderia também se entregar aos fatigantes exercícios físicos, visando o desenvolvimento da energia moral antes que da força física e não se comportaria como os demais atletas que comem e se esforçam somente para se tornarem mais robustos.

**G.** – Mais do que correto.

**S.** – Mas você acreditaria, Glauco, que haveria quem se dedicasse à educação musical e física exatamente para aquilo que se julga ser sua finalidade, ou seja, para a educação da alma e do corpo, respectivamente?

**G.** – Para que coisa, se não para isso?

**S.** – É que me parece que ambas dizem respeito sobretudo à alma.

**G.** – Como assim?

**S.** – Você não nota o tipo de caráter de quem na vida pratica ginástica sem se interessar pela música e vice-versa?

**G.** – O que você quer dizer com isso?

**S.** – Não dá para notar que alguns são rudes e ríspidos, enquanto outros são moles e brandos?

**G.** – Já notei que quem se dedica somente à ginástica se torna por demais rude, ao passo que quem se dedica exclusivamente à música se torna demasiado mole.

**S.** – A rudeza, no entanto, pode advir de uma índole ardente que, bem dirigida, poderia transformar-se em coragem, mas que, se levada longe demais, pode inevitavelmente degenerar em dureza intratável.

**G.** – Acho que sim.

**S.** – E a brandura não é própria de uma índole filosófica que, demasiado relaxada, pode converter-se em moleza extrema, mas se cultivada como convém pode tornar-se branda e equilibrada.

**G.** – Perfeitamente.

**S.** – Queremos, portanto, que nossos defensores possuam ambas as qualidades.

**G.** – Por certo.

**S.** – Bem harmonizadas entre si.

**G.** – Sem dúvida.

**S.** – Disso decorre que terão uma alma corajosa e moderada.

**G.** – Exatamente.

**S.** – A desarmonia entre ambas torna a alma mesquinha e rude.

**G.** – Sem dúvida.

## XVIII

**Sócrates** – Logo, quem, ao som da flauta, se entrega espiritualmente por inteiro à música e permite que pelas orelhas, como por meio de um funil, penetrem nele aquelas harmonias que considerávamos suaves, moles e lamentosas; quem passa a vida a cantarolar e a saborear uma melodia, primeiramente, se é de caráter fogoso, se torna maleável como um pedaço de ferro e, se era inútil, se torna útil para alguma coisa. Mas quem persiste em dedicar-se a ela de contínuo e por ela se deixar encantar, ao final se entedia e desanima até extinguir-se nele a energia e cortar-lhe, por assim dizer, os nervos da alma, tornando-se um "guerreiro sem forças".

**Glauco** – De fato, assim acontece.

**S.** – E quem já é frouxo por natureza, logo chega a tal condição. Quem, ao contrário, é ardoroso, enfraquece seu ímpeto e o torna sensível, pronto a se acender e a se apagar por qualquer ninharia. Então, de impetuoso se torna irascível, violento e cheio de mau humor.

**G.** – É verdade.

**S.** – E quem se entrega inteiramente à ginástica e se alimenta abundantemente, deixando de lado a música e a filosofia, primeiramente, ciente de sua força física, não se enche de orgulho e de galhardia e não supera a si mesmo em coragem?

**G.** – Certamente.

**S.** – Mas se não faz outra coisa e não mantém contato algum com as musas? Mesmo que nutrisse em seu coração certo desejo de aprender, se não se interessar por nenhum conhecimento nem investigação, se não participar a nenhuma discussão nem a alguma forma de música, não é talvez inevitável que se torne fraco, surdo e cego, exatamente porque entorpecido, desnutrido e escravo de suas sensações?

**G.** – É isso mesmo que ocorre.

**S.** – Acho que tal homem passa a odiar as discussões e as musas, desiste de persuadir os outros com argumentos racionais, mas persegue todos os seus objetivos com violência ferina e selvagem, passando a viver em rude ignorância, destituída de harmonia e elegância.

**G.** – Não resta dúvida que é assim.

**S.** – Arriscaria até a afirmar que um deus concedeu à humanidade duas artes, a música e a ginástica, para dois objetivos diversos, o ardor e a filosofia, e só secundariamente para a alma e o corpo, exatamente porque essas duas qualidades se fundem juntas de modo harmônico, atingindo o grau certo de tensão e distensão.

**G.** – Parece que é isso mesmo.

**S.** – Logo, quem melhor consegue fundir música e ginástica e as aplica à alma com ótimo equilíbrio poderia ser definido um perfeito músico e um perito em harmonia, bem mais hábil de quem sabe afinar um instrumento.

**G.** – É lógico, Sócrates.

**S.** – E portanto, Glauco, também em nosso Estado não teríamos necessidade, para salvaguardar a constituição, de tal superintendente?

**G.** – Certamente, e deveria ser alguém muito hábil.

# XIX

**Sócrates** – Estes poderiam ser nossos critérios para a educação e a cultura. Inútil falar das danças, das caçadas com ou sem cães, das disputas de ginástica e de hipismo. É por si muito claro que essas atividades devam estar em conformidade com estes critérios e não seria difícil descobrir como isso poderia ocorrer.

**Glauco** – Sim, não deve ser difícil.

S. – De acordo. Mas o que resta ainda para regular? Talvez somente quem deveria exercer a função de comandar e quem a de obedecer.

G. – Nada mais.

S. – Claro está que os governantes devem ser velhos e os súditos, jovens.

G. – Evidente.

S. – Entre os anciãos, devem ser escolhidos os melhores.

G. – Evidente também isto.

S. – Os melhores agricultores não são os mais aptos para a agricultura?

G. – Sim.

S. – Visto que os governantes devem ser escolhidos entre os melhores defensores, não deveriam ser também os mais aptos a defender o Estado?

G. – Sim.

S. – Em vista disso, não devem ser inteligentes, ter autoridade e preocupados em fazer o bem do Estado?

G. – Assim é.

S. – Mas, via de regra, cada qual se interessa pelo que mais estima.

G. – Necessariamente.

S. – E mais se estima sobretudo aquilo cujo interesse coincida com o próprio e quando particularmente subsiste uma identificação com o sucesso ou o insucesso daquela coisa.

G. – Assim mesmo.

S. – Logo, entre os defensores seria preciso escolher aqueles que, segundo nossa opinião, oferecessem a garantia de exercer, por toda a vida e com o máximo zelo, aquelas coisas que eles estimam ser do interesse do Estado e que, de qualquer forma, se recusem em prejudicá-las.

G. – Sim, esses seriam realmente os mais aptos.

S. – Sou de opinião que seria necessário observá-los em todas as idades para verificar se conservam esse critério sem que se deixem influenciar ou coagir a abandonar e a esquecer a máxima, que é preciso fazer ao Estado todo o bem possível.

**G.** – O que você entende com isso?

**S.** – Vou lhe explicar. As opiniões que expressamos me parece que possam ser esquecidas voluntária ou involuntariamente. No primeiro caso, quando são falsas e as mudamos; no segundo caso, sempre que sejam verdadeiras.

**G.** – Compreendo bem o primeiro caso, mas não vejo claramente o segundo.

**S.** – Por acaso você também não percebe como eu que os homens renunciam involuntariamente ao bem e voluntariamente ao mal? Não é um mal afastar-se da verdade e um bem nela permanecer? E estar na verdade não significa talvez ter opiniões corretas?

**G.** – Você tem razão e acho que só com pesar os homens renunciem a uma opinião verdadeira.

**S.** – E assim não se comportam, porque são vítimas de roubo, de doença ou de agressão?

**G.** – Agora também não entendo.

**S.** – Talvez eu esteja falando de modo por demais solene. Por vítimas de roubo entendo aqueles que se deixam dissuadir e aqueles que se esquecem. São roubados inadvertidamente de suas próprias opiniões pela razão no primeiro caso e, no segundo caso, pelo tempo. É possível entender agora?

**G.** – Sim.

**S.** – Por vítimas de agressão entendo aqueles que mudam de opinião pelo pesar ou pela dor.

**G.** – Entendi também isso e lhe dou razão.

**S.** – Por vítimas de doença, acho que você diria o mesmo, são aqueles que mudam de opinião seduzidos pelo prazer ou aterrorizados pelo medo.

**G.** – Acho que tudo o que ilude encanta.

## XX

**Sócrates** – Como acabei de falar, a nós compete examinar quais são os defensores que melhor conservam suas próprias opiniões, isto é, que pretendem agir sempre para o bem do Estado. Torna-se necessário, por isso, acompanhá-los desde a infância, colocando-os em situações em que possam esquecer e violar essa máxima e depois se haverá de escolher quem dela se lembre e não se deixe enganar, excluindo os demais. Ou não deve ser assim?

**Glauco** – Sim.

**S.** – É necessário também submetê-los a trabalhos, dores, a provas em que se possa observar precisamente essa característica.

**G.** – Correto.

**S.** – Então, é preciso submetê-los a uma terceira espécie de engano e observá-los, como se faz com os potros que são conduzidos para os lados de onde provêm rumores e gritos, a fim de verificar se são assustadiços. Da mesma maneira, é preciso levá-los, ainda jovens, para provas terríveis e, a seguir, de novo para os prazeres, provando-os com mais cuidado do que se prova ouro ao fogo. Assim, ficaremos sabendo se sucumbem às dificuldades, se mantêm o decoro, se são bons defensores de si mesmos e da música que aprenderam, se em qualquer circunstância, respeitam o ritmo e a harmonia, enfim, se estão em condições de ser muito úteis a si próprios e ao Estado. Quem sair ileso das provas a que foi submetido sucessivamente a partir da infância, da juventude e da idade adulta, deve ser escolhido como chefe e defensor do Estado, merecendo honras em vida e, depois da morte, lhe erigiremos magnífico túmulo e outros monumentos para preservar sua memória. Quem assim não se comportar deve ser excluído. Segundo meu parecer, Glauco, assim deve ser feita a seleção e a entronização de nossos governantes e defensores. Falei, no entanto, de modo genérico, sem entrar em detalhes.

**G.** – Eu também sou aproximadamente da mesma opinião.

**S.** – E o título de defensores não é realmente o mais apropriado para quem defende sem reservas o Estado dos inimigos externos e dos falsos amigos internos para que os primeiros não possam prejudicá-lo e os segundos não o queiram? E esses jovens que chamamos de defensores não devemos considerá-los como aqueles que apoiam e auxiliam nas decisões dos governantes?

**G.** – Acredito que sim.

# XXI

**Sócrates** – Mas como poderíamos convencer, com uma daquelas mentiras de que falávamos antes, os governantes ou ao menos os cidadãos?

**Glauco** – Que mentira?

**S.** – Não é nenhuma novidade. Trata-se de uma história fenícia que já ocorreu em vários lugares, segundo dizem, de modo convincente os poetas, mas não sei se entre nós já tenha ocorrido ou se algum dia vai ocorrer, porque é, fora de dúvida, quase incrível.

**G.** – Estou enganado ou você reluta em contá-la?

**S.** – Quando o tiver feito, você verá que há razões para tanto.

**G.** – Pode falar sem receio.

**S.** – Vou contá-la, mas não sei como encontrar coragem para falar e argumentos para tentar convencer os próprios governantes e os soldados, e depois o restante dos cidadãos. Resumindo, nossa maneira de educá-los e de instruí-los, todas as suas experiências eram como que sonhos, porque na realidade foram formados e educados, com suas armas e equipamentos, no seio da terra. Quando estavam totalmente modelados, sua mãe, a terra, os pôs no mundo. Por isso, agora devem prover à terra em que vivem e defendê-la como mãe e nutriz em caso de ataque e ainda considerar os demais cidadãos como irmãos, também eles nascidos da terra.

**G.** – Não era sem razão que você hesitava em contar-nos esta mentira.

**S.** – Claro que eu tinha razão! Escute agora o resto. Vocês cidadãos são todos irmãos, diremos a eles ao narrar esta estória, mas a divindade que os criou misturou, no momento do nascimento, um pouco de ouro naqueles que dentre vocês estão em condições de governar. Por isso, estes são mais preciosos. Na formação dos defensores misturou um pouco de prata e na formação dos agricultores e dos artesãos, ferro e bronze. Todos consanguíneos, vocês podem gerar filhos quase totalmente semelhantes a vocês mesmos, mas em certos casos do ouro surge um descendente de prata e da prata, ao contrário, um descendente dourado, e assim por diante, de um metal a outro. Por isso, a divindade impõe aos governantes, em primeiríssimo lugar, vigiar e examinar com particular atenção as crianças para descobrir que metal teria sido misturado a suas almas. Se sua prole tem um pouco de ferro e de bronze, sem se deixar levar pela piedade, devem atribuir-lhe a condição de acordo com sua natureza e relegá-la à categoria dos artesãos e dos agricultores. Se, ao contrário, nascer destes um filho de ouro ou de prata, deve promovê-lo à categoria dos defensores ou guerreiros porque, segundo um oráculo, o Estado deverá perecer quando seus defensores forem de ferro ou de bronze. Você conhece algum meio para persuadi-los da verdade desta fábula?

**G.** – Em absoluto para a geração de que você fala, mas talvez sim para seus filhos e demais descendentes.

**S.** – Esta estória também poderia contribuir para incrementar sua estima pelo Estado e o respeito entre eles. Acho que captei aproximadamente o que você pensa.

## XXII

**Sócrates** – Que esse projeto, contudo, tenha o sucesso que a fama lhe aprouver conferir. Armemos, pois, esses filhos da terra e façamos com que avancem sob o comando dos governantes. Ao chegarem, escolham o local mais propício do Estado para acampar, de onde melhor possam controlar seus concidadãos, se quiserem que obedeçam às leis, e rechaçar os inimigos externos, caso sejam atacados pelo inimigo como um lobo sobre o rebanho. Quando tiverem acampado e oferecido os sacrifícios devidos, que preparem as tendas. Ou não deve ser assim?

**Glauco** – Sim.

**S.** – E as tendas devem ser adequadas para protegê-los do frio e do calor.

**G.** – Evidente, porquanto me parece que você fala de suas residências.

**S.** – Sim, mas de soldados, porém, não de homens de negócios.

**G.** – Que diferença há?

**S.** – É o que vou explicar. O maior perigo e a maior vergonha para os pastores seria a de criar cães destinados a ajudá-los na proteção do rebanho, mas que pela intemperança, a fome ou qualquer outro mau hábito tentassem devorar o rebanho e que, de cães que deveriam ser, se convertessem em lobos.

**G.** – Sim, seria realmente um grave perigo.

**S.** – É preciso então impedir de qualquer forma que nossos defensores, aproveitando de sua superioridade, tenham o mesmo comportamento com relação aos concidadãos e de aliados benevolentes se transformem em patrões cruéis.

**G.** – É necessário prevenir-se.

**S.** – A maior preocupação não consiste, porém, em assegurar-lhes uma boa educação?

**G.** – E assim o fizemos.

**S.** – Sobre isto não vale sequer a pena insistir, caro Glauco. Recordemos, contudo, o critério que há pouco estabelecemos. Eles devem receber educação pertinente em qualquer caso e assim deverão agir com a máxima brandura para consigo mesmos e para com as pessoas que são confiadas à sua proteção.

**G.** – É verdade.

**S.** – Além dessa educação, todo homem de bom senso concordaria sobre a importância de dar-lhes habitação e tudo o que for necessário, para que nada os impeça de serem os melhores defensores que haja e nada os leve a maltratar seus concidadãos.

**G.** – E com razão.

**S.** – Você pode ver que, para esse objetivo, eles devem viver e residir mais ou menos desta forma. Em primeiro lugar, que nenhum deles possua a título pessoal qualquer patrimônio que supere o estrito necessário. Que nenhum deles tenha casa ou despensa onde qualquer um possa entrar. Para os víveres indispensáveis a atletas de guerra sóbrios e corajosos, que concordem com os demais cidadãos para receber como recompensa por seu serviço de defesa a manutenção anual, nem mais nem menos. Que vivam em comum, participando dos banquetes públicos como se estivessem no campo de batalha. Que saibam que os deuses infundiram em suas almas ouro e prata divinos e, por isso, não necessitam daqueles terrestres e ainda que seria iníquo profanar o ouro divino misturando-o com ouro mortal, porquanto muitos crimes foram cometidos por causa da moeda vulgar, ao passo que pura é aquela que neles está. Portanto, que sejam os únicos cidadãos que não possam tratar nem tocar ouro e prata, nem entrar numa casa em que haja, nem levar ao pescoço objetos preciosos, nem beber em taças de prata ou de ouro. Assim, poderão defender a si próprios e ao Estado. Quando, porém, eles também possuírem, a título pessoal, terra, casas e dinheiro, se tornarão administradores e camponeses, não defensores, tiranos e inimigos em vez de aliados dos demais cidadãos. Passarão toda a vida a odiar e a serem odiados, a enganar e a serem enganados, terão muito mais medo dos inimigos internos do que dos externos e correrão a largos passos para a própria ruína e para aquela do Estado. Levando em conta tudo isso, deverá ser, portanto, essa a condição dos defensores com relação à habitação e às demais necessidades da vida. Deveríamos transformar isso em lei ou não?

**G.** – Sem dúvida alguma.

# Livro IV

## I

Adimanto tomou então a palavra.

**Adimanto** – Como é que você se defenderia, Sócrates, se objetassem que você não torna felizes esses homens e que, embora sejam os sustentáculos do Estado, foram privados de todos os bens por simples opção deles? Enquanto isso, os outros possuem terras, constroem grandes e belas casas, decoradas de modo adequado com seu esplendor, e oferecem seus sacrifícios aos deuses, recebem hóspedes e são donos dos bens mencionados antes, além de ouro, prata e tudo quanto se acha que deva possuir quem tenha sorte. Claro que se poderia dizer que os defensores são como auxiliares mercenários do Estado, não tendo outra coisa a fazer a não ser vigiar.

Sócrates – Sim, devendo acrescentar ainda que, diversamente dos demais, sua única compensação é a comida, de modo que, se quisessem empreender uma viagem particular, não poderiam, como também não poderiam pagar prostitutas nem gastar dinheiro de outras maneiras para se divertirem, como fazem aqueles que passam por felizes. Você poderia acrescentar esta queixa e muitas mais do mesmo tipo.

A. – Bem, então vamos levar em conta também estas.

S. – Você pretende, portanto, que eu venha a defender nosso ponto de vista?

**A.** – Sim.

**S.** – Sem nos afastarmos do caminho seguido até aqui, acho que encontraremos a resposta adequada. Diríamos que não seria em nada surpreendente se os defensores fossem felizes, mesmo nessas condições, mas nós estamos fundando um Estado sem visar privilegiar de modo específico uma só classe. Importa-nos a prosperidade do Estado como um todo. Com efeito, achamos que a justiça poderia prevalecer sobretudo num Estado assim constituído e, ao contrário, a injustiça naquele muito mal governado. Com base em tal descoberta, poderíamos ter resolvido nosso velho problema. Segundo nosso parecer, estamos organizando um Estado próspero em seu todo, sem excetuar alguns cidadãos e tornar felizes somente esses. Logo depois, analisaríamos um Estado que seria o oposto do nosso. Se pintássemos uma estátua e alguém viesse a nos criticar porque não aplicamos as cores mais belas nas partes mais nobres do corpo (os olhos, que são a melhor parte do corpo, os pintamos de preto e não de púrpura), poderíamos responder corretamente a essa objeção, dizendo: "Meu caro amigo, não nos induza a pintar os olhos, sendo tão belos, de maneira a torná-los irreconhecíveis, como também as demais partes da estátua. Considere bem e observe se deixamos o conjunto com bela aparência, aplicando as cores certas em cada parte. Não nos force, portanto, a conferir aos defensores uma prosperidade tal que os torne bem outra coisa que não defensores. Mesmo os camponeses, se quiséssemos, poderíamos trajá-los com longas vestes, cobri-los de ouro e ordenar-lhes que cultivassem a terra quando achassem oportuno. Poderíamos deixar os oleiros sentados e deixá-los que comessem e bebessem à vontade, segundo o costume, junto ao fogo e abandonassem a roda. Assim, poderíamos fazer concessões sucessivamente a todos para que no Estado inteiro reinasse grande felicidade. Não nos dirija, portanto, esta objeção, porquanto, se lhe dermos ouvidos, o camponês não seria mais camponês, o oleiro não seria mais oleiro e ninguém mais guardaria sua função indispensável para a organização do Estado. De resto, haveria outras classes que não implicariam em desajustes, se saíssem de suas funções, como ocorreria com o sapateiro se fizesse mal seu serviço ou se se corrompesse ou se o fosse só na aparência. Mas se o fossem somente na aparência os guardiões das leis e do Estado, eles levariam sem dúvida à ruína o Estado inteiro, porque só eles podem governá-lo bem e torná-lo próspero." Se, portanto, os tornamos realmente incapazes de prejudicar ao Estado, enquanto nosso opositor, que sejam como camponeses em festa em vez de camponeses ativos, evidentemente visa a qualquer coisa e não a criar um Estado. Torna-se necessário, portanto, considerar a finalidade pela qual se instituem os guardiões. Seria para sua maior felicidade ou para a prosperidade comum, sobretudo do Estado em seu conjunto? Em tal caso, convém obrigar estes auxiliares e defensores a obedecer e a empenhar-se em cumprir do melhor modo suas funções. O mesmo critério vale para todos os outros e assim o Estado, como um todo, se tornará mais forte e será bem governado, o que permitirá que cada classe possa participar da felicidade que deverá corresponder à natureza de cada função.

## II

**Adimanto** – O que você disse me parece muito sensato.

**Sócrates** – Não lhe pareceria menos sensata outra observação análoga?

**A.** – Qual?

**S.** – Observa bem se não são estas duas coisas que corrompem nossos artesãos e os tornam maus.

**A.** – Que coisas?

**S.** – A riqueza e a pobreza.

**A.** – De que modo?

**S.** – Escute bem. Se um fabricante e mercador de panelas enriquece, você acha que irá continuar a trabalhar nessa arte?

**A.** – Acho que não.

**S.** – Não se tornará, dia após dia, sempre mais preguiçoso e negligente?

**A.** – Sem dúvida.

**S.** – Haverá, pois, de piorar sempre como paneleiro?

**A.** – Com certeza.

**S.** – Além disso, se pobreza o impede de se equipar de ferramentas ou outras coisas necessárias à sua arte, ele produzirá trabalhos piores e não transformará seus filhos ou quaisquer outros que ensine em bons aprendizes.

**A.** – É fora de qualquer dúvida.

**S.** – Logo, a pobreza e a riqueza concorrem para tornar piores os produtos de um ofício e também os próprios artesãos.

**A.** – Talvez seja assim mesmo.

**S.** – Veja bem, pois, que acabamos de descobrir outra função para os guardiões, isto é, evitar de todos os modos que esses dois males penetrem sorrateiramente no Estado.

**A.** – E quais seriam?

**S.** – A riqueza e a pobreza, porquanto uma é causa de moleza, de preguiça e de amor pelas novidades, enquanto a outra gera esse mesmo interesse pelas novidades, além de engendrar a mesquinhez e a inclinação a trabalhar mal.

**A.** – Perfeito! Mas peço-lhe, Sócrates, que considere isto: como poderia nosso Estado, se não tiver dinheiro, sustentar uma guerra contra um Estado rico e poderoso?

**S.** – Certamente teria dificuldades em enfrentar um Estado só, mas seria bem mais fácil combater dois de semelhante estrutura.

**A.** – O que está dizendo?

**S.** – Em primeiro lugar, o combate se travaria contra homens ricos e a isso não pensariam os defensores que são atletas da guerra?

**A.** – Isso sim o admito.

**S.** – E então, Adimanto? Você não acha que um só lutador bem treinado não poderia combater facilmente contra dois inimigos ricos que não são lutadores, mas somente ricos e gordos?

**A.** – Talvez não, se os dois se juntassem.

**S.** – Nem mesmo se pudesse recuar diante do primeiro e voltar para dar combate e derrotar, um por vez, o mais próximo, renovando repetidas vezes a artimanha sob um calor sufocante? Um atleta como esses não seria capaz de vencer até muitos adversários como aqueles?

**A.** – De certo, não seria nada surpreendente.

**S.** – Você não acha que os ricos sejam mais treinados para a luta do que para a guerra?

**A.** – Assim creio.

**S.** – Logo, pelo que parece, nossos atletas poderiam enfrentar adversários duas ou três vezes mais numerosos que eles.

**A.** – Concordo, porquanto me parece que você tem razão.

**S.** – Pense que poderiam até enviar uma embaixada de um dos dois Estados inimigos e dizer, o que seria afinal bem verdade: "Não temos ouro nem prata, porque não nos é permitido, como é lícito possuí-los entre vocês. Passem, portanto, para nosso lado e fiquem com os despojos de nossos inimigos." Você acha que, ao ouvirem essas palavras, prefeririam mover guerra contra cães vigorosos e magros, em vez de aliar-se com os cães para atacar ovelhas gordas e tenras?

**A.** – Não, não acho. Mas se as riquezas das outras cidades fossem juntadas numa só, não existiria o perigo de isso prejudicar o Estado pobre?

**S.** – Você parece até ingênuo em pensar que mereça ser chamado Estado outra cidade diferente da que estávamos organizando.

**A.** – E por que não?

**S.** – As outras cidades merecem um nome mais genérico. De fato, cada uma delas compreende, como se diz num tipo de jogo, não uma, mas muitas cidades. Há, no entanto, pelo menos duas, a dos pobres e a dos ricos, e em cada uma delas estão incluídas muitas outras. Você se enganaria totalmente se as considerasse como um único Estado. Se, ao contrário, você as tratar como se fossem muitos Estados, dando a uns o dinheiro, o poder e as pessoas dos outros, teria sempre muitos aliados e poucos inimigos. E seu Estado, enquanto mantiver o sábio governo que acabamos de instituir, se tornaria poderosíssimo, não na aparência, isso jamais!, mas na substância, mesmo que dispusesse somente de um milheiro de defensores, porquanto uma única cidade tão grande não será encontrada facilmente nem entre os gregos nem entre os bárbaros, ainda que aparentemente existam várias muito maiores que a nossa. Não lhe parece que seja assim?

**A.** – Sim, por Zeus, assim me parece realmente!

## III

**Sócrates** – Então, o melhor limite de expansão para nossos governantes poderia ser o quanto representasse o suficiente para o poderio e a grandeza do Estado, deixando de lado qualquer outro território.

**Adimanto** – Que limite?

**S.** – A meu ver, seria este: expandir-se somente até o ponto em que se pretendesse permanecer como um único Estado, nada mais além.

**A.** – Muito bem!

**S.** – Por isso, daríamos a nossos defensores esta outra ordem: vigiar a qualquer custo para que o Estado não fosse pequeno nem grande demais, mas homogêneo e de dimensões adequadas.

**A.** – Talvez essa ordem seja de somenos importância.

**S.** – Menos importante ainda é a outra que mencionamos, quando dizíamos que era necessário passar à condição dos demais concidadãos os filhos dos defensores que parecessem degenerar e promover para a classe dos defensores qualquer um que se mostrasse digno. Com essa prescrição pretendíamos salientar a necessidade de destinar a cada cidadão uma só função, de tal modo que desempenhasse essa sua função sozinho e não junto de muitos para que, em decorrência, o Estado se tornasse um organismo compacto e não fragmentado.

**A.** – Certamente essa prescrição é menos importante que a outra.

**S.** – Sim, caro Adimanto. Talvez nossas prescrições, numerosas até demais, poderiam parecer todas pouco importantes e descartáveis, contanto que se observasse aquela que poderia ser chamada a grande prescrição, ou melhor, a prescrição suficiente.

**A.** – E qual seria?

**S.** – A cultura e a educação. De fato, se nossos cidadãos, graças a uma boa cultura se tornarem homens equilibrados, saberiam discernir facilmente todos esses problemas, bem como os outros de que não tratamos agora. Por exemplo, a posse das mulheres, o matrimônio e a procriação, coisas que, segundo o provérbio, devem quanto possível ser comuns entre amigos.

**A.** – Seria perfeito!

**S.** – Sem dúvida, um Estado que tivesse começado bem, iria crescer como um círculo. Um bom sistema de educação e de cultura formaria indivíduos de boa índole e esses, por sua vez, fiéis ao sistema cultural, se tornariam ainda melhores que seus predecessores, sobretudo no que se refere à procriação, como ocorre também entre os outros animais.

**A.** – Talvez sim.

**S.** – Resumindo, portanto, os defensores do Estado deveriam se empenhar em impedir que a educação se conserve em toda a sua pureza e em vigiar para que não se introduza nenhuma inovação contra a ordem estabelecida na ginástica e na música. Deveriam envidar todos os esforços com receio de que, quando se diz "os homens apreciam sobretudo os novos cantos que brotam da boca dos poetas cantores", se imagine, como muitas vezes ocorre, que o poeta não queira falar de novos cantos, mas de novo modo de cantar, e tal inovação seja aprovada. Coisa semelhante não se deveria sequer aceitar ou imaginar. Precisaria, pois, precaver-se contra a introdução de novo gênero musical porque isso poderia pôr tudo a perder. Como Damon, estou convencido de que não se poderia mudar as regras da música sem, ao mesmo tempo, abalar as leis fundamentais do Estado.

**A.** – Pode colocar também a mim entre o número daqueles que têm a mesma convicção.

## IV

**Sócrates** – Parece-me, pois, que os defensores deveriam construir sua guarnição sobre os fundamentos da música.

**Adimanto** – Não há dúvida de que esse tipo de transgressão passa quase que sem ser observado.

**S.** – Sim, como se fosse um jogo inocente.

**A.** – De fato, insinua-se de modo contínuo e penetra gradualmente nos usos e costumes. Depois, toma vulto e penetra nos acordos privados, dos acordos passa para as leis e para as ordenações do Estado com grande força, Sócrates, até que, por último, arruína todas as coisas na vida privada e pública.

**S.** – Sim. Logo, as coisas poderiam ocorrer exatamente dessa maneira?

**A.** – Para mim, pelo menos, assim parece.

**S.** – Mais uma razão, portanto, como dissemos de início, para submeter logo nossos filhos a passatempos mais disciplinados porque, se esses e seus jogos se tornarem desordenados, é impossível que se tornem adultos disciplinados e sérios.

**A.** – Por certo.

**S.** – Ao passo que, se as crianças começarem a jogar de modo correto e depois, ao contrário daqueles educados erroneamente, tiverem assimilado a disciplina que infunde a música, esse sentido de disciplina os acompanhará para sempre e crescerá, restabelecendo tudo o que do antigo Estado tivesse algum dia sido arruinado.

**A.** – É verdade.

**S.** – E estes haverão de recuperar aquelas pequenas regras, aparentemente irrelevantes, que haviam sido deixadas de lado por seus predecessores.

**A.** – Quais?

**S.** – Por exemplo, a de que os jovens se calem, como convém, junto aos anciãos, ofereçam a esses assento, se levantem para deixar-lhes o lugar, respeitem os pais, sigam os costumes no tocante ao corte de cabelo, aos trajes, ao calçado, no que se relaciona com toda a sua aparência e com todas as coisas desse tipo. Você não acha que assim deva ser?

**A.** – Eu acho que sim.

**S.** – Tolice me pareceria baixar leis a respeito dessas coisas, algo que não se faz em lugar algum, além do que, por serem ditas e escritas, não lhes garantiriam longa duração.

**A.** – Por certo que não.

**S.** – É provável, pois, Adimanto, que o direcionamento impresso pela cultura determine todos os aspectos da existência porque o semelhante, por acaso, não atrai sempre o semelhante?

**A.** – Certamente.

**S.** – Acho que, como conclusão, poderíamos afirmar que uma coisa boa ou má por si se realiza plenamente por si só.

**A.** – Assim há de ser.

**S.** – Esse é o motivo pelo qual não me parece que seja o caso de propor leis sobre essas questões.

**A.** – Tem razão mesmo.

**S.** – E os contratos de compra e venda, os contratos das partes no mercado e, se assim for, os acordos com os artesãos, os insultos, as violências, as altercações, o estabelecimento de juízes, os tributos a impor ou não nos mercados e nos portos, enfim, todos os problemas que disciplinam mercados, vias e portos, todas essas coisas e outras semelhantes deveriam ser reguladas por lei?

**A.** – De nada valeria impô-las a homens honestos porque geralmente sabem se regular como convém.
**S.** – Sim, meu amigo, se um deus lhes conceder respeitar as leis que expusemos anteriormente.
**A.** – Do contrário, haveriam de passar toda a vida a publicar e a refazer muitos regulamentos semelhantes na convicção de chegar à perfeição.
**S.** – Isso significa que haveriam de viver como aqueles doentes que são tão intemperantes que sequer sonham em renunciar a seu prejudicial modo de viver que lhes mina o organismo.
**A.** – Exatamente.
**S.** – De qualquer forma, vivem muito bem, andando sempre às voltas com novos remédios que, em vez de melhorar, só complicam e agravam suas doenças, e nutrindo sempre a esperança de que alguém lhes aconselhe um medicamento capaz de curá-los.
**A.** – Assim mesmo se comportam esses doentes.
**S.** – E no caso deles, não acha divertido que eles considerem como seu pior inimigo quem lhes fala a verdade e lhes diz que, se não renunciarem a beber e a comer demais, ao amor e à indolência, de nada lhes valerão os medicamentos, as cauterizações, as incisões, as fórmulas mágicas, os amuletos e outras coisas desse tipo?
**A.** – Não me parece de todo divertido ao vê-los se indignarem com quem lhes dá bons conselhos.
**S.** – Pelo que vejo, você realmente não admira pessoas desse tipo.
**A.** – Por Zeus, de modo algum!

## V

**Sócrates** – Logo, você tampouco aprovaria, como dizíamos há pouco, um comportamento similar de um Estado inteiro. Mas os Estados mal governados não fazem exatamente isso e, no entanto, proíbem a seus cidadãos, sob pena de morte, de mudar os fundamentos da constituição? Aquele, ao contrário, que sabe adular de modo agradável seu governo, que sabe agradá-los de todas as maneiras, que prevê seus desejos e está em condições de satisfazê-los, esse será tido como homem honesto, político hábil e será cumulado de honras por parte deles.

**Adimanto** – Não, isso não posso admitir.

**S**. – Nem vale a pena se indignar com eles, porquanto são realmente muito divertidos, sobretudo quando se esforçam por baixar decretos e emendas como aqueles de que há pouco falamos, com a eterna esperança de pôr limites à desonestidade nos contratos privados e em tudo que eu falava, ignorando na realidade que estão apenas cortando as cabeças da Hidra.

**A**. – Certamente, não conseguem fazer outra coisa.

**S**. – Eu, pois, jamais teria imaginado que num Estado, mal ou bem governado, o verdadeiro legislador tivesse de se preocupar com semelhantes leis e decretos. Primeiro, porque são inúteis e nada mais que isso e, em segundo lugar, porque qualquer um pode encontrar uma parte deles, sendo que o resto é uma consequência espontânea dos costumes precedentes.

**A**. – Mas então, sobre o que nos resta legislar?

**S**. – Para nós, sobre nada. Mas as maiores, as mais belas e as mais importantes leis são de incumbência de Apolo de Delfos.

**A**. – Quais seriam?

**S**. – Aquelas que se referem à construção de templos, aos sacrifícios, ao culto dos deuses, dos gênios e dos heróis, aos túmulos dos mortos e aos cerimoniais que é necessário tributar-lhes em sua propiciação. Na realidade, porque nós ignoramos tais coisas e, ao fundar um Estado, não seria prudente confiar em ninguém nem recorrer a um intérprete estrangeiro. De fato, esta divindade é o intérprete tradicional para todos os homens nessas questões e exerce sua função ficando sentada no centro do mundo, sobre o umbigo da terra.

**A**. – Correto, e é assim que se deve fazer.

# VI

**Sócrates** – Podemos, portanto, supor, filho de Aristo, já fundada nossa cidade. Agora, observe-a bem você mesmo e tente encontrar, em algum lugar, luz suficiente.

Chame para ajudá-lo seu irmão Polemarco e os outros, a fim de que possamos ver, quem sabe, onde está a justiça e onde está a injustiça, qual diferença existe entre ambas, qual das duas se deve possuir para sermos felizes, independentemente do fato de podermos nos furtar ou não da vista de todos os deuses e dos homens.

**Glauco** – Não me parece sério o que você diz. Você prometeu empenhar-se em conduzir pessoalmente essa averiguação, afirmando que seria impiedade de sua parte se não viesse em defesa da justiça com todos os meios e com todas as suas energias.

**S**. – O que você me relembra é verdade e assim sou obrigado a agir. Vocês também, entretanto, devem colaborar.

**G**. – Colaboraremos com toda a certeza.

**S**. – Espero, portanto, atingir nosso objetivo da seguinte maneira. Acho que nosso Estado, se for verdade que foi bem fundado, seja perfeitamente bom.

**G**. – Necessariamente.

**S**. – Não deixa de ser evidente, portanto, que é sábio, corajoso, moderado e justo.

**G**. – Evidente.

**S**. – Por isso, quaisquer virtudes entre essas que encontrarmos nele, o resto será o que nos faltará descobrir.

**G**. – Exatamente.

**S**. – É como se entre quatro objetos procurássemos um só deles num lugar qualquer. Seria suficiente encontrar esse por primeiro. Se, no entanto, encontrássemos primeiramente os outros três, isso seria o bastante para identificar o objeto em questão porque o mesmo não poderia ser outro senão o que falta.

**G**. – Exato.

**S**. – E não seria necessário proceder da mesma forma também com relação a estas quatro virtudes?

**G**. – Por certo.

**S**. – Pois bem, a primeira virtude que se nos depara nessa busca é a sabedoria, mas nela vejo que subsiste algo de singular.

**G**. – O quê?

**S**. – Para dizer a verdade, no Estado que descrevemos me parece que reina a sabedoria porque toma boas decisões. Não é assim?

**G**. – Com certeza.

**S**. – Esta virtude em si, o bom conselho, é evidentemente uma ciência porque as boas medidas são tomadas não com a ignorância, mas sim com a ciência.

**G.** – Sem dúvida.

**S.** – No Estado, porém, as ciências são muitas e variadas.

**G.** – Claro.

**S.** – Logo, poder-se-ia dizer que o Estado deve ser considerado sábio em suas decisões graças à ciência dos carpinteiros?

**G.** – De modo algum! Por isso, ela é, pelo contrário, semelhante a um hábil carpinteiro.

**S.** – Logo, não poderia ser chamado sábio o Estado mesmo se possuísse a ciência de fabricar da melhor maneira possível móveis de madeira?

**G.** – Certamente que não.

**S.** – E então o seria talvez em função da ciência em fabricar objetos de cobre ou de qualquer outro metal?

**G.** – Por coisa alguma desse tipo ou de qualquer outro.

**S.** – Nem em função da ciência que leva a terra a produzir frutos, podendo o Estado ser equiparado a um bom camponês?

**G.** – Assim me parece também.

**S.** – E então, no Estado que acabamos de fundar, alguns de seus cidadãos possuiriam uma ciência, cuja finalidade não seria decidir sobre uma questão particular, mas sobre o Estado em seu conjunto, sobre suas relações internas e externas?

**G.** – Certamente.

**S.** – Qual seria essa ciência e quem estaria de posse dela?

**G.** – É aquela que tem a função de salvaguardar o Estado e que reside naqueles magistrados que há pouco chamamos de verdadeiros guardiões.

**S.** – E em virtude dessa ciência como você chamaria o Estado?

**G.** – Chamo-o de feliz em suas decisões e verdadeiramente sábio.

**S.** – E você acha que em nosso Estado deveria haver mais ferreiros do que verdadeiros guardiões?

**G.** – Por certo, mais ferreiros.

**S.** – Assim sendo, também em relação aos outros que recebem o designativo derivado de uma ciência particular, os guardiões serão muito menos numerosos?

**G.** – Sem dúvida alguma.

**S.** – Logo, é à ciência que reside na menor parcela do Estado, daquela que domina e comanda, que um Estado fundado de acordo com as leis da natureza deve sua sabedoria. Quer-me parecer que compete ao grupo muito menos numeroso compartilhar daquela ciência que é a única entre todas e que merece o nome de sabedoria.

**G.** – Sem dúvida alguma.

**S.** – Não sei como, mas já encontramos uma das quatro virtudes e já sabemos o que é e em qual parte do Estado reside.

**G.** – Nossa descoberta me parece satisfatória.

# VII

**Sócrates** – Quanto à coragem, não é difícil vislumbrar sua essência e em que setor do Estado reside, pelo qual se possa chamá-lo de corajoso, forte.

**Glauco** – Como?

**S.** – Quem poderia dizer se um Estado é covarde ou corajoso sem considerar os cidadãos que combatem e enfrentam a guerra por ele?

**G.** – Ninguém, a não ser mediante essa condição.

**S.** – Não me pareceria que dependa dos demais concidadãos, sejam eles covardes ou corajosos, para avaliar como corajoso o Estado.

**G.** – De fato, não.

**S.** – Um Estado, portanto, é corajoso graças àquela parte de si mesmo, em que reside a capacidade de manter, em qualquer circunstância, a própria opinião sobre o que é perigoso em conformidade com os preceitos educativos do legislador. Não seria exatamente isso que você chamaria de coragem?

**G.** – Não entendi bem seu raciocínio; repita-o.

**S.** – Afirmo que a coragem é uma espécie de salvaguarda.

**G.** – E que salvaguarda?

**S.** – Da ideia que surge da lei mediante a educação, com relação às coisas perigosas e à sua natureza. Dizia ainda que a coragem a conserva em qualquer circunstância, sem jamais abandoná-la, seja na dor, no prazer, no desejo, no temor. Se você quiser, posso ilustrar meu pensamento com um exemplo.

**G.** – Gostaria, sim.

**S.** – Você sabe que os tintureiros, quando querem tingir a lã de púrpura, primeiramente, entre muitas cores, escolhem uma, a branca. Depois a preparam com muito cuidado para que se impregne da cor mais brilhante possível. Por fim a tingem. E a tintura obtida com esse procedimento se torna indelével. Nem lavá-la sem sabão ou com sabão podem tirar da lã seu brilho. Do contrário, você sabe o que acontece à lã de cor diferente ou à lã branca mal preparada.

**G.** – Sei que desbotam e perdem sua beleza.

**S.** – Pois então, imagine que nós também nos esforcemos em fazer o mesmo, quando escolhemos os soldados e os educamos por meio da música e da ginástica. Deve-se ter em mente que nossa única intenção é a de induzi-los a assimilar, como uma tintura, as leis, a fim de que, graças à sua natureza e à educação que receberam, mantenham indelével sua opinião sobre as coisas perigosas e sobre as demais, sem permitir que sua tintura desbote por meio daqueles tipos de sabão tão eficazes em apagar, como o prazer, que para tais efeitos é mais eficaz do que qualquer soda ou lixívia, como a dor, o temor, o desejo, que são mais fortes que qualquer sabão. Tal capacidade de conservar de qualquer forma a opinião correta e legítima sobre o que é perigoso e o que não o é, a chamo e a defino de coragem, se você não tiver nada contra.

**G.** – Nada, em absoluto. Em vez disso, acho que a opinião correta sobre este mesmo ponto, uma vez privada da base da cultura, como ocorre nos animais e nos escravos, você não a considere muito sólida e não a defina sequer de coragem.

**S.** – É realmente verdade o que você acaba de dizer.

**G.** – Logo, admito que a coragem seja o que você disse.

**S.** – E você não se enganaria, se admitisse também que é uma virtude política. Se quiser, falaremos melhor a respeito logo a seguir. Por ora, com efeito, não estamos preocupados com isto, mas com a justiça. Para o estudo da coragem, acho que isso baste.

**G.** – Você tem razão.

## VIII

**Sócrates** – Falta-nos descobrir, contudo, duas virtudes em nosso Estado: a temperança e aquela que coroa toda a nossa investigação, a justiça.

**Glauco** – Exatamente.

**S**. – Que faríamos para descobrir logo a justiça sem nos preocuparmos antes com a temperança?

**G**. – Não sei. Nem gostaria de descobri-la primeiro, se depois não nos interessássemos mais pela temperança. Por isso, se quiser ser gentil comigo, examina esta antes.

**S**. – Certamente eu também o quero e também não quero lhe causar desgosto.

**G**. – Comece, portanto, a examiná-la.

**S**. – É o que passarei a fazer. Pelo que posso antever, a temperança é a virtude que mais se aproxima a uma consonância e a uma harmonia.

**G**. – Em que sentido?

**S**. – A temperança é uma espécie de ordem e de domínio dos desejos e das paixões. Por isso se diz, de maneira estranha, "ser dono de si mesmo" e outras semelhantes que são outros tantos vestígios da temperança. Não é verdade?

**G**. – Certamente.

**S**. – Mas não é ridícula a expressão "senhor de si mesmo"? Com efeito, quem é superior a si mesmo poderia ser também inferior a si mesmo, e quem é inferior a si próprio poderia ser também superior a si próprio, porque todas essas expressões se referem à mesma pessoa.

**G**. – Não há dúvida.

**S**. – Parece-me, no entanto, que essa expressão queira significar que na mesma pessoa existem duas almas: uma melhor e outra pior. Quando a natureza melhor domina a pior, diz-se que o homem é senhor de si mesmo e isso passa a figurar como um elogio. Quando, porém, por efeito de má educação ou de má companhia, a parte melhor da alma é inferior e é vencida pela violência da parte pior, o homem em tais condições é dito escravo de si mesmo e privado de temperança, configurando-se isso como uma censura vergonhosa.

**G**. – Sim, talvez seja assim mesmo.

**S**. – Observe, pois, nosso jovem Estado e nele encontrará uma situação ou outra. Haverá de reconhecer que pode ser chamado, com justa razão, dono de si mesmo, se é verdade que a preponderância do melhor sobre o pior deve ser definida como temperança e domínio de si mesmo.

G. – Além de lhe dar razão, penso exatamente do mesmo modo.

S. – Isso não quer dizer que não se encontrem muitas e variadas paixões, prazeres e dores, sobretudo nas crianças, nas mulheres, nos escravos e na maior parte dos chamados cidadãos livres que, na verdade, não valem grande coisa.

G. – Exatamente.

S. – Os desejos simples e comedidos, porém, aqueles guiados pela razão com bom senso e intenção correta, são encontrados em poucas pessoas, isto é, naquelas melhores por natureza e por educação.

G. – É verdade.

S. – Você não vê, portanto, que também nos Estados as paixões da multidão são dominadas pelas paixões e pela inteligência da minoria equilibrada?

G. – Sim, vejo sim.

## IX

**Sócrates** – Então, se houver um Estado do qual se pudesse dizer que é dono de seus próprios prazeres e desejos, ou seja, dono de si mesmo, esse é o caso do nosso.

**Glauco** – Com toda a certeza.

S. – E por todas essas razões, ele não é também possuidor da temperança?

G. – Por certo.

S. – E se houver num outro Estado qualquer acordo entre os governantes e os súditos sobre quem deve comandar, esse é, uma vez mais, o caso do nosso. Não é assim?

G. – Sem dúvida.

S. – Nessas condições, em qual grupo de cidadãos você acha que subsiste a temperança? Nos governantes ou nos súditos?

G. – Em ambos.

S. – Veja como era fundada nossa conjetura quando comparamos a temperança a uma harmonia.

G. – Por que razão?

S. – Porque a coragem e a sabedoria tornam respectivamente corajosa e sábia aquela parte do Estado em que subsistem. A temperança, no entanto, estende seu efeito sobre o Estado inteiro, estabelecendo um perfeito acordo entre os fracos e os fortes, seja com relação à inteligência, à força, ao número, à riqueza, seja com relação a qualquer outro atributo desse tipo. Temos, portanto, todo o direito de afirmar que essa concórdia é a temperança, harmonia natural entre o inferior e o superior a respeito de quem deva comandar no Estado e com relação a cada indivíduo.

**G.** – Estou de pleno acordo.

**S.** – Parece-me que já descobrimos três virtudes no Estado. Qual poderia ser a última, senão a justiça?

**G.** – Essa mesma, obviamente.

**S.** – Façamos, pois, Glauco, como os caçadores. Vamos cercar o arbusto prestando atenção para que a justiça não nos escape e desapareça de nossa vista, porque certamente estará por aqui, em algum lugar. Observe, portanto, e procure descobri-la, mostrando-a também a mim se você for o primeiro a vê-la.

**G.** – Quem dera! Melhor será que me contente em segui-lo e que procure observar bem o que você vai me mostrar aos poucos.

**S.** – Siga-me, pois, mas invoque antes os deuses.

**G.** – É o que vou fazer, mas peço-lhe que me preceda.

**S.** – Sim, este local parece inacessível e encoberto, cheio de sombras e inexplorado, mas é preciso prosseguir.

**G.** – Sim, é preciso avançar.

Depois de observar por algum tempo, disse:

**S.** – Glauco, parece que encontramos uma trilha e acho que a justiça não poderá nos escapar mais.

**G.** – Uma boa notícia.

**S.** – Na verdade, porém, não somos tão perspicazes quanto parecíamos.

**G.** – Por quê?

**S.** – Há um bom tempo, meu caro amigo, que está aí debruçada por terra a nossos pés e não a víamos. Parecemos tão ridículos como quem, por vezes, procura alguma coisa que tem na mão. Assim também nós não olhávamos para ela e a procurávamos mais longe. Por isso, talvez, não a percebíamos.

**G.** – O que quer dizer?

**S.** – Quero dizer que fazia tempo que falávamos dela sem notar que, de algum modo, estávamos falando precisamente dela.

**G.** – Um preâmbulo por demais longo para quem está ansioso por ouvir alguma coisa.

## X

**Sócrates** – Agora, pois, escute e observe se minhas palavras fazem sentido. Segundo meu parecer, a justiça é aquilo que estabelecemos como dever absoluto quando começamos a lançar as bases do Estado ou, pelo menos, uma forma desse dever. De fato, repetidas vezes recomendamos, se você se lembra, que no Estado cada um deveria ocupar-se de uma só função, isto é, daquela para a qual tem pendor.

**Glauco** – Sim, foi o que falamos.

**S.** – Acrescentamos também que a justiça consiste em cumprir o próprio dever e não intrometer-se naquele dos outros. Já ouvimos isso de muitos outros e o afirmamos repetidas vezes também nós.

**G.** – É verdade.

**S.** – Portanto, amigo, a justiça, em certa medida, poderia consistir exatamente em ocupar-se das próprias coisas. Você sabe o que me leva a pensar assim?

**G.** – Não, mas explique, por favor.

**S.** – Acho que no Estado, depois de havermos discutido sobre as virtudes da temperança, da coragem e da sabedoria, falta-nos examinar aquela que garante a todas as demais a possibilidade de surgir e de se manter enquanto nelas permanecer. Ora, dissemos que, uma vez descobertas as outras três virtudes, a que faltasse, a quarta, seria a justiça.

**G.** – Assim deve ser.

**S.** – Se fosse necessário, porém, decidir qual o elemento mais importante para tornar bom nosso Estado, difícil seria escolher entre a comunhão de objetivos dos governantes e dos súditos ou a manutenção nos soldados da ideia correta do que é perigoso e do que não o é, ou ainda a perspicácia e a vigilância dos governantes ou, enfim, o fato de que cada um, crianças, mulheres, escravos, homens livres, artesãos, governantes e súditos, cada um deles cumpra sua própria função sem se preocupar com a dos outros.

**G.** – Uma decisão difícil, por certo.

**S.** – Assim, ao que parece, a capacidade de cumprir o próprio dever rivaliza em cada um com a sabedoria, a temperança e a coragem no aperfeiçoamento do Estado.

**G.** – Certamente.

**S.** – E essa força que concorre junto das outras para o aperfeiçoamento do Estado não poderia ser definida como justiça?

**G.** – Sem dúvida alguma.

**S.** – Examine ainda a questão sob outro ponto de vista, para ver se você mantém a mesma opinião. Você daria o encargo de julgar os processos no Estado aos governantes?

**G.** – Certamente.

**S.** – Que outro princípio seguiriam os juízes, senão o de que cada um se abstenha de se apoderar das coisas de outrem e que não seja privado das próprias?

**G.** – Somente a esse.

**S.** – Por que é justo?

**G.** – Claro.

**S.** – Também sob esse aspecto, portanto, a posse da própria perfeição e o cumprimento do próprio dever poderiam ser definidos como justiça.

**G.** – Perfeitamente.

**S.** – Vamos ver se você pensa como eu. Se um carpinteiro decide fazer o trabalho do sapateiro e o sapateiro aquele do carpinteiro, se trocam entre si as ferramentas ou os salários, ou ainda, se a mesma pessoa tenta exercer as duas tarefas, enfim, se todas as artes e ofícios fossem trocados, acha que disso decorreria grande prejuízo para o Estado?

**G.** – Não muito.

**S.** – Se, por outro lado, um artesão ou qualquer outro dotado por natureza para os negócios, inflado pela riqueza ou pelo prestígio entre seus concidadãos ou pela força ou ainda por qualquer outra coisa desse tipo, tentasse entrar no quadro dos guerreiros, ou algum dentre os guerreiros no conselho que administra o Estado, mesmo sendo indigno, e todos esses trocassem entre si suas funções e seus salários, ou ainda quando uma só e mesma pessoa tentasse fazer tudo isso, então sim, creio, e você comigo, que essa troca de funções e essa confusão seriam a ruína do Estado.

**G.** – Fora de qualquer dúvida.

**S.** – Portanto, a confusão entre as três classes e suas trocas recíprocas trazem prejuízo irremediável para o Estado e poderiam, de pleno direito, ser consideradas crime.

**G.** – Claro que sim.

**S.** – E o crime mais grave cometido contra o próprio Estado não o definiria você de injustiça?

**G.** – Mas que dúvida!

## XI

**Sócrates** – Nisso, portanto, consiste a injustiça. Ao contrário, poderia ser justiça e contribuir a tornar justo o Estado, a divisão das funções entre os mercadores, os auxiliares, os defensores, sempre que cada uma dessas três categorias cumprisse seu próprio dever?

**Glauco** – Parece-me que não pode ser de outra maneira.

**S.** – Por ora, não convém afirmá-lo com tanta certeza. Vamos admiti-lo somente quando esse tipo de virtude puder ser identificada com a justiça também com referência ao indivíduo porque, em tal caso, não haveria outra coisa a objetar. Caso contrário, deveríamos prosseguir em nossa investigação. Agora, porém, tentemos concluir o exame que começamos, persuadidos que é mais fácil encontrar a justiça no indivíduo, depois de ter tentado descobri-la em dimensão mais ampla. Pareceu-nos que essa era devida ao Estado e por isso o fundamos da melhor maneira possível, tendo claramente presente que num Estado bom teríamos encontrado a justiça. Vamos colocar, portanto, em relação com o indivíduo o que descobrimos no Estado. Se houver concordância de resultados, tudo estará resolvido. Se houver, contudo, com relação ao indivíduo, alguma diferença, volveríamos novamente nossa atenção para o Estado, a fim de aprofundar a busca e, comparando-os ou até friccionando-os um com o outro, conseguiríamos fazer surgir a justiça como uma chama de dois acendedores e seu aparecimento a tornaria mais sólida em nós mesmos.

**G.** – Isso se pode chamar de proceder realmente com método e convém que assim façamos.

**S.** – Quando de dois objetos, um maior e outro menor, dissermos que são idênticos, por essa característica são semelhantes ou dissemelhantes?

**G.** – Semelhantes.

**S.** – Assim, segundo a essência da justiça, um homem justo não será diferente de um Estado justo, mas sim semelhante.

**G.** – Semelhante.

**S.** – Pareceu-nos, porém, que um Estado é justo quando cada uma das três classes que o compõem desempenha a própria função. Pareceu-nos temperante, corajoso e sábio por certas disposições e pelo comportamento dessas mesmas classes.

**G.** – É verdade.

**S.** – Poderíamos, portanto, pretender de modo correto, caro amigo, que seja classificado da mesma maneira que o Estado aquele indivíduo que apresente, em sua alma, as mesmas características.

**G.** – Necessariamente.

**S.** – Meu amigo, estamos portanto às voltas com o pequeno problema em relação à alma, ou seja, se nela existem esses três aspectos ou não.

**G.** – Não me pareceria problema de pouca monta. Talvez por isso, Sócrates, o provérbio diz que as coisas belas são difíceis.

**S.** – Óbvio! Ademais, Glauco, segundo meu parecer, com um método como o que adotamos não conseguiremos nunca chegar a uma conclusão exata. O caminho que a isso nos conduz é mais longo e difícil. Talvez, no entanto, nosso método foi adequado até onde chegamos em nossas discussões e em nossas buscas.

**G.** – Não deveríamos contentar-nos com isso? Por mim, seria o quanto basta.

**S.** – Em tal caso, seria o suficiente também para mim.

**G.** – Acredito que você não pode desistir, mas deve prosseguir em sua investigação.

**S.** – Não estamos chegando ao ponto de sermos quase que obrigados a admitir que no indivíduo subsistem as mesmas características e as mesmas atitudes comportamentais do Estado em que se encontra? De fato, sua origem é a mesma. Seria absurdo supor que os Estados emotivos não transmitissem sua emotividade aos indivíduos, como ocorre na Trácia, na Cítia e em quase todos os povos do norte, ou sua paixão pela cultura, atribuída sobretudo à nossa terra, ou a avidez, que parece caracterizar os fenícios e os egípcios.

**G.** – Perfeitamente correto.

**S.** – Não é difícil constatar que as coisas devem ser postas desse modo.

**G.** – Não é difícil mesmo.

# XII

**Sócrates** – O problema, porém, reside em descobrir se fazemos todas as coisas com a mesma faculdade ou uma coisa com uma e outra coisa com outra das três faculdades. Mediante uma, com efeito, desenvolvemos as atividades intelectuais, mediante a segunda, experimentamos emoções e por meio da terceira sentimos a necessidade de alimento, da procriação e dos prazeres afins. Ou quando empreendemos algo, a alma por inteiro intervém? Este é o verdadeiro problema, e difícil de definir.

**Glauco** – A mim também parece.

**S.** – Procuremos, então, compreender desta maneira se aquelas faculdades seriam idênticas ou diferentes entre si.

**G.** – Mas como?

**S.** – É evidente que uma pessoa não poderia, ao mesmo tempo e em relação ao mesmo objeto, produzir ou sofrer efeitos contraditórios. Por isso, se descobrirmos que isso ocorre no caso de tais faculdades espirituais, concluiremos que elas não são idênticas, mas diversas.

**G.** – Perfeito.

**S.** – Preste atenção, portanto, ao que vou dizer.

**G.** – Pode falar.

**S.** – É possível que o mesmo objeto esteja ao mesmo tempo imóvel e em movimento?

**G.** – De modo algum.

**S.** – Vamos nos colocar de acordo com maior precisão para não discutirmos depois no decurso de nossa argumentação. A propósito, se de um homem imóvel que movimentasse as mãos e a cabeça disséssemos que estaria ao mesmo tempo imóvel e em movimento, não nos pareceria, acredito, uma afirmação correta. Ao contrário, se deveria dizer que uma parte desse homem está imóvel e outra em movimento. Não é assim?

**G.** – Perfeitamente.

**S.** – Se, portanto, nosso sutil interlocutor prolongasse sua brincadeira e dissesse que o pião está por inteiro imóvel e ao mesmo tempo em movimento porque gira sobre si mesmo, em torno da ponta que permanece no mesmo lugar, ou se afirmasse que se encontra nas mesmas condições qualquer objeto que possui movimento circular em torno de um ponto fixo, não estaríamos de acordo com ele, porque tais objetos não estão imóveis e em movimento nas mesmas partes. Ao contrário, diríamos que é preciso distinguir, a propósito, o eixo da circunferência. Considerando o eixo, são imóveis, porquanto esse não se inclina para nenhum lado, mas considerando a circunferência, eles se movem circularmente. Quando o eixo se inclina para a direita ou para a esquerda, para diante ou para trás, enquanto o objeto se move, então não é mais absolutamente possível que este esteja parado.

**G.** – Exatamente assim.

**S.** – Não haveríamos de ficar, portanto, embaraçados por semelhantes palavras, como não nos deixaríamos convencer que o mesmo objeto pudesse sofrer, ser ou produzir coisas opostas ao mesmo tempo, na mesma parte e em relação à mesma coisa.

**G.** – Claro que não.

**S.** – A fim de evitar, contudo, discutir todas estas objeções e não perder tempo em examiná-las e refutá-las, vamos considerar verdadeiro este princípio e vamos prosseguir, reconhecendo que, se chegarmos a conclusões diversas, deverão ser anuladas todas aquelas que tivermos deduzido desse princípio.

**G.** – Sim, é o melhor que podemos fazer.

# XIII

**Sócrates** – Portanto, acenar que se quer e acenar que não se quer, desejar e recusar, atrair e repelir alguma coisa, todas essas coisas, feitas ou sofridas, pouco importa, não podem ser consideradas uma contrária à outra?

**Glauco** – Certamente, são contrárias.

**S.** – E a sede e a fome, os apetites em geral, a vontade e o desejo, tudo isso não está incluído, a seu ver, nas categorias apenas descritas? Por exemplo, toda vez que um homem tem um desejo não se diria que seu espírito ansia pelo que deseja ou atrai sobre si o que gostaria de ter ou também, na medida em que pretende conseguir alguma coisa, consente consigo mesmo como se fosse interrogado, desejoso de que tal coisa se realize?

**G.** – É verdade.

**S.** – Não querer, não desejar, não formular um auspício para si mesmo; não poderíamos classificá-los junto do ato de repelir e afastar de si? Não seria necessário considerá-los categorias contrárias às primeiras?

**G.** – Sem sombra de dúvida.

**S.** – Assim, poderíamos afirmar a existência de uma espécie de desejo, como a sede e a fome, dentre todos os mais imediatos?

**G.** – Certamente.

**S.** – Um deles, portanto, é o desejo de beber e o outro, de comer?

**G.** – Sim.

**S.** – Mas a sede, enquanto tal, poderia representar na alma o desejo de algo mais do que estamos dizendo? Por exemplo, a sede é sede de uma bebida quente ou fria, de muito ou de pouco, e portanto, de certa bebida particular? Ou se o calor é acrescido à sede, esse não pode suscitar também o desejo do frescor ou se, ao contrário, à sede se acrescenta o frio, pode suscitar também o desejo do calor? Se, porém, por sua intensidade, a sede é grande, não provocaria o desejo de beber muito e se é pouca, o desejo de beber pouco? Quanto à sede em si, não seria jamais desejo de outra coisa senão de seu objeto natural, ou seja, da bebida como tal, e a fome não seria nunca objeto, senão de desejo de comida?

**G.** – É isso mesmo. Cada um desses desejos se refere somente a seu desejo natural, enquanto o desejo deste ou daquele objeto particular é acidental.

**S.** – Vamos ter o cuidado para que ninguém nos colha desprevenidos com a objeção de que ninguém deseja uma bebida qualquer, mas uma ótima bebida, não uma comida qualquer, mas uma ótima comida, porque todos desejam as coisas boas. A sede, portanto, enquanto desejo, deve ser desejo de uma coisa ótima, seja ela uma bebida ou qualquer outro objeto de desejo, e assim por diante.

**G.** – Esta objeção é razoável, no entanto.

**S.** – Todas as coisas, entretanto, que são tais em relação a outra e providas de características peculiares, estão em relação, parece-me, com um objeto que possui essas características, ao passo que, tomadas em si mesmas, essas coisas se relacionam, uma a uma, somente com o próprio objeto.

**G.** – Não entendi.

**S.** – Você não entendeu que uma coisa é maior somente em relação a outra?

**G.** – Isto entendi.

**S.** – A uma menor?

**G.** – Sim.

**S.** – E uma coisa muito maior em relação a outra muito menor. Ou não?

**G.** – Sim.

**S.** – E o que foi maior em relação ao que foi menor e o que será maior em relação ao que será menor?

**G.** – Sem dúvida alguma.

**S.** – E o mais em relação ao menos, e o dobro em relação à metade, e assim por diante, e o mais pesado em relação ao mais leve, e o mais veloz em relação ao mais lento, e ainda o calor em relação ao frio, e todas as coisas desse tipo não devem ser assim postas?

**G.** – Sem a menor dúvida.

**S.** – Não ocorre o mesmo com as ciências? A ciência em si é ciência de um conhecimento em si ou de qualquer objeto pelo qual deve subsistir como ciência, enquanto uma ciência particular e determinada tem um objeto particular e determinado. Vou explicar. A ciência de construir casas, quando surgiu, não se distinguiu das outras, a tal ponto de vir a ser chamada arquitetura?

**G.** – Por certo.

**S.** – Precisamente pelo fato de ser particular e diversa de todas as outras?

**G.** – Sim.

**S.** – E porquanto ciência de um objeto particular, não se tornou também ela particular? E não acontece o mesmo também com as outras artes e ciências?

**G.** – De fato, assim é.

# XIV

**Sócrates** – Agora, pois, você entendeu o que eu queria dizer antes. Tudo aquilo que pode se relacionar a um objeto, considerado em si mesmo, se refere somente a si mesmo, mas se determina com referência a um objeto determinado. Não digo, porém, que essas coisas sejam idênticas a seu objeto. Por exemplo, que a ciência das coisas sadias e doentias seja sadia e malsã, que a ciência dos males e dos bens seja má ou boa. Como, no entanto, a ciência médica não tem o mesmo objeto da ciência em si, ao contrário, se ocupa de um objeto particular, a saúde e a doença, ela é por sua vez particular e por isso não se chama simplesmente ciência, mas medicina, em função de seu objeto particular.

**Glauco** – Agora entendi e estou de pleno acordo.

**S.** – Quanto à sede, você não a considera uma coisa que tem relação com alguma outra coisa? Porque há a sede...

**G.** – Sim, com uma bebida.

**S.** – Mas se diz respeito a uma bebida particular, é particular também a sede. A sede em si, contudo, não se relaciona com o muito ou o pouco, nem com o bom ou o mau, enfim, nada de particular. A sede em si diz respeito somente à bebida em si.

**G.** – Perfeitamente.

**S.** – A alma, portanto, daquele que tem sede, enquanto tem sede, não deseja outra coisa senão beber; é o que almeja e para isso se inclina.

**G.** – Óbvio!

**S.** – Quando, pois, tiver sede, se algo o faz retroceder, existe nele um princípio diverso daquele que excita nele a sede e o impele a beber como um animal porque, repetimos, a mesma coisa ao mesmo tempo e em relação ao mesmo objeto não pode produzir efeitos contrários.

**G.** – Certamente que não.

**S.** – Por exemplo, no caso do arqueiro, se diz erroneamente, assim penso, que suas mãos puxem e distendam o arco ao mesmo tempo porque uma mão puxa e a outra distende.

**G.** – Isso mesmo.

**S.** – E não há pessoas que, por vezes, têm sede e não querem beber?

**G.** – Com frequência e em grande número.

**S.** – Que diríamos delas, senão que subsiste em sua alma o princípio que ordena beber e aquele que o proíbe, diverso e mais forte que o primeiro?

**G.** – Acho que é isso mesmo.

**S.** – E o princípio que impede uma tal coisa não provém da razão, enquanto aquele que move e impele não provém da paixão e da doença?

**G.** – Parece que sim.

**S.** – Com razão, pois, consideramos esses dois princípios diversos e distintos entre si. Racional é aquele que induz a raciocinar, irracional e concupiscível, companheiro das satisfações e dos prazeres, aquele que leva a satisfazer o amor, a fome, a sede e as outras paixões.

**G.** – Sim, acho que com razão deveríamos considerá-los assim.

**S.** – Dessa maneira, aceitamos a presença em nossa alma desses dois princípios. E aquele emotivo, aquele que nos impele à emoção, é um terceiro princípio ou se inclui num dos dois outros?

**G.** – Talvez no segundo, naquele concupiscível.

**S.** – Admito também isso, pensando num fato que ouvi narrar há algum tempo. Leôncio, filho de Aglaion, subindo um dia do Pireu para a cidade e passando sob as muralhas setentrionais, viu dois cadáveres estendidos na praça das execuções. Queria aproximar-se deles, mas ao mesmo tempo era retido pela repugnância. Relutou consigo mesmo por uns momentos e cobriu o rosto. Por fim, vencido pela curiosidade, correu para junto dos cadáveres e, arregalando os olhos, exclamou: "Pois então, desgraçados, saciai-vos à vontade com este belo espetáculo!"

**G.** – Também ouvi contar o mesmo.

**S.** – Isso prova, porém, que a emoção por vezes luta com as paixões porque uma é diversa das outras.

**G.** – É verdade.

## XV

**Sócrates** – Não observamos, em muitas outras circunstâncias, quando um homem é vencido pelas paixões a despeito da razão, quando se enfurece contra aquilo que lhe faz violência, que a ira deste se alia, nessa espécie de duelo, com a razão? Se, ao contrário, a ira se alia com as paixões e se opõe às proibições da razão, acho que você não poderia afirmar que se deu conta disso nem em você mesmo, nem com relação a outros.

**Glauco** – Por Zeus, que não!

**S.** – E quando alguém acha que agiu mal? Quanto mais nobre for, tanto menos haverá de se ofender por ter de passar fome, sede e experimentar qualquer outro sofrimento infligido por parte daquele que ele acha que está com a razão; numa palavra, nem pretenderia deixar que sua cólera se erguesse contra ele.

**G.** – É verdade.

**S.** – E quando alguém acha que é vítima de uma ofensa? Nesse caso, não se inflama e não se indigna, e assume o partido do que lhe parece ser justiça e não suporta até a vitória a fome, o frio e tudo o que for preciso, sem empenhar-se em seus nobres esforços até conseguir a vitória ou morrer, ou antes de ser aplacado pela razão como um cão que é repreendido pelo pastor?

**G.** – Essa comparação é de todo coerente, porquanto não estabelecemos em nosso Estado que os defensores deveriam se submeter aos governantes do Estado precisamente como cães aos pastores?

**S.** – Você está compreendendo muito bem o que quero dizer, mas gostaria de considerar também outra coisa?

**G.** – Qual?

**S.** – Que a emoção nos aparece agora como o oposto do que há pouco imaginávamos. De fato, julgávamos então que fosse algo de concupiscível, ao passo que agora estamos bem longe de semelhante afirmação. Pelo contrário, quando houver revolta na alma, a emoção toma as armas em favor da razão.

**G.** – Exatamente assim.

**S.** – Sendo, contudo, diferente também da razão, é uma parte dela e então os princípios da alma são dois e não três, o racional e o concupiscível? Ou, por outra, como existem três classes no Estado – os assalariados, os defensores e os governantes – assim também na alma esse terceiro princípio deve ser o elemento emocional que se alia com a razão, se essa não estiver corrompida por uma má educação?

**G.** – Evidentemente, trata-se do terceiro.

**S.** – Certamente, desde que se revele diverso daquele racional, como se revelou diverso do concupiscível.

**G.** – Constatar isso, porém, não parece difícil. Pode ser observado também nas crianças que se irritam por qualquer coisa e, a meu ver, alguns nunca chegam à posse plena da razão e, para a maioria, só chega bem tarde.

**S.** – Por Zeus, você falou muito bem! Isso se comprova também pelo que se constata nos animais. Além disso, há um testemunho de Homero que já recordamos: "Batendo no peito, repreendeu seu coração." Nesse verso, o poeta representou, de fato, com clareza dois princípios diversos, um censurando o outro. A razão que reflete sobre o melhor e o pior censura a ira irracional.

**G.** – Você falou com toda a propriedade.

## XVI

**Sócrates** – Chegamos finalmente, por meio de muitas dificuldades, a praticamente estabelecer que na alma de todo homem subsistem as mesmas partes que compõem um Estado, dispostas na mesma hierarquia.

**Glauco** – Sim.

**S.** – Não é, pois, inevitável que também o indivíduo seja sábio como o Estado e pela mesma razão?

**G.** – Por certo.

**S.** – E que, se o indivíduo é corajoso, também o Estado o seja pela mesma razão e da mesma maneira e ainda que em cada virtude o indivíduo e o Estado procedam de modo concorde?

**G.** – Sim, é de todo necessário admiti-lo.

**S.** – Assim, Glauco, não receio dizer que um homem é justo da mesma maneira pela qual o Estado é justo.

**G.** – Também essa é uma consequência necessária.

**S.** – Não nos esquecemos, contudo, de sublinhar que o Estado é justo porque cada uma das três classes que o compõem cumpre sua própria função.

**G.** – Não me parece que o tenhamos esquecido.

**S.** – Torna-se necessário, pois, relembrar que também cada um de nós será justo e exercerá a própria função quando cada uma de nossas faculdades exercer a própria função.

**G.** – Convém realmente tê-lo sempre presente.

**S.** – Logo, à faculdade racional compete o comando porque é sábia e vigia toda a alma, ao passo que a faculdade emocional deve ser sua fiel aliada?

**G.** – Exatamente.

**S.** – Como dizíamos antes, não seria pela colaboração da música e da ginástica que entram em acordo, uma nutrindo-a e fortalecendo-a com belos discursos e ensinamentos, enquanto a outra amenizando-a com seus conselhos e aplacando-a com a harmonia e o ritmo?

**G.** – Sem dúvida alguma.

**S.** – Essas duas faculdades, se assim alimentadas se tornarem realmente habituadas e instruídas para cumprir sua própria função, haverão de dominar a faculdade concupiscível que na alma de todo homem ocupa a extensão maior e é, por natureza, insaciável por dinheiro. Elas vigiarão para que essa não fuja de sua função, uma vez grande e forte, enchendo-se com os ditos prazeres do corpo e não tente submeter a seu domínio o que por origem não lhe toca e não venha assim a desorganizar toda a estrutura social.

**G.** – Precisamente.

**S.** – E também diante dos inimigos externos, essa duas faculdades não haverão de defender da melhor maneira possível a alma e o corpo, uma deliberando e a outra combatendo, obedecendo às ordens e executando com a virtude da coragem os planos traçados?

**G.** – É verdade.

**S.** – Por isso, acho que dizemos que um homem é corajoso quando sua faculdade emocional conserva, por meio das dores e dos prazeres, os preceitos racionais sobre o que há a temer ou não.

**G.** – Correto.

**S.** – E esse homem é sábio em virtude daquela pequena faculdade que nele se impõe e que é dotada da ciência do que é útil para cada faculdade em particular e para as três juntas.

**G.** – Assim deve ser.

**S.** – Mais, dizemos que é possuidor da temperança em virtude de sua aliança e acordo, quando a faculdade que comanda e as duas que são comandadas concedem que o comando compete à razão e não entram em discórdia entre elas?

**G.** – Sim, a temperança não pode ter outro sentido, tanto no indivíduo quanto no Estado.

**S.** – Finalmente, esse homem deverá ser justo na maneira e pelo motivo que mais vezes expusemos.

**G.** – De todo inevitável.

**S.** – Haverá, portanto, alguma coisa ainda que oculte a nossos olhos a justiça, fazendo com que pareça diferente de como se revelou a nós no Estado?

**G.** – Parece-me que não.

**S.** – Mas se ainda persiste alguma dúvida em nosso íntimo, podemos confirmar esta tese recorrendo a um exemplo banal.

**G.** – Qual?

**S.** – Se, com relação a nosso Estado e ao indivíduo modelado a sua imagem por natureza e por educação, devêssemos decidir de comum acordo se tal pessoa poderia receber sem depois restituir um depósito de ouro ou de prata, quem, segundo seu parecer, atribuiria semelhante ação a ele antes que àqueles que não são como ele?

**G.** – Ninguém.

**S.** – Esse homem não seria igualmente incapaz de cometer sacrilégios, furtos, de trair seus companheiros na vida privada ou do Estado na vida política?

**G.** – Certamente, seria incapaz.

**S.** – Além disso, não seria por nada infiel aos juramentos e a qualquer outro acordo.

**G.** – Como poderia sê-lo?

**S.** – Qualquer um, exceto ele, poderia cometer adultério, abandonar os pais e ofender os deuses.

**G.** – Sem dúvida.

**S.** – E tudo isso não se deve, talvez, ao fato de que cada uma de suas faculdades internas exerce sua própria função com relação ao comando e à obediência?

**G.** – Sim, essa e não a outra é a causa.

**S.** – Você continua, portanto, acreditando que a justiça seja diversa daquela faculdade que assim torna os indivíduos, bem como os Estados?

**G.** – Por Zeus, não!

# XVII

**Sócrates** – Vemos agora completamente realizado o sonho que, como dizíamos quando nos propusemos a fundar nosso Estado, nos levava a suspeitar que um deus nos poderia guiar para encontrar o fundamento e o critério da justiça.
**Glauco** – Isso mesmo.
**S.** – Em nosso auxílio, porém, Glauco, tínhamos uma imagem da justiça, isto é, que o homem apto para ser sapateiro não fizesse outra coisa senão aquilo e assim também o carpinteiro e todos os outros artesãos de igual modo.
**G.** – Assim parece.
**S.** – Com efeito, a justiça, pelo que parece, seria algo similar. Mas ela não diz respeito ao comportamento externo mas ao interior que envolve realmente o próprio indivíduo e suas faculdades. Graças a ela, o homem justo não permite a nenhuma das três características de sua alma exercer funções das outras duas, criando-se obstáculos recíprocos; pelo contrário, estabelece uma verdadeira hierarquia entre elas, torna-se o dominador, o educador e o amigo de si mesmo, harmoniza suas três faculdades internas como se faz com as três notas mais importantes da escala musical: a mais aguda, a mais grave e a média, com todas as notas intermediárias. Um homem como esse conecta entre si todas as suas faculdades e enquanto antes era múltiplo, se torna um indivíduo moderado e harmônico. Assim, ele deverá agir tanto nas questões de dinheiro, quanto nos cuidados com o corpo, na vida política, nas relações privadas porque haverá de considerar e definir como justo aquele comportamento que conserve e contribua para realizar essa condição interior, além de considerar como sabedoria a ciência que induza a tal comportamento. Ao contrário, haverá de definir como injusto o comportamento que leve a destruir essa condição e ignorância a opinião que leve a tal comportamento ruinoso.
**G.** – Nada mais evidente que tudo isso, Sócrates.
**S.** – Muito bem! Não vamos dar a impressão de errar, acredito, se afirmarmos já ter encontrado o homem justo, o Estado justo e a essência da justiça tanto num como noutro.

**G.** – Por Zeus, certamente que não!
**S.** – Vamos então afirmar isso?
**G.** – Vamos, sim.

# XVIII

**Sócrates** – De acordo. Resta-nos agora examinar a injustiça.
**Glauco** – Claro.
**S.** – Não é inevitável que ela seja um desacordo entre essas três faculdades, um distúrbio, uma ingerência, uma rebelião de uma parte contra o todo da alma, para comandar sem ter direito, em vez de se submeter à parte que nasceu para comandar? Uma coisa semelhante, acho, é o efeito de seu distúrbio e desordem e a poderíamos definir como injustiça, intemperança, covardia, ignorância e maldade de todo tipo.
**G.** – Sim, estas coisas são todas iguais.
**S.** – Por isso, agir mal e injustiça estão bem definidos, bem como agir bem e justiça, se realmente conhecemos a injustiça e a justiça?
**G.** – Que quer dizer?
**S.** – Que de fato não são, com referência à alma, diferentes do que são as coisas sadias e doentias com relação ao corpo.
**G.** – Em que sentido?
**S.** – As coisas sadias trazem saúde e as malsãs provocam doenças.
**G.** – Sim.
**S.** – De modo similar, agir de modo justo engendra a justiça e agir de modo injusto, a injustiça?
**G.** – Necessariamente.
**S.** – Engendrar a saúde significa dar uma ordem aos elementos do corpo segundo sua hierarquia natural, enquanto provocar a doença quer dizer instituir semelhante hierarquia de modo não natural.
**G.** – Por certo.
**S.** – Pela mesma razão, criar a justiça na alma significa estabelecer uma ordem hierárquica natural, enquanto criar a injustiça significa estabelecer uma ordem hierárquica não natural?
**G.** – Precisamente.

**S.** – Por isso, ao que parece, a virtude é como a saúde, a beleza e o bem-estar espiritual, enquanto o vício é doença, deformidade e fraqueza.

**G.** – Assim é de fato.

**S.** – E os bons hábitos não conduzem à posse da virtude e os maus hábitos à posse do vício?

**G.** – Inevitavelmente.

## XIX

**Sócrates** – Agora falta examinar, me parece, se agir bem, ter bons hábitos e ser justo é conveniente, independentemente da opinião dos outros, ou se, ao contrário, é mais conveniente agir mal e ser injusto, contanto que sejam evitadas a punição e a necessidade de emendar-se mesmo frente ao castigo.

**Glauco** – Sócrates, agora me parece ridículo que nos detenhamos em analisar isso. Quando o corpo se depaupera, a vida parece insuportável, apesar de todas as comidas e bebidas, toda a riqueza e todo o poder, porquanto então se altera e se compromete a natureza do próprio princípio que nos faz viver. Então para que viver, mesmo que se pudesse fazer tudo o que se quisesse, mas não se pudesse livrar-se do vício e da injustiça e adquirir a justiça e a virtude, se realmente uma e outra são como acabamos de descrevê-las?

**S.** – Sim, seria ridículo. Todavia, já que chegamos a este ponto, não devemos desistir de examinar esses conceitos da maneira mais clara possível.

**G.** – Por Zeus, que isso é verdade! Não devemos desistir.

**S.** – Vamos, pois, esquadrinhar quantas são as formas do vício, segundo minha opinião, pelo menos aquelas dignas de consideração.

**G.** – Pode falar, que estou atento.

**S.** – Da altura a que chegamos em nossa discussão vejo uma só espécie de virtude, mas sem contar as formas do vício, quatro das quais merecem especial atenção de nossa parte.

**G.** – O que você quer dizer?

**S.** – Talvez o número das formas da alma corresponda ao número de formas de governo.

**G.** – Quantas seriam?

**S.** – Existem cinco formas de governo e cinco formas da alma.

**G.** – Diga-me então quais são.

**S.** – Pretendo dizer que a forma de governo por nós exposta é única, mas poderia receber dois designativos. De fato, se um só homem assume particular autoridade entre outros governantes, esse governo pode ser chamado de monarquia, ao passo que se o poder está distribuído entre várias pessoas, chama-se aristocracia.

**G.** – É verdade.

**S.** – Aqui, a meu ver, se trata de uma forma única. Com efeito, nem muitas pessoas nem uma só gostariam de mudar as leis fundamentais do Estado, a menos que tivessem recebido a educação e a cultura de que falamos.

**G.** – Parece seguramente lógico.

# Livro V

## I

**Sócrates** – Considero, portanto, bom e correto o Estado com semelhante forma de governo e assim também defino o indivíduo segundo esse modelo. Mas se essa forma é verdadeiramente correta, as demais são viciadas e errôneas com relação ao governo dos Estados e à organização espiritual dos indivíduos e se dividem em quatro categorias negativas.

**Glauco** – Quais são?

Eu me preparava para enumerá-las de imediato, segundo sua ordem genética, quando Polemarco, que estava sentado pouco distante de Adimanto, estendeu o braço e o puxou para junto de si pela capa na altura do ombro. Inclinando-se, sussurrou aos ouvidos dele algumas palavras, das quais captamos apenas o seguinte: "Vamos deixá-lo continuar ou não?"

"De modo algum!", respondeu Adimanto, mas já em voz alta.

**S.** – A quem vocês não querem deixar continuar?

Adimanto – A quem, senão a você?

**S.** – A mim? E por quê?

**A.** – Porque nos parece que você está desleixando e pretende saltar um capítulo inteiro do discurso, que não é de somenos importância, só para evitar de esclarecê-lo. Você julga que poderá nos escapulir depois de ter dito apenas, no tocante às mulheres e às crianças, que os amigos teriam em comum seus haveres.

**S.** – E não é exatamente assim, Adimanto?

**A.** – Certamente. Mas este "exatamente assim" requer, como todo o resto, uma explicação sobre as modalidades dessa comunhão, porquanto delas podem existir muitos tipos. Não omita, portanto, dizer a qual dessas você se refere. Há muito esperamos ouvir você falar da procriação e da educação dos filhos depois de seu nascimento e como você entende coisa em comum com relação a mulheres e filhos. De fato, achamos que também para a sociedade seja muito importante, senão decisivo, que isso ocorra de modo correto ou não. Visto que você está para analisar outro aspecto do Estado antes de haver explicado bem esse, nós tomamos a decisão que você acabou de ouvir. Não queremos que você vá adiante, antes de esclarecer esse ponto como o fez para outros.

**G.** – De minha parte, devo dizer que também estou de pleno acordo com isso.

**Trasímaco** – Muito bem! Acredite, Sócrates, todos aqui pensamos da mesma forma.

## II

**Sócrates** – Que é que vocês pretendem com este ataque? Só para suscitar, uma vez mais, um longo debate sobre o Estado? Eu já me dava por satisfeito de ter concluído, feliz pelo fato de minha primeira explicação ter contentado a todos! Agora, porém, com esses pedidos, vocês sequer sabem que turbilhão de discussões vão levantar. Bem que o havia previsto e por isso passei adiante para que não se alvoroçasse a discussão.

**Trasímaco** – Como assim? Você achava que todos nós teríamos vindo aqui para encontrar ouro e não para escutar discursos?

**S.** – Sim, mas dentro de certos limites.

**Glauco** – As pessoas inteligentes, Sócrates, acham que os limites para escutar discursos desse tipo se estendem por toda a vida. Não se preocupe conosco, portanto, uma vez que não se furte a responder nossas perguntas. Por qual elo comum estariam ligados os defensores com relação às mulheres e aos filhos e à educação dos jovens no período que decorre entre o nascimento e a escola, o qual deve provavelmente ser também a idade decisiva para eles? Procure explicar tudo isso.

**S.** – Não é nada fácil, meu bom amigo. De fato, isso suscita objeções ainda maiores das que abordamos até agora porque as coisas que vou dizer pareceriam impossíveis e, mesmo que não o fossem, não seriam aceitas como as melhores. Por essa razão hesito em falar delas, receando que meu discurso seja tomado como pura fantasia, caro amigo.

**G.** – Não precisa ter receio, pois você estará falando não a ignorantes, nem a céticos ou maliciosos.

**S.** – Você anda dizendo isso, caro amigo, para me infundir coragem.

**G.** – Exatamente.

**S.** – Pois então, fique sabendo que suas palavras produzem o efeito contrário. Se, de fato, eu estivesse convencido do que digo, o encorajamento seria oportuno porque entre amigos inteligentes se pode falar com absoluta tranquilidade e confiança sobre as coisas mais importantes e delicadas, contanto que, obviamente, se esteja convencido da verdade. Quando, porém, como ora acontece, fala um homem que tem dúvidas e com parcos argumentos, é muito perigoso. Não que se receie parecer ridículo, porquanto seria temor pueril, mas o receio reside no fato de não conseguir atingir a verdade e induzir os próprios amigos ao erro exatamente em questões em que o erro é menos admissível. Invoco, portanto, Adrastes e Glauco, por aquilo que vou dizer. De fato, acho que quem mata involuntariamente tem menos culpa do que aquele que induz em erro acerca da beleza, da bondade e das leis justas. Ainda assim, seria preferível correr esse risco entre inimigos do que entre amigos. Aí está porque você agiu mal em encorajar-me.

Esboçando um sorriso, Glauco responde:

**G.** – Sócrates, se o discurso que você proferir nos induzir em erro, desde já o absolvemos do crime de homicídio e não levaremos em conta o de enganador com relação a nós. Pode, portanto, falar com ousadia.

**S.** – Na verdade, em tal caso, o homem absolvido é puro perante a lei e é, portanto, lógico que assim o seja também para mim.

**G.** – Por isso, pode falar sem receio.

**S.** – Vou retomar, pois, um argumento que deveria ter exposto antes para respeitar a ordem. Parece-me até justo que eu aborde o papel das mulheres depois de haver debatido amplamente sobre aquele do homem, ainda mais agora que você me desafia a fazê-lo.

## III

**Sócrates** – Para os homens que nasceram e foram criados do modo como expusemos anteriormente, a meu ver, não há outra maneira de ter e tratar corretamente os filhos e as mulheres, a não ser seguindo aquela trilha que andamos traçando para eles desde o começo porque, segundo nossos planos, procuramos tornar os cidadãos semelhantes a guardiões de um rebanho.

**Glauco** – Sim.

**S.** – Vamos, portanto, seguir nosso plano e vamos atribuir também às mulheres a mesma natureza e a mesma educação. Logo veremos se isso é conveniente ou não.

**G.** – Em que sentido?

**S.** – Aqui está. Por acaso, achamos que as fêmeas dos cães de guarda deveriam vigiar e participar da caça e de todo o resto como os machos ou deveriam ficar em casa cuidando somente de parir e criar os filhotes, enquanto aqueles trabalham e tomam sobre si toda a responsabilidade do rebanho?

**G.** – Seria necessário que fizessem tudo em comum, embora as consideremos mais fracas que os machos.

**S.** – É possível obter de um animal o mesmo serviço que outro, embora tenha sido nutrido e adestrado de modo diverso?

**G.** – Impossível.

**S.** – Se, portanto, exigirmos das mulheres o exercício das mesmas funções dos homens, é preciso instruí-las da mesma maneira.

**G.** – Claro.

**S.** – Conferimos aos homens a arte da música e a ginástica.

**G.** – Sim.

**S.** – Seria necessário, portanto, ensinar também às mulheres essas duas artes, juntamente com a arte da guerra e tratá-las da mesma maneira.

**G.** – É uma decorrência lógica de sua teoria.

**S.** – A execução, porém, de quanto dissemos haveria de parecer em grande parte ridícula porque insólita.

**G.** – Sem sombra de dúvida.

**S.** – E o que há em tudo isso de tão ridículo? Obviamente, o fato de as mulheres se exercitarem nuas nos ginásios, junto dos homens, não somente as jovens mas também aquelas já mais velhas, como os velhos nos ginásios, enrugados e feios para serem contemplados, que se dedicam, contudo, com prazer aos exercícios.

**G.** – Por Zeus, isso pareceria realmente ridículo, pelo menos nos dias de hoje!

**S.** – Uma vez que decidimos falar sobre isso, não deveríamos recear o escárnio dos zombadores, mesmo que passem a se divertir com semelhante inovação referente à ginástica e à música e também em relação ao manejo das armas e à equitação.

**G.** – Tem razão.

**S.** – Já que começamos a falar, vamos encarar decididamente o que nessa lei há de mais premente, solicitando a essa gente que deixe de lado as brincadeiras e se conserve séria, além de relembrar que até pouco tempo atrás parecia feio e ridículo para os gregos, como ora para a maioria dos estrangeiros, que os homens aparecessem nus. Assim, quando primeiramente os cretenses, e depois os espartanos, começaram a dedicar-se à ginástica, os zombadores daqueles tempos se teriam julgado no direito de ridicularizar tudo isso. Você não acha?

**G.** – Sim.

**S.** – Quando, porém, o uso fez ver que era melhor praticar exercícios nu que esconder certas partes do corpo, o que parecia ridículo aos olhos se dissipou em face das vantagens mostradas pela razão e assim foi demonstrado que somente um estulto poderia julgar ridículo algo que não seja um mal em si e ainda que aquele que tentasse suscitar o riso, em detrimento de tudo que não seja loucura e vício, certamente tem por objetivo outra coisa que não o bem.

**G.** – Isso mesmo.

# IV

**Sócrates** – Não se deveria, contudo, decidir primeiramente e de comum acordo se essas ideias seriam ou não exequíveis e outro tanto permitir que sejam discutidas por qualquer um, por brincadeira ou de modo sério, no intuito de verificar se a natureza da mulher poderia participar de todas as tarefas dos homens ou de nenhuma delas ou ainda de algumas sim e de outras não e, finalmente, a qual categoria pertenceria a arte da guerra? Assim procedendo desde o começo de todo lisonjeiro, não se poderia chegar verossimilmente a uma conclusão de todo boa?

**Glauco** – Certamente.

**S.** – Você concorda em passarmos a discutir entre nós as ideias dos outros, tomando o lugar de nossos opositores para não assediar uma fortaleza sem defensores?

**G.** – Nada há o que o impeça.

**S.** – Em nome deles poderíamos, portanto, dizer: "Sócrates e Glauco, não é necessário que outros vos contradigam, porquanto vós mesmos, no momento em que tomastes a decisão de fundar vosso Estado, reconhecestes que todo indivíduo deve exercer a função que mais condiz com sua natureza."

**G.** – Acho que reconhecemos isso e por que não?

**S.** – "Mas como se poderia negar que a mulher seja por natureza muito diferente do homem?"

**G.** – Com toda a certeza que é diferente.

**S.** – "Então cumpre impor a um e à outra funções diversas, a cada um dos dois segundo sua natureza?"

**G.** – Por certo.

**S.** – "Como então não poderíeis cair em contradição ao afirmar que homens e mulheres devem exercer as mesmas funções apesar de serem por natureza quase completamente diferentes?" Meu caro, você saberia se defender dessa objeção?

**G.** – Assim de repente, não é nada fácil. Pedirei, porém, a você, melhor, peço-lhe desde agora que você mesmo encontre para nós uma resposta, qualquer que seja.

**S.** – Glauco, eu já previa há mais tempo essas e outras dificuldades desse tipo. Por isso mesmo eu estava receoso e até hesitante em enfrentar a lei sobre a posse e a educação das mulheres e dos filhos.

**G.** – Por Zeus, não é deveras uma questão simples!

**S.** – Claro que não. Todavia, não faz diferença cair numa piscina ou em alto mar, porque nadar é preciso de qualquer maneira.

**G.** – É verdade.

**S.** – Logo, nós também temos de nadar e tentar sair salvos deste debate, esperando que um golfinho nos carregue nas costas ou fazendo votos por qualquer outro tipo de salvação milagrosa.

**G.** – Quem sabe não deva ser assim.

**S.** – Vamos tentar encontrar a saída de alguma maneira. Reconhecemos, de fato, que diversidade de natureza implica diversidade de função. Embora reconhecendo que, no caso do homem e da mulher, a natureza é diversa, pretendemos conferir ao homem e a mulher as mesmas funções. Não é essa a acusação de que somos alvo?

**G.** – Sim.

**S.** – Como é poderosa, Glauco, a arte de contradizer!

**G.** – Por quê?

**S.** – Porque me parece que muitos se lançam nela mesmo sem querer, caindo em meras disputas e contendas. Isso ocorre porque, incapazes de discernir o objeto da disputa, dividindo-o em tipos, dele extraem contradições aparentes. Por isso, entram em briga e já não discutem.

**G.** – Exato, e isso acontece com muitos. Mas que importa isso para nós agora?

**S.** – Muito, porquanto estamos arriscando de nos enroscar na contradição.

**G.** – Em que sentido?

**S.** – Sustentando com grande segurança e rigor que naturezas diversas devem ter funções diversas somente com base em seus nomes, sem ter em absoluto analisado a que espécie pertencem uma e outra e qual seria o objetivo de nossa definição, a partir do momento em que atribuímos a naturezas diversas funções diversas e às mesmas naturezas funções idênticas.

**G.** – Sim, e isso não o aprofundamos.

**S.** – Por isso, ainda é tempo de nos perguntarmos, pelo que parece, se a natureza dos homens calvos é igual ou oposta à dos homens cabeludos. Uma vez definido que se trata da mesma, se os calvos exercem o ofício de sapateiros, o mesmo deve ser proibido aos cabeludos e vice-versa.

**G.** – Seria um absurdo.

**S.** – E porque absurdo, senão porque não tivemos em mente definir exatamente esta ou aquela natureza particular, mas levamos em conta somente aquela espécie de diversidade ou de afinidade que diz respeito às funções? Por exemplo, não dizíamos que um médico e quem tem uma aptidão natural para a medicina possuem a mesma natureza? É isso que ocorre ou não?

**G.** – Por certo.

**S.** – E é certo também que são diversos por natureza um médico e um carpinteiro?

**G.** – Sem sombra de dúvida.

## V

**Sócrates** – Logo, se descobrirmos que o sexo masculino e o sexo feminino diferem na propensão a uma arte ou a certa função, afirmaríamos que é preciso conferir funções respeitando essa diversidade. Mas se resultar que a única diferença consiste em que a mulher gera e pare e o homem fecunda, não poderíamos admitir como verdade demonstrada que a mulher seja diferente do homem no que ora interessa, pelo contrário, continuaríamos a acreditar que nossos defensores e suas mulheres deveriam desempenhar as mesmas funções.

**Glauco** – E com toda a razão.

**S.** – Em segundo lugar, convidemos nosso opositor para que nos explique qual a arte ou função pública para a qual as mulheres e os homens não seriam igualmente idôneos, pelo contrário, tivessem inclinação diversa.

**G.** – Correto.

**S.** – Talvez, como você mesmo dizia há pouco, se pudesse dizer que não é fácil discorrer sobre isso de repente e de modo satisfatório, mas pensando bem, não subsiste dificuldade alguma.

**G.** – Sim, talvez se pudesse dizer isso.

**S.** – Você concorda em solicitar a nosso opositor que nos siga na eventual demonstração que no governo do Estado não é reservada nenhuma função especial às mulheres?

**G.** – Concordo.

**S.** – Poderíamos dizer-lhe: Vamos, responda! Você não afirmava que uma pessoa tem aptidão para alguma coisa e outra não, baseando-se sobre a facilidade ou a dificuldade com que aprendem? E que para um basta um ligeiro estudo para estar em condições de estender seus conhecimentos para muito além do que lhe foi ensinado, ao passo que para outro, apesar do muito estudo e exercício, não consegue sequer relembrar o que aprendeu? E que em alguém o corpo serve muito bem às ações do espírito, enquanto em outro lhe resiste? Por acaso, existem outros indícios diferentes desses para distinguir aquele que não tem aptidão para uma atividade qualquer daquele que a tem?

G. – Ninguém poderia enumerar outros.

S. – Você conhece alguma atividade humana em que o sexo masculino não se demonstre, em todos os aspectos, superior ao sexo feminino? Ou seria realmente o caso de nos determos a falar da tecelagem, da preparação de doces e dos temperos, em que o sexo feminino parece levar ampla vantagem e não seria de todo ridículo que fosse suplantado?

G. – Você está com a razão ao afirmar que, via de regra, o sexo feminino é inferior ao masculino. Isso não quer dizer que as mulheres, sob muitos aspectos, são superiores a muitos homens. Em tese, porém, é como você diz.

S. – Assim, na administração do Estado não há nenhuma função própria do homem ou da mulher enquanto tal, mas as inclinações são casuais em ambos e por natureza a mulher tem o mesmo e todo o direito de assumir funções como o homem, embora ela seja inferior.

G. – Por certo.

S. – Logo, deveríamos atribuir tudo aos homens e nada às mulheres?

G. – Por que se haveria de agir assim?

S. – Acho que, pelo contrário, deveríamos dizer que há mulheres aptas para a medicina e outras não, mulheres aptas para a música e outras não.

G. – Sem dúvida.

S. – E não existem mulheres aptas para a ginástica e para a guerra e outras não?

G. – Acho que sim.

S. – E mulheres amantes da sabedoria e outras não? Mulheres corajosas e mulheres covardes?

G. – Óbvio que essas também existem.

S. – Logo, existem também mulheres guerreiras e mulheres

incapazes de exercer essa função. Não escolhemos também os defensores do sexo masculino com base nessa propensão?

**G.** – É verdade.

**S.** – Concluiremos, pois, que o homem e a mulher têm ambos a mesma inclinação natural para defender o Estado, diferenciando-se porque a mulher é mais fraca e o homem é mais forte.

**G.** – Parece que é assim mesmo.

# VI

**Sócrates** – É preciso, portanto, escolher mulheres para que, juntamente com os homens, guardem o Estado, porquanto elas também são capazes disso e por natureza são semelhantes aos homens.

**Glauco** – Sem dúvida alguma.

**S.** – E não se conferem as mesmas funções para naturezas idênticas?

**G.** – Sim.

**S.** – Chegamos assim, como que girando, ao ponto de partida e cumpre reconhecer que não é inatural exercitar as mulheres dos defensores na música e na ginástica.

**G.** – De modo algum o é.

**S.** – As leis que estabelecemos, portanto, não são impossíveis nem utópicas, visto que são conformes à natureza. Quanto muito, são inaturais, ao que parece, as disposições vigentes contrárias às nossas.

**G.** – Parece que sim.

**S.** – Estamos de acordo, pois, quanto ao fato de que podem ser realizadas?

**G.** – Certamente.

**S.** – Poderíamos então afirmar que são excelentes?

**G.** – Evidente.

**S.** – Para que uma mulher se torne apta à defesa do Estado, não deveria receber uma educação idêntica à dos homens, tanto mais que subsiste uma identidade de natureza?

**G.** – Com certeza.

**S.** – Gostaria de saber o que você pensa de outra coisa.

**G.** – Qual?

**S.** – Você acha que existem pessoas melhores ou piores que outras ou seriam todas iguais?

**G.** – Acho que não são iguais.

**S.** – No Estado que fundamos, você acha que se sairiam melhor os defensores com a educação que descrevemos ou os sapateiros preparados para seu ofício?

**G.** – Que pergunta ridícula!

**S.** – Entendo, mas entre os demais cidadãos esses defensores não são os melhores?

**G.** – Nem há o que comparar.

**S.** – E essas mulheres não seriam melhores que as demais?

**G.** – Também elas sem comparação.

**S.** – E haveria coisa mais preciosa para um Estado que possuir os melhores homens e mulheres dentre todos?

**G.** – Não haveria.

**S.** – Esse efeito seria produzido pelo exercício da música e da ginástica, segundo as modalidades que prescrevemos?

**G.** – Sem dúvida.

**S.** – Logo, criamos uma lei não só realizável, mas também ótima para o Estado.

**G.** – Certamente.

**S.** – Por isso, as mulheres dos defensores não hesitarão em despir-se, posto que em lugar das vestes se cobrem de virtude. Além disso, devem participar da guerra e das demais funções na defesa do Estado, sem preocupar-se com outras coisas. Diante, porém, da fraqueza de seu sexo, é preciso confiar às mulheres e não aos homens as tarefas mais leves. Quem, portanto, se puser a rir à vista de mulheres nuas que se exercitam por um objetivo muito nobre, recolhe prematuramente o furto do riso e desconhece de modo absoluto, ao que parece, porque ri e o que faz, uma vez que se diz e se dirá sempre com toda a razão que o útil é belo e feio é o que prejudica.

**G.** – De pleno acordo.

# VII

**Sócrates** – Poderíamos, portanto, dizer que ultrapassamos a primeira onda do mar com nossa lei sobre as mulheres e não submergimos, ao estabelecer que nossos defensores e defensoras devem se dedicar a todas as coisas em comum. Pelo contrário, o debate comprovou a possibilidade e a utilidade dessa disposição.

**Glauco** – Deveras assustadora era a onda da qual conseguiu escapar.

**S.** – Confesso que você não a terá por grande coisa quando puder ver a que se segue.

**G.** – Fale e mostre-a, pois quero vê-la também.

**S.** – A todas as precedentes leis segue outra, a meu ver.

**G.** – Qual?

**S.** – Que as mulheres dos defensores deveriam ser comuns a todos. Nenhuma delas deveria conviver em particular com nenhum deles. Também os filhos seriam comuns a todos, de modo que o pai não conheceria o filho, nem o filho ao pai.

**G.** – Muito mais difícil que a anterior é esta lei para que se possa considerá-la possível e útil.

**S.** – Desde que possa ser exequível, não acredito que se possa duvidar da utilidade e das enormes vantagens que adviriam em ter as mulheres e os filhos em comum. Creio, no entanto, que será ferozmente contestada a possibilidade de pôr em prática tal lei.

**G.** – Confesso que sua utilidade também é muito discutível.

**S.** – Você me acrescentou mais objeções, quando eu me ocupava em me libertar de uma delas, desde que você considerasse útil essa lei; assim, me restaria provar somente a possibilidade de pô-la em prática.

**G.** – Entendi muito bem que você tentava fugir da questão, mas agora terá de comprovar as duas coisas.

**S.** – Vejo que não tenho como escapar. Peço-lhe somente um favor. Conceda-me um momento de folga e assim possa fazer como os preguiçosos que, ao perambular sozinhos, costumam nutrir-se das próprias fantasias. Esses tipos não se esforçam em tentar descobrir a maneira de realizar seus desejos para não suportar o cansaço de decidir se são possíveis ou não. Pelo contrário, já os consideram possíveis e com base nisso dispõem todo o resto e se satisfazem em contar o que haverão de fazer se isso ocorrer, tornando ainda mais preguiçosa sua mente já preguiçosa. Também eu já me deixo vencer pela moleza e pretendo adiar a questão, se isso for possível. Por ora, pressupondo sua possibilidade, vou examinar, com sua permissão, como os governantes regulamentam sua execução e vou procurar convencê-lo que essa lei seria muito útil para o Estado e para os defensores, se fosse posta em prática. Isso é o que vou tentar examinar, com sua permissão e ajuda, antes de todo o resto.

G. – De acordo. Prossiga, pois, em sua análise.

S. – Acho que os governantes e seus auxiliares, sendo dignos do nome, deverão aceitar os primeiros a baixar ordens e os outros a executá-las, sendo eles os primeiros a obedecer às leis e a elas conformar-se nas questões que confiamos a seu bom senso.

G. – É lógico.

S. – Você, portanto, na qualidade de legislador deles, feita a escolha das mulheres como havia feito a dos homens, fará o possível para unir entre si as pessoas mais afins por natureza. E essas, tendo em comum a casa e a mesa, visto que ninguém possui nada a título pessoal, vivendo juntas e ficando juntas nos ginásios e em todas as atividades educativas, inevitavelmente serão impelidas pelo impulso natural a manter relações sexuais. Ou não lhe parece uma necessidade o que lhe estou falando?

G. – Embora não seja uma necessidade geométrica, mas amorosa e, entretanto, bem mais eficaz que a geométrica para persuadir e atrair os homens.

# VIII

**Sócrates** – Certamente. Mas antes de mais nada, Glauco, os governantes não poderiam permitir que nessas uniões impere a desordem ou qualquer outra forma de indecência, porquanto não se poderia consentir que isso ocorresse num Estado em que os cidadãos devem ser todos felizes.

**Glauco** – De acordo, isso não seria justo.

S. – Então, se torna claro que devemos tornar sagrados os matrimônios, porquanto esses seriam os mais úteis ao Estado.

G. – Evidentemente.

S. – De que maneira se poderia torná-los mais úteis ainda? Diga-me, Glauco, você que em sua casa tem cães de caça e muitas aves raras. Você já pensou, por Zeus, como fazer para que se acasalem e procriem?

**G.** – Como assim?

**S.** – Antes de mais nada, mesmo que todos sejam de raça, alguns não se revelam melhores que outros?

**G.** – Por certo.

**S.** – E você deixa que se acasalem de qualquer maneira ou seleciona os melhores?

**G.** – Os melhores.

**S.** – E ainda, os mais jovens, os mais velhos ou aqueles que estão no melhor vigor da idade?

**G.** – Estes últimos.

**S.** – Se o acasalamento não for conduzido dessa maneira, você não acha que a raça das aves e dos cães haverá de piorar em muito?

**G.** – Claro.

**S.** – Com relação à raça dos cavalos e dos outros animais, você acha que as coisas se dariam de modo diverso?

**G.** – Seria absurdo.

**S.** – Por todos os deuses, caro amigo, se o mesmo acontece com a espécie humana, quanta perspicácia não é requerida para nossos governantes!

**G.** – Com toda a certeza que o mesmo acontece, mas por que você diz isso?

**S.** – Pela quantidade de remédios que se verão obrigados a aplicar. Um médico, mesmo que um tanto medíocre, é capaz de cuidar de quem não necessite de medicação, mas pretende seguir uma dieta. Quando, porém, há necessidade de remédios, sabemos que é preciso ter um médico muito melhor.

**G.** – É verdade, mas por que assim fala?

**S.** – Escute bem! Presume-se que os magistrados verão recorrer muitas vezes ao engano e à mentira para o bem dos súditos. Afirmamos antes que todas as mentiras úteis são como um remédio.

**G.** – Tínhamos razão ao dizê-lo.

**S.** – Parece, pois, que no matrimônio e na procriação essa boa razão possa desempenhar um papel de real importância.

**G.** – Em que sentido?

**S.** – Com base nas premissas já colocadas, convém que no mais das vezes os melhores machos se unam às melhores fêmeas, mas o contrário se aplica para as pessoas piores. Mais, é preciso criar os filhos dos primeiros, mas não dos últimos, se se quiser que o rebanho se conserve sem degeneração alguma1. Convém ressaltar ainda que todas essas coisas sejam de conhecimento exclusivo dos próprios governantes, de modo a manter o rebanho dos defensores o mais longe possível da discórdia.

**G.** – Perfeito.

**S.** – Será então o caso de instituirmos algumas festas e cerimônias religiosas para unir em casamento esses jovens, e nossos poetas se empenharão em compor hinos adequados para a celebração dessas núpcias. Deixaremos aos governantes definir o número de casamentos para que se mantenha invariável, se possível, o número de cidadãos, suprindo as baixas causadas pelas guerras, doenças e outros flagelos desse tipo, de tal modo que o Estado não cresça nem diminua demasiadamente em população.

**G.** – Correto.

**S.** – É preciso organizar com muita astúcia os sorteios dos pares, de tal maneira que os fracos acusem não os governantes mas à sorte pelo par que lhes coube.

**G.** – Perfeitamente.

# IX

**Sócrates** – Aos jovens que se distinguiram na guerra ou em qualquer outra atividade lhes serão concedidas honras e recompensas especiais, além da possibilidade de se unirem com maior frequência às mulheres. Com esse pretexto, eles deverão gerar o maior número possível de filhos.

**Glauco** – Correto.

**S.** – Comissões especiais compostas de homens, de mulheres ou de ambos, visto que as magistraturas, comuns a homens e mulheres, tomarão cuidado dos recém-nascidos.

**G.** – Sim.

**S.** – Os filhos nascidos de homens valentes serão levados ao berço comum e confiados a amas de leite que terão habitações à parte num quarteirão específico da cidade. Ao contrário, os filhos dos menos vigorosos e dos outros que tiverem nascido com alguma deformação serão mantidos escondidos, como convém, em local desconhecido e secreto.

**G.** – Certamente, se é verdade que se deseja manter pura a raça dos defensores.

**S.** – Os membros dessas comissões se encarregarão também de nutrir as crianças, levando as mães ao berço quando tiverem leite e empenhando-se com todo cuidado para que nenhuma delas reconheça o próprio filho. Se não tiverem leite, indicarão outras mulheres para o aleitamento, tomando medidas para que o mesmo não dure por muito tempo. Quanto às vigílias e outros pequenos cuidados necessários em tais circunstâncias, serão confiados a amas e aias.

**G.** – No tocante à maternidade, você reserva muito repouso às mulheres dos defensores.

**S.** – É necessário. Vamos prosseguir, contudo, na análise de nosso problema. Dizíamos que o dever de procriar toca às pessoas na flor da idade.

**G.** – É verdade.

**S.** – Não lhe parece que esse período dure geralmente vinte anos para a mulher e trinta para o homem?

**G.** – Mas os anos de que período?

**S.** – A mulher gerará filhos para o Estado dos vinte aos quarenta anos. O homem, superado o tempo do fogo da juventude, começará a procriar para o Estado aos trinta e continuará até os cinquenta e cinco anos.

**G.** – Certamente, para ambos é esse o período da maturidade física e intelectual.

**S.** – Logo, se um homem mais velho ou mais jovem quiser procriar para o Estado, diríamos que sua culpa é ilícita e injusta, porquanto haverá de gerar um filho para o Estado como que às escondidas e cujo filho não deverá ser acompanhado pelas cerimônias religiosas, nem pelas orações que sacerdotisas e sacerdotes e toda a comunidade elevam aos deuses para que de bons cidadãos nasçam outros melhores e mais úteis ainda. Pelo contrário, essa criança deverá ser considerada fruto das trevas e de terrível libertinagem.

**G.** – Correto.

**S.** – A mesma lei vale para quem ainda esteja em idade de procriar e se una a uma mulher fecunda sem a autorização do magistrado. Esse filho deverá ser proclamado bastardo, ilegítimo e impuro.

**G.** – Perfeitamente correto.

**S.** – Passada, porém, para um e outro sexo a idade própria para a procriação, aos homens será concedida liberdade para se unir com quem quiser, exceto com a filha, a mãe, as filhas das filhas e as ascendentes da mãe. Isso deverá valer também para as mulheres, excetuando-se o filho, o pai, os ascendentes e os descendentes destes. Isso, contudo, sob a condição de se precaverem de colocar filhos no mundo, mesmo se tiver ocorrido a concepção. Se, por acaso, nascer, é de se esperar que ninguém o crie.

**G.** – São prescrições razoáveis, mas como distinguir os pais, as filhas e os outros parentes que mal foram mencionados?

**S.** – Não haverá qualquer distinção. Mas, a contar do dia em que coabitarem, as crianças nascidas até o sétimo e o décimo mês serão consideradas filhos, sendo varões, e filhas, sendo mulheres; essas crianças, por sua vez, os chamarão de pais, e seus filhos serão netos desses e serão chamados avós. E todos aqueles que nasceram no período em que seus pais procriavam para o Estado, serão considerados irmãos e irmãs, de modo que não possam tocar-se mutuamente, como o dissemos há pouco. A lei, porém, poderá permitir a união entre irmãos e irmãs se o sorteio o indicar e se o oráculo de Pítia o ratificar.

**G.** – Corretíssimo.

# X

**Sócrates** – Assim deve ser entendida, Glauco, a vida em comum das mulheres e dos filhos com relação aos defensores do Estado. Só nos resta comprovar com nossa discussão que essa lei é conforme ao restante da constituição e que, antes, é de longe a melhor parte dela. Ou deveríamos agir de maneira diferente?

**Glauco** – Por Zeus, assim!

**S.** – Não se deveria, então, para sermos coerentes, começar por perguntar qual seria a maior vantagem para a sociedade civil, a que deve convergir a obra do legislador, e qual seria o pior defeito? Depois, seria necessário examinar se nosso projeto está em conformidade com o modelo do bem e contrário com o do mal.

**G.** – Sem dúvida alguma.

**S.** – Poderíamos, acaso, mencionar um mal pior que a discórdia que torna o Estado não uno, mas múltiplo? E haveria bem maior que a concórdia que o une num único organismo?

**G.** – Não.

**S.** – E a comunhão no prazer e na dor não é um elemento de coesão, sempre que todos os cidadãos solidariamente se alegram e se entristecem pelos mesmos sucessos e pelas mesmas desgraças?

**G.** – Por certo.

**S.** – Não é por acaso um elemento de divisão a privatização desses sentimentos, quando alguns se desesperam e outros se alegram por um mesmo fato ocorrido ao Estado e aos cidadãos?

**G.** – Certamente.

**S.** – E por qual razão ocorre isso, senão porque no Estado os habitantes não dizem ao mesmo tempo as palavras "isto é meu, isto não é meu" e assim por diante com relação aos bens de outrem?

**G.** – Sim, não pode ser por outra.

**S.** – Então é governado melhor aquele Estado em que a maioria dos habitantes diz "isto é meu, isto não é meu" com relação às mesmas coisas nas mesmas condições?

**G.** – Sem dúvida alguma.

**S.** – E aquele Estado que mais se assemelha a um indivíduo? Por exemplo, quando um dedo é esmagado, o conjunto todo de corpo e alma, reunido sob um único princípio, nota e em sua totalidade condivide a dor do membro ferido. Por isso, dizemos que aquela pessoa sente dor num dedo. O mesmo discurso não é válido para qualquer outra parte do corpo humano, quando há sofrimento por causa de um membro e quando há alegria por sua cura?

**G.** – Sim, é a mesma coisa. E quanto à pergunta que você propunha, o melhor Estado é exatamente aquele que se assemelha a um indivíduo.

**S.** – Logo, acho que, se também um só dos cidadãos vive uma situação boa ou ruim, um Estado como esse assumirá como própria essa situação e se alegrará ou se entristecerá junto dele.

**G.** – Assim deve ser em qualquer sociedade dotada de boas leis.

# XI

**Sócrates** – Agora é o momento de volver a atenção a nosso Estado e examinar as analogias com o que acabamos de dizer, a fim de verificar se lhe cabem ou não.
**Glauco** – Certamente devemos fazê-lo.
**S.** – Nos outros Estados não há governantes e povo como no nosso?
**G.** – Sim.
**S.** – E todos se chamam uns aos outros de cidadãos?
**G.** – Claro que sim.
**S.** – Mas o povo dos outros Estados, como que é que chama os próprios governantes?
**G.** – Na maioria deles os chamam de soberanos, ao passo que naqueles democráticos são chamados simplesmente de governantes.
**S.** – E no nosso? Além de cidadãos, que outro designativo lhes confere o povo?
**G.** – Salvadores e defensores.
**S.** – E esses, como designam seu povo?
**G.** – Aquele que lhes rende tributo e os sustenta.
**S.** – Em vez disso, como designam seus súditos os governantes de outros Estados?
**G.** – Escravos.
**S.** – E como se designam entre si os governantes?
**G.** – Colegas de governo.
**S.** – E os nossos?
**G.** – Colegas de guarda.
**S.** – Poderia me dizer se entre os colegas de governo de outros Estados alguns são considerados amigos e outros estranhos?
**G.** – Isso ocorre com muita frequência.
**S.** – Assim, consideram e proclamam como próprios os interesses dos amigos, ao passo que pouco se importam pelos nteresses dos estranhos?
**G.** – Isso mesmo.
**S.** – Entre nossos defensores, porém, haverá um só que possa considerar e proclamar estranho um colega seu?

**G.** – De modo nenhum, porque qualquer um deles que encontrar o considerará como um irmão, uma irmã, um pai, uma mãe, um filho, uma filha ou como seus descendentes ou progenitores.

**S.** – Muito bem! Há ainda outros aspectos. Acaso, você se contentará que se tratem por parentes só com palavras ou exigirá que a essas corresponda todo seu comportamento e que tenham para com os pais todo o respeito, cuidados e a submissão prescritos pela lei? Não lhes dirá que, se se comportarem diversamente, seria ímpio e injusto, com a decorrente situação em que nada de bom poderiam esperar dos deuses nem da parte dos homens? Seriam essas ou outras as máximas que todos os cidadãos haveriam de repetir desde cedo aos ouvidos dos filhos com relação aos pais a eles destinados e aos demais parentes?

**G.** – Sem dúvida essas, porque seria ridículo que fossem pronunciados somente nomes de família sem um comportamento correspondente.

**S.** – Em nosso Estado, portanto, mais que nos outros, deverá reinar a concórdia entre os cidadãos e eles haverão de dizer, mesmo com relação a um só deles que vá bem ou mal, as palavras que há pouco mencionamos: "meus negócios vão bem" ou "meus negócios vão mal".

**G.** – É verdade.

**S.** – Mas em virtude desse modo de pensar e de falar, não dissemos que se segue entre eles a comunhão dos prazeres e das dores?

**G.** – E com razão o dissemos.

**S.** – Nossos cidadãos, portanto, mais que todos os demais, não haveriam de participar ao que cada um deles chamará de "meu interesse"? E em decorrência dessa participação, não haveriam de realizar a máxima comunhão na dor e no prazer?

**G.** – Certamente.

**S.** – A que causa atribuir isso, senão à constituição de nosso governo em todo o seu conjunto e especialmente à posse em comum entre os guerreiros, das mulheres e dos filhos?

**G.** – A causa principal, sem dúvida, é essa.

# XII

**Sócrates** – Estivemos de acordo também que isso representa a máxima vantagem para o Estado, porquanto comparamos uma cidade bem governada a um corpo que sente a dor e o prazer de cada um de seus membros.

**Glauco** – E fizemos muito bem em convir nesse aspecto.

**S.** – A posse, portanto, dos filhos e das mulheres em comum entre os defensores se revelou como causa da máxima vantagem para com o Estado.

**G.** – Por certo.

**S.** – Até aqui estamos de pleno acordo com as conclusões precedentes. Com efeito, havíamos estabelecido que os guerreiros nada devem possuir como seu próprio, nem casas, nem terras, nada, mas devem receber dos outros seu sustento como compensação por sua atividade de guarda, vivendo em comum, se quisessem ser realmente guerreiros.

**G.** – Correto.

**S.** – Então, repito, as conclusões que precederam as atuais contribuem ainda mais para torná-los verdadeiros defensores e para impedi-los de dividir o Estado chamando "meu" não a mesma coisa, mas um a uma e outro a outra, levando para casa cada um deles aquilo que pudesse adquirir, possuindo mulheres e filhos à parte que se tornariam fonte de prazer e de dor, própria de cada um. Ao contrário, se todos se ocupassem de ter os mesmos interesses, todos visariam o mesmo objetivo e todos teriam, dentro de certos limites, as mesmas dores e as mesmas alegrias.

**G.** – Perfeito.

**S.** – Assim, como poderiam surgir os processos e acusações recíprocas, visto que não teriam nada de próprio a não ser o corpo, uma vez que todo o resto seria comum a todos? Em decorrência, não alimentariam contendas que surgem entre os homens por causa do dinheiro, dos filhos e dos parentes.

**G.** – Sim, eles se livrariam necessariamente de todos esses males.

**S.** – Não haveria de surgir tampouco processos por violência e sevícias, porquanto poderíamos dizer que é belo e justo que entre coetâneos se defendam mutuamente das agressões, estabelecendo como um dever a defesa da pessoa.

**G.** – Correto.

**S.** – Outra vantagem apresenta essa lei: se alguém se irar contra outro, poderia desafogar sua ira sem levar a maiores consequências a desavença.

**G.** – É verdade.

**S.** – Aos mais velhos seria concedida a faculdade de comandar e mesmo punir os mais jovens.

**G.** – Claro.

**S.** – Evidentemente, um jovem não se atreveria, sem autorização, a agredir ou ferir pessoa mais velha, nem mesmo se arriscaria a ofendê-la de outra maneira, porquanto para detê-lo bastariam estas duas barreiras: o temor e o respeito. O respeito devido aos pais o impediria de tocar em alguém e o temor o faria recear que os demais viessem em socorro do ofendido, fossem eles filhos, irmãos ou pais.

**G.** – Não poderia ser diversamente.

**S.** – De qualquer modo, a paz entre todos seria assegurada pelas leis.

**G.** – Sem sombra de dúvida.

**S.** – Não subsistindo discórdia entre nossos defensores, não haveria perigo que os demais cidadãos entrassem em discórdia entre eles mesmos ou com todos.

**G.** – Certamente que não.

**S.** – Nem pretendo enumerar os mínimos defeitos de que estarão isentos porque não vale a pena: os pobres não serão obrigados a cortejar os ricos, não haverão de conhecer os embaraços e os cuidados que envolvem a educação dos filhos e as preocupações para a indispensável manutenção dos escravos. Essas, com efeito, os obriga ora a tomar dinheiro emprestado, ora a negar suas dívidas e quase sempre a arrumar dinheiro a qualquer custo para deixá-lo à disposição das mulheres e dos servos. Esses são, caro amigo, alguns dos inconvenientes claros, vis e indignos de serem mencionados.

# XIII

**Glauco** – Só um cego não veria tudo isso.

**Sócrates** – Livres de todos esses males, não há como não levar uma vida mais feliz que aquela dos atletas vencedores em Olímpia.

**G.** – Por quê?

**S.** – Porque esses vencedores não gozam senão de uma parcela das vantagens que cabem a nossos guerreiros, cuja vitória é mais nobre e mais completa; a recompensa que o Estado lhes confere. Sua vitória, de fato, é a salvação do Estado que os recompensa com o sustento e a satisfação de todas as suas exigências, bem como as de seus filhos, recebendo ainda, enquanto vivos, homenagens do Estado e, após a morte, uma digna sepultura.

**G.**- Magníficas honrarias.

**S.** – Você não se lembra que na discussão anterior alguém, não sei mais quem, nos fez a objeção de que descuramos a felicidade de nossos defensores, porquanto nada têm como próprio mesmo que possuam tudo o que os demais cidadãos têm? Respondemos então que examinaríamos depois esse problema, no momento oportuno, mas que naquela ocasião nos preocupávamos em formar verdadeiros defensores e em deixar feliz o Estado inteiro, buscando essa felicidade geral sem visar uma só de suas classes.

**G.** – Lembro.

**S.** – Se a vida deles nos parece realmente mais bela que a dos vencedores olímpicos, você acha que a vida de nossos auxiliares é semelhante à dos sapateiros ou à de qualquer outro artesão ou à dos cidadãos?

**G.** – Não me parece.

**S.** – Como dizia então, contudo, e convém repeti-lo agora, se o guerreiro buscar sua prosperidade a tal ponto de não poder ser mais considerado sequer defensor, se não lhe bastar aquela vida moderada e sólida que definíamos como ótima, se se deixar levar por pendores estultos e pueris que o induzam a apropriar-se de todos os bens do Estado, esse deverá então reconhecer que Hesíodo foi realmente sábio ao dizer que, em certo sentido, a metade vale mais que o todo.

**G.** – Se quiser dar-me razão, ele se ateria ao tipo de vida que lhe aconselhamos.

**S.** – Você concorda, portanto, que as mulheres tenham em comum com os homens, como já expusemos, a educação, o cuidado dos filhos e a guarda dos outros cidadãos? Ficando em casa ou partindo para a guerra, não seria necessário que elas, como as fêmeas dos cães, participassem da defesa, da caça e de qualquer outra função comum, dentro dos limites do possível? Agindo assim, estaria fazendo o melhor possível, mesmo sem violar a diferença que subsiste entre a natureza da mulher e a do homem no que ambos os sexos podem, por natureza, fazer em comum.

**G.** – Plenamente de acordo.

# XIV

**Sócrates** – Só nos resta agora ver se também entre os homens é possível estabelecer a mesma vida em comum que reina entre os outros animais e em que modo isso pode ocorrer.

**Glauco** – Você já antecipou a questão que eu queria propor.

**S.** – No tocante à guerra, acho que seja claro como haveriam de combater.

**G.** – Como?

**S.** – Combatendo em grupo e levando consigo os filhos que já tenham certa idade, para que observem, como os filhos dos artesãos, o que deverão fazer quando adultos. Os rapazes não deverão se limitar a olhar, mas deverão servir de intermediários e assistentes em toda operação militar, ajudando os pais e as mães. Nas atividades artesanais, você nunca observou que, por exemplo, os filhos dos oleiros ajudam por longo tempo os pais e os veem trabalhando, antes de pôr a mão na roda?

**G.** – Certamente.

**S.** – Deveriam por acaso nossos guerreiros empregar menos cuidado e menos tempo que esses artesãos na educação dos filhos para o que lhes compete fazer?

**G.** – Seria muito estranho.

**S.** – Não é certo também que todo animal combate mais valorosamente quando na presença dos filhotes?

**G.** – É verdade, mas é de temer, Sócrates, que, se nossos guerreiros sofrerem uma derrota, o que ocorre com frequência na guerra, pereçam juntamente com os próprios filhos, colocando o Estado na impossibilidade de soerguer-se novamente.

**S.** – Você tem razão. Mas você acha que se deva sempre evitar qualquer tipo de perigo?

**G.** – De modo algum.

**S.** – Não seria o caso de assumir certos riscos, sobretudo quando a vitória os possa tornar melhores?

**G.** – Claro.

**S.** – Não lhe parece, pois, uma vantagem inferior ao risco a de oferecer o espetáculo de uma batalha aos próprios filhos que são destinados a se tornar guerreiros?

**G.** – Segundo seu modo de ver, certamente é uma vantagem.

**S.** – Torna-se necessário, portanto, que os filhos observem a guerra desde posições seguras e assim tudo correrá bem. Não é verdade?
**G.** – É.
**S.** – Por isso e antes de tudo, seus pais deveriam ter a máxima experiência possível em distinguir as campanhas militares mais perigosas daquelas que não o são tanto.
**G.** – Lógico.
**S.** – Assim, eles os levariam a estas últimas e não às primeiras.
**G.** – Correto.
**S.** – Como comandantes não lhes seriam designados homens incapazes, mas homens de idade madura e com experiência para serem seus guias e preceptores.
**G.** – Assim convém.
**S.** – Poderíamos objetar que muitas coisas inesperadas ocorrem sempre e a muitos.
**G.** – Por certo.
**S.** – Contra surpresas desse tipo, meu caro amigo, é preciso dar asas imediatamente aos filhos, para que em caso de perigo possam voar para longe dele.
**G.** – Que quer dizer com isso?
**S.** – Que é preciso ensinar-lhes a cavalgar desde a mais tenra idade e, uma vez bem treinados, levá-los a cavalo para a guerra, não em cavalos fogosos e de batalha, mas nos mais velozes e dóceis. Assim, veriam de modo privilegiado o dever que os espera no futuro e teriam a certeza de se salvarem, se fosse o caso, sob o comando dos mais velhos.
**G.** – Parece que você está com a razão.
**S.** – E na guerra, como deveriam comportar-se os soldados com seus companheiros e seus inimigos? Diga-me se minha opinião é coerente ou não.
**G.** – Que opinião? Explique-se!
**S.** – Aquele que abandonar seu posto ou largar as armas ou praticar qualquer outra ação desse tipo por covardia, não deveria ser rebaixado a artesão ou a camponês?
**G.** – Certamente que deveria.
**S.** – E aquele que se deixa capturar vivo pelos inimigos, não seria conveniente que o deixássemos nas mãos deles para que fizessem com ele o que bem lhes aprouvesse?

**G.** – Por certo.

**S.** – Aquele, porém, que se distinguir como intrépido e valente, não acha que deveria ser logo coroado sucessivamente por todos dentre os jovens e os meninos que o acompanham na guerra?

**G.** – Acho que sim.

**S.** – E que todos lhe apertem a mão?

**G.** – Também isso.

**S.** – Acho, porém, que você não aprovaria esta outra recompensa.

**G.** – Qual?

**S.** – Que beije um por um todos os meninos e seja por eles beijado.

**G.** – Pelo contrário! E acrescento a determinação que ninguém, enquanto perdurar a guerra, poderia recusar seu beijo, pois um guerreiro apaixonado por um homem ou por uma mulher encontraria em si mais ardor para conseguir o prêmio da bravura.

**S.** – Muito bem! Já afirmamos que um cidadão valoroso conseguirá, mais que os outros, um número maior de relações sexuais com mulheres selecionadas entre as semelhantes a ele para colocar no mundo o maior número de filhos.

**G.** – Sim, já o dissemos.

## XV

**Sócrates** – Por isso é que Homero acha justo prestar honras aos jovens guerreiros. Com efeito, ele conta que Ajax, por suas proezas na guerra, foi recompensado com um lombo inteiro de animal de porte porque essa recompensa era adequada a um jovem guerreiro e, além disso, lhe revigorava as forças.

**Glauco** – Nada mais justo.

**S.** – Nesse ponto, pois, vamos seguir Homero. Nos sacrifícios e em outras cerimônias similares, vamos honrar os bons cidadãos, na medida em que se demonstrarem tais, com hinos e outras distinções que já mencionamos e ainda com "postos de honra e porções mais abundantes de carne, acompanhadas de taças transbordantes". Assim haveremos de honrar os homens e as mulheres valentes e, ao mesmo tempo, os estaremos mantendo em forma.

**G.** – De pleno acordo.

**S.** – Com relação aos que sucumbirem com valentia em campo de batalha, não diríamos em primeiro lugar que eles pertencem à geração de ouro?

**G.** – Sem dúvida.

**S.** – E não acreditaríamos, como Hesíodo, que esses homens depois da morte "se tornam gênios terrestres, puros, nobres, protetores contra o mal, guardas dos mortais"?

**G.** – Certamente que sim.

**S.** – Haveríamos de consultar, portanto, as divindades sobre as honras fúnebres a serem prestadas a esses homens excepcionais e divinos e não haveríamos de respeitar as prescrições dos deuses?

**G.** – Nem de outro modo poderíamos fazer.

**S.** – Daí por diante não haveríamos de zelar por seus túmulos e não haveríamos de venerá-las como se contivessem os restos mortais de gênios? Não haveríamos de conceder as mesmas honras a todos aqueles que morressem de velhice ou de outra forma, contanto que se houvessem demonstrado em toda a sua vida particularmente virtuosos?

**G.** – É justo.

**S.** – E agora, como deveriam se comportar nossos soldados em relação aos inimigos?

**G.** – Em que sentido?

**S.** – Primeiramente com relação à escravidão. Você acha justo que cidades gregas reduzam à escravidão outras cidades gregas? Não lhe parece que seria necessário tomar providências diferentes, se possível, e habituá-las a respeitar o sangue grego, de modo que não subsistisse senão o temor de experimentar a escravidão somente sob o jugo dos bárbaros?

**G.** – Fora de qualquer dúvida que seria necessário respeitá-lo.

**S.** – Além do mais, não manteríamos de qualquer maneira escravos gregos e não deveríamos aconselhar aos outros gregos que não os tenham também?

**G.** – Exatamente. Que visem sobretudo os bárbaros e se poupem a si mesmos.

**S.** – E você acha que é façanha despojar os mortos em caso de vitória, além de somente recolher suas armas? Não seria esse um pretexto para os covardes de não enfrentar o inimigo, seu dever imprescindível, e ficar, em vez disso, recurvados sobre os cadáveres? Na foi acaso a avidez pela rapina que arruinou não poucos exércitos?

**G.** – Exato.

**S.** – Não parece covardia e avidez despojar um cadáver, sinal de mesquinhez feminil tratar como inimigo o corpo de um morto, quando o inimigo já fugiu e deixou para trás somente as armas de combate? Você acha que tal comportamento seja diferente daquele dos cães que mordem a pedra que os atingiu sem investir contra a mão que a atirou?

**G.** – Não há diferença alguma.

**S.** – Cumpre, portanto, abster-se de despojar os mortos e permitir, ao contrário, que os inimigos os levem embora?

**G.** – Cumpre sem dúvida abster-se disso, por Zeus!

## XVI

**Sócrates** – Não deveríamos sequer levar as armas como ofertas aos deuses nos templos, especialmente as armas dos gregos, se ainda tivéssemos a peito demonstrar benevolência para com os outros gregos. Pelo contrário, deveríamos ter receio de levar num templo os despojos de gente de nossa raça, pois deveríamos considerar isso uma profanação, a menos que o oráculo dos deuses não se pronuncie diversamente.

**Glauco** – Perfeitamente correto.

**S.** – O que se deveria pensar da devastação das terras gregas e do incêndio das casas? Nossos soldados poderiam se comportar assim contra os inimigos?

**G.** – Gostaria de ouvir sua opinião a respeito.

**S.** – Acho que não se deveria fazer nem uma nem outra coisa. Bastaria privá-los da colheita anual. Você quer que lhe explique o motivo?

**G.** – Claro que gostaria.

**S.** – Como existem dois nomes para designar a guerra e a discórdia, assim me parece que existam duas coisas diversas correspondendo a dois tipos de desavença. Uma é a parentela e a afinidade de raça, a outra é a raça estranha e o sangue diverso. A inimizade entre parentes é designada de discórdia, aquela entre estranhos é chamada de guerra.

**G.** – Bem colocado.

**S.** – Veja agora se o que vou dizer é também coerente. Digo que a raça grega é parente e afim consigo mesma, mas é estranha em raça e sangue com os bárbaros.

**G.** – É assim mesmo!

**S.** – Assim, quando os gregos combatem contra os bárbaros e estes contra os gregos, diríamos que se movem guerra e que são inimigos naturais e essa inimizade poderíamos defini-la precisamente de guerra. Mas quando os gregos combatem contra gregos, diríamos que por natureza são amigos e que, em tal circunstância, a Grécia está doente e discorde, e esta inimizade deveria ser definida como discórdia.

**G.** – Estou de pleno acordo com seu modo de ver.

**S.** – Observa, por isso, que na condição de discórdia, como acabamos de defini-la, sempre que se verificasse e onde houvesse uma cidade dividida, uns devastando e queimando as casas dos outros, a discórdia seria então realmente funesta e nenhuma das duas partes demonstraria amor à pátria, do contrário, jamais ousariam dilacerar desse modo sua mãe e nutriz. Pelo contrário, os vencedores se contentariam em privar das colheitas os vencidos, pensando que nem sempre os teriam por inimigos de guerra, mas que com eles ainda haveriam de se reconciliar.

**G.** – Tal modo de proceder é digno de pessoas muito mais maleáveis.

**S.** – E o Estado que pretendemos fundar não seria grego?

**G.** – Deve ser.

**S.** – Seus cidadãos seriam, portanto, honestos e maleáveis?

**G.** – Certamente.

**S.** – Não seriam amigos dos gregos? Não teriam a Grécia como uma parte deles e não participariam aos rituais religiosos dos outros?

**G.** – Sem dúvida alguma.

**S.** – Haveriam de considerar, portanto, a inimizade com os gregos, afins deles, como discórdia e sequer a designariam de guerra?

**G.** – Por certo, não.

**S.** – Rompendo as hostilidades, não tentariam reconciliar-se na paz?

**G.** – Sim.

**S.** – Por isso os tratariam com toda a cordialidade, sem puni-los até a sujeição total e à ruína, porque seriam como quem corrige em vez de abertamente inimigos.

**G.** – Com certeza.

**S.** – Como gregos, não haveriam de dilacerar a Grécia, queimando as casas, declarando inimigos todos os habitantes de cada cidade, homens, mulheres e crianças, mas somente os autores da discórdia que quase sempre são poucos. Por todos esses motivos não gostariam de devastar sua terra porque haveriam de considerar amigos a maioria dos habitantes, nem destruiriam as residências, mas haveriam de conduzir as hostilidades até o ponto em que os culpados fossem coagidos pelos inocentes a pagar tributo por suas ofensas.

**G.** – Reconheço que nossos cidadãos deveriam usar de condescendência para com os adversários e tratar os bárbaros como hoje os gregos se tratam uns aos outros.

**S.** – Vamos, portanto, estabelecer esta outra lei para os defensores: que não devastem o território e não incendeiem as casas.

**G.** – De acordo. Essa lei cabe perfeitamente como as anteriores.

# XVII

**Glauco** – Quer-me parecer, contudo, Sócrates, que se o deixarmos prosseguir dessa maneira, você não se lembrará nunca do problema que deixou de lado antes de começar esta exposição, isto é, da questão de saber se e como a constituição de nosso governo é possível. Porque, se assim o fosse, tudo correria muito bem para o Estado em que se realizar. Pretendo acrescentar outro aspecto que está sendo omitido: os guerreiros haveriam de combater com o maior empenho, porquanto, conhecendo-se mutuamente e tendo-se como pais, irmãos ou filhos, jamais se desampararaiam uns aos outros. Se participassem dos combates também as mulheres, dispostas na mesma fileira ou na retaguarda, para amedrontar os inimigos e prestar socorro, sei que com tudo isso eles se tornariam invencíveis. Vejo ainda que nos períodos de paz gozariam de muitas outras vantagens que você sequer mencionou. Visto que admito tudo isso e muitíssimas outras vantagens se este tipo de governo se tornar realidade, não falemos mais nisto. Procuremos, ao contrário, convencer-nos que sua constituição é possível e como colocá-la em prática, que tudo o mais não importa.

**Sócrates** – Que repentina irrupção de sua parte em meu discurso! Mas você sequer se referiu a minhas hesitações. Talvez não se dê conta que você me impele para a terceira onda, maior e mais terrível que as outras duas que a muito custo acabei de superar. Quando a tiver visto e ouvido, certamente me perdoará pela hesitação e pelo temor em começar a expor uma tese tão paradoxal.

G. – Quanto mais rodeios você fizer, tanto menos o perdoaremos por não explicar como seria possível tal constituição. Preferimos, pois, que fale e não nos mantenha em suspenso por mais tempo.

S. – Em primeiro lugar, cumpre relembrar que chegamos até aqui no decorrer da investigação sobre a justiça e a injustiça.

G. – Perfeitamente. Mas que tem isso a ver com a questão do momento?

S. – Nada. Mas se descobrirmos a essência da justiça, haveríamos de exigir também que o homem justo não se desvie dela em nada e esteja em plena conformidade com a mesma? Ou não nos bastaria contentar-nos que se aproxime dela o mais que possa e seja mais justo que os demais homens?

G. – Sim, isso haveria de bastar.

S. – Procurávamos entender o que fosse a justiça em si para ter um modelo, bem como se existiria o homem perfeitamente justo e qual seria, e assim também com relação à injustiça e ao homem perfeitamente injusto, a fim de assumi-los como referência e destarte compreender o que haveriam de ser com relação à felicidade e à infelicidade. Seríamos então levados a reconhecer, com relação a nós mesmos, que seríamos mais ou menos felizes, conforme fôssemos mais semelhantes a um que a outro modelo. Não tínhamos, porém, a intenção de demonstrar que isso era possível.

G. – Nisso você está com a razão.

S. – Você acha que seja menos hábil aquele pintor que, depois de ter pintado o modelo do homem mais belo e que lhe tenha dado toques de perfeição, se mostre incapaz de demonstrar a possibilidade de que tal homem possa existir?

G. – Por Zeus, não!

**S.** – E então? Também nós, por assim dizer, não elaboramos com nossas palavras um modelo de Estado bom?

**G.** – Por certo.

**S.** – Você acha, por acaso, que nossas palavras tenham menos valor se não formos capazes de demonstrar que é possível tornar realidade esse Estado que descrevemos?

**G.** – Certamente que não.

**S.** – Essa é, pois, a verdade. Se, no entanto, você quiser que eu demonstre sobretudo como e até que ponto isso seja possível, peço-lhe que me faça novamente as mesmas concessões.

**G.** – Quais?

**S.** – É possível realizar uma coisa tal como se concebe ou é lógico que a realidade se aproxime da verdade menos que da palavra, apesar das aparências? Admite isso ou não?

**G.** – Admito.

**S.** – Então, você não pode pretender que eu demonstre a possibilidade de realizar nos fatos precisamente tudo o que discutimos. Se, no entanto, conseguirmos descobrir como governar um Estado da maneira mais próxima a nossas palavras, você terá de admitir que teríamos descoberto a possibilidade de realizar tudo como você pretendia. Você não se daria por satisfeito com esse resultado? De minha parte, estaria mais que satisfeito.

**G.** – Eu também.

## XVIII

**Sócrates** – Se quiser, vamos procurar analisar o problema sucessivo e ilustrar qual o defeito que atinge as cidades que possuem governos diversos do nosso e qual mudança irrelevante – de um elemento ou de dois ou mesmo de poucos em número e qualidade – leva um Estado para um sistema de governo semelhante ao nosso.

**Glauco** – Muito bem.

**S.** – Acho que posso demonstrar que com a alteração de um só elemento mudará de aspecto. Verdade é que não é coisa fácil, nem de pouca importância, mas possível.

**G.** – Qual seria esse elemento?

**S.** – Chegamos, pois, ao ponto que comparamos à onda mais terrível. Seja como for, vou falar mesmo que, como uma onda que se desmanchasse em risos, tivesse de submergir no ridículo e na infâmia. Fique bem atento a minhas palavras.

**G.** – Pode falar.

**S.** – Se nos Estados os filósofos não se tornarem reis ou se aqueles que agora são chamados reis e soberanos não se dedicarem verdadeira e seriamente à filosofia, se não forem necessariamente excluídas as pessoas que aspiram somente a uma ou à outra, não haverá para os Estados, caro Glauco, remédio para os males que os afligem, nem, ao que parece, para o gênero humano, como não poderá jamais se realizar e ver a luz do sol o Estado perfeito que ora expusemos em teoria. Era exatamente isso que me deixava hesitante em falar, pois previa que haveria de parecer por demais paradoxal, sendo ademais difícil de entender que felicidade alguma, privada ou pública, poderá se tornar possível num Estado diferente do nosso.

**G.** – Que palavras, que discurso você acaba de proferir, Sócrates! Pode estar certo de que muitos mesmo, e não somente os menos distintos, arrojarão suas vestes e despidos tomarão das armas contra você e o perseguirão com todo o vigor, decididos a fazer qualquer coisa. Se você não os enfrentar e não os rechaçar com as armas da razão, terá de pagar a pena por sua temeridade.

**S.** – Acaso, não seria você o culpado de tudo isso?

**G.** – E não me arrependo. Mas não o trairei e o ajudarei da maneira que puder, isto é, com minha afeição e com o encorajamento, e talvez poderei responder às questões que você propõe com maior empenho que os demais. Com essa assistência, tente agora demonstrar aos incrédulos que você está com a razão.

**S.** – Devo tentar, posto que você também me oferece um auxílio tão importante. Para nos livrarmos das pessoas que nos atacam, como você disse, parece-me conveniente explicar-lhes que tipo de filósofos tivemos a ousadia de propor para ocupar o governo. Esclarecido esse ponto, procuraremos nos defender mostrando que a uns compete naturalmente ocupar-se da filosofia e governar e a outros convém limitar-se a obedecer aos governantes sem se imiscuir em suas decisões.

**G.** – Já é tempo de se explicar a respeito.

**S.** – Pois bem, siga-me por este caminho e acho que poderei servir-lhe de guia suficientemente bem.

**G.** – Guie-me e eu o seguirei.

**S.** – É preciso que lhe relembre, ou talvez você mesmo se lembre, que, quando se diz que alguém ama alguma coisa, deve demonstrar a verdade dessa afirmação amando aquela coisa por inteiro e não em parte sim e em parte não?

## XIX

**Glauco** – Seria bom que o recordasse para mim porque já não me lembro mais com exatidão.

**Sócrates** – Qualquer outro, Glauco, poderia falar assim. Mas um homem como você, entendedor em matéria de amores, não deve esquecer que todos os jovens impressionam e perturbam o coração de quem ama os rapazes e tem um caráter amoroso, parecendo-lhe que todos sejam dignos de seus cuidados e de seu afeto. Vocês não procedem assim mesmo com os belos rapazes? Aquele que tem nariz achatado, vocês o elogiam e dizem que é gracioso; aquele que tem o nariz aquilino, dizem que é real; aquele que representa o meio termo, dizem que é perfeitamente proporcional. Dos rapazes de pele escura, dizem que possuem um aspecto marcial; dos louros, vocês dizem que são filhos dos deuses. E quem teria inventado a expressão "da cor de mel", senão um amante que queria disfarçar a palidez, mas que a suporta facilmente, desde que o rapaz amado se encontre na flor da idade? Resumindo, vocês lançam mão de qualquer pretexto e dizem tudo para não deixar escapar nenhum rapaz no esplendor de sua juventude.

**G.** – Se você faz alusão a mim, dizendo que os apaixonados se comportam assim, consinto, mas somente no interesse de sua tese.

**S.** – Aqueles que gostam do vinho se comportam acaso de modo diverso? Não buscam qualquer pretexto para provar toda espécie de vinho?

**G.** – Por certo.

**S.** – Você já observou, acredito, que os ambiciosos, se não puderem comandar um exército, comandam um terço de sua tribo. Se não lhes for dado receber honrarias de personalidades poderosas e acima de seu grau, se contentam em sentir-se estimados por pessoas de classe inferior e decadente, porquanto são ávidos por toda espécie de honra.

**G.** – Sim, é verdade.

**S.** – Agora responda. Quando dizemos que alguém deseja alguma coisa, pretenderíamos dizer que a deseja por inteiro ou somente em parte?

**G.** – Integralmente.

**S.** – Então deveríamos dizer que também o filósofo aspira à sabedoria por inteiro e não apenas em alguma parte dela?

**G.** – Sim.

**S.** – Mas quem tem dificuldade em aprender, sobretudo se é jovem e não capta ainda o que venha a ser o bem e o que não, poderíamos dizer que não ama a ciência nem a filosofia, precisamente como de quem não come com gosto dizemos que não tem apetite, que não quer comer e que é enjoado?

**G.** – Com razão o diríamos.

**S.** – Aquele, porém, que demonstra gosto por todo saber e se dedica com alegria ao estudo sem jamais se enjoar, poderíamos considerá-lo com justiça um filósofo. Ou não?

**G.** – Então haveria filósofos em grande número e até bem estranhos! Porque se deveria incluir entre eles todos os amantes dos espetáculos que os assistem pelo prazer que sentem em aprender e seria muito estranho classificar entre os filósofos os amantes dos concertos, eles que não se moveriam com gosto nem para ouvir debates e discussões como as nossas, ao passo que acorrem a qualquer lugar, como se tivessem os ouvidos votados somente para isso, a fim de ouvir os corais de Dionísio percorrendo cidades e povoados. Deveríamos considerar realmente filósofos todos eles e outros que se dedicam de modo similar a coisas desse tipo e a artes que pouco valem?

**S.** – Certamente que não, pois esses somente se assemelham a filósofos.

## XX

**Glauco** – Quais seriam, pois, a seu ver, os verdadeiros filósofos?

**Sócrates** – Aqueles que se comprazem em contemplar a verdade.

**G.** – Está bem, mas explique-se melhor.

**S.** – Não é nada fácil explicá-lo a outros, mas acho que você estará de acordo pelo menos num fato.

**G.** – Qual?

**S.** – Que o bem e o mal são duas coisas opostas.

**G.** – Sem objeção.

**S.** – Sendo duas, cada uma delas é independente da outra.

**G.** – Também isso é verdade.

**S.** – O mesmo se dá com o justo e o injusto, o bem e o mal e com todas as ideias. Vale sempre o mesmo princípio. São coisas que subsistem por si mesmas, mas consideradas em suas relações com as ações, com os corpos e entre elas, cada uma delas parece múltipla.

**G.** – Tem razão.

**S.** – Neste sentido, portanto, distingo aqueles apaixonados por espetáculos, pelas artes e pelas atividades que você mencionava daqueles de quem estamos falando agora. Somente esses podem ser chamados com justiça de filósofos.

**G.** – O que você pretende dizer?

**S.** – Os apaixonados por concertos e espetáculos gostam das belas vozes, das belas cores, das belas formas e de tudo aquilo em que se manifestam, mas seu intelecto é incapaz de reconhecer e de apreciar a natureza do belo em si.

**G.** – Realmente é assim.

**S.** – E não são raros aqueles que conseguem chegar a captar o belo em si e contemplar sua essência?

**G.** – Mas que dúvida!

**S.** – Aquele, portanto, que reconhece as coisas belas mas não a beleza em si e é incapaz de seguir quem a explique para ele, você acha que vive desperto ou está dormindo? Pense bem! Tanto durante o sono quanto em vigília, sonhar não consiste por acaso em tomar uma coisa semelhante a outra, não por imagem, mas pela própria coisa?

**G.** – Sim e diria que uma pessoa nesse estado está sonhando.

**S.** – Pelo contrário, aquele que acredita na existência da beleza absoluta e consegue descobri-la dentro de si e nas coisas que dela participam, sem no entanto confundir essas com sua essência e a essência com estas, você acha que aquele vive em estado de vigília ou de sono?

**G.** – Em estado de vigília, certamente.

**S.** – Logo, poderíamos definir corretamente conhecimento o pensamento de quem compreende isso, mas opinião aquilo de quem se baseia na aparência?

**G.** – Perfeitamente.

**S.** – Se o homem a quem atribuímos opiniões mas, não o conhecimento, se indignasse conosco e nos acusasse de mentira? Teríamos como acalmá-lo e convencê-lo com brandura, sem contudo revelar-lhe sua doença?

**G.** – Seria necessário agir assim.

**S.** – Pois bem, como deveríamos falar a ele? Você pretenderia que o interrogássemos dizendo que, se algo souber, não o invejaríamos, ao contrário, ficaríamos contentes? Poderíamos dizer-lhe: "Responde a esta pergunta: Quem conhece, conhece alguma coisa ou não conhece nada?" Vamos, Glauco, responda você por ele!

**G.** – Respondo que conhece alguma coisa.

**S.** – E este 'alguma coisa' existe ou não existe?

**G.** – Existe. Do contrário, como se poderia conhecer?

**S.** – Logo, sob qualquer ponto de vista, estamos convencidos de que aquilo que existe completamente é de todos os modos cognoscível, ao passo que aquilo que não existe de modo nenhum é absolutamente incognoscível?

**G.** – Estamos absolutamente certos disso.

**S.** – Mas se uma coisa é tal que pode ser e não ser, não seria o meio termo entre o ser puro e simples e o não ser absoluto?

**G.** – Sim.

**S.** – Se, pois, o conhecimento tem por objeto o ser e a incognoscibilidade é a característica necessária do não ser, para estas coisas intermediárias precisa, se existe, procurar alguma coisa intermediária entre a ignorância e a ciência.

**G.** – Precisamente.

**S.** – A opinião é alguma coisa?

**G.** – Sem dúvida.

**S.** – Distinta da ciência ou idêntica a ela?

**G.** – Distinta.

**S.** – Assim, a opinião se refere a um objeto e a ciência a outro, cada uma segundo sua própria natureza.

**G.** – Assim mesmo.

**S.** – E a ciência não se refere por sua natureza ao ser, ao conhecimento daquilo que é o ser? Parece-me conveniente, no entanto, fazer uma distinção preliminar.

**G.** – Qual?

## XXI

**Sócrates** – Vamos definir as faculdades como uma espécie de seres, graças às quais nós podemos o que podemos e qualquer outra coisa que seja possível. Assim, por exemplo, entre as faculdades se incluem a visão e a audição. Você entende realmente o que quer dizer por este designativo genérico?

**Glauco** – Sim, entendo.

**S.** – Acompanhe então meu pensamento. Numa faculdade não vejo cor, nem forma, nem qualquer outra das características semelhantes que se encontram em muitos outros objetos e que permitem distingui-los entre si. Numa faculdade levo em consideração somente sua essência e seu efeito e é assim que confiro a cada uma um designativo. E esse é o mesmo para aquelas que dizem respeito ao mesmo objeto e produzem o mesmo efeito, ao passo que atribuo um designativo diverso àqueles que se relacionam a um objeto diferente e produzem efeito diferente. E você, como as distingue?

**G.** – Da mesma maneira.

**S.** – Vamos retornar agora a nosso problema, caro amigo. Você acha que a ciência em si é uma faculdade ou se refere a outra categoria?

**G.** – Pelo contrário, eu a considero a mais vigorosa de todas as faculdades.

**S.** – E a opinião, vamos classificá-la entre as faculdades ou em outro tipo de coisa?

**G.** – De modo algum! Aquilo que nos possibilita ter uma opinião é exatamente só a opinião.

**S.** – Mas há pouco você admitia que a ciência e a opinião não são idênticas.

**G.** – Sim, porque como poderia um homem inteligente confundir o que é infalível com o que não o é?

**S.** – Muito bem. Com isso é óbvio que reconhecemos a diversidade existente entre a opinião e a ciência.

**G.** – Certamente.

**S.** – Logo, cada uma dessas duas faculdades tem um objeto e um efeito próprios?

**G.** – Necessariamente.

**S.** – A ciência se refere ao ser, ou seja, conhece o que é?

**G.** – Sim.

**S.** – A opinião, assim dizemos, capta as aparências?

**G.** – Sim.

**S.** – Conhece o mesmo objeto da ciência? A mesma coisa será ao mesmo tempo cognoscível e opinável? Ou isso é impossível?

**G.** – Impossível, de acordo com nossas premissas. Se as faculdades se referem a objetos diversos e se estas duas, a opinião e a ciência, são ambas faculdades, uma diversa da outra, como estamos afirmando, segue-se que o mesmo objeto não pode ser cognoscível e ao mesmo tempo opinável.

**S.** – Logo, se o ser é cognoscível, aquilo que é opinável deve representar alguma coisa diversa do ser?

**G.** – Exatamente, algo de diverso.

**S.** – Então, objeto de opinião é o não ser? Ou é impossível também que o não ser seja objeto da opinião? Pense bem! Quem opina não expressa sua opinião sobre um objeto? Ou sua opinião pode não ter conteúdo algum?

**G.** – Isso não.

**S.** – Isso quer dizer então que quem emite uma opinião visa alguma coisa de específico?

**G.** – Sim.

**S.** – O não ser, porém, não é algo de específico porque propriamente não é nada.

**G.** – Por certo.

**S.** – Atribuímos ao não ser necessariamente a incognoscibilidade e ao ser o conhecimento?

**G.** – Correto.

**S.** – Logo, não há opinião nem do ser nem do não ser?

**G.** – Não mesmo!

**S.** – Então nem a ignorância nem o conhecimento podem ser opinião?

**G.** – Parece que não.

**S.** – Ela está, portanto, excluída dessas porque supera em clareza o conhecimento e em obscuridade a ignorância?

**G.** – Nada disso.

**S.** – Não lhe parece, porém, que a opinião seja alguma coisa de mais obscuro que o conhecimento e de mais claro que a ignorância?

**G.** – Certamente.

**S.** – Então ela está entre as duas?

**G.** – Sim.

**S.** – Logo, a opinião é uma coisa intermediária entre essas.

**G.** – Precisamente.

**S.** – Não dissemos antes que, se alguma coisa se revelasse ao mesmo tempo ser e não ser, encontrar-se-ia a meio termo entre o ser puro e simples e o absoluto não ser e, por isso, não seria objeto nem da ciência nem da ignorância, mas sim do que subsiste no meio, entre a ignorância e a ciência?

**G.** – É verdade.

**S.** – Não acabamos de ver agora que a meio termo entre as duas está exatamente o que chamamos de opinião?

**G.** – Sim.

## XXII

**Sócrates** – Resta-nos descobrir, pelo que parece, aquilo que participa de ambos, do ser e do não ser, ao qual não se pode conferir corretamente o designativo nem de um nem de outro no estado puro. Se o descobrirmos, deve ser considerado com toda a justiça como o objeto da opinião, conferindo os extremos aos extremos e as coisas intermediárias à faculdade intermediária. Não é assim?

**Glauco** – Assim mesmo.

**S.** – Isso posto, que responde nosso valoroso opositor que não acredita na existência do belo em si e da ideia correspondente que o belo permanece sempre imutável, mas em vez disso crê na multiplicidade das coisas belas, como bom amante dos espetáculos que não suporta ouvir falar da unicidade do belo, do justo e assim por diante? A ele diríamos, pois: "Caríssimo, entre as muitas coisas belas não há uma só que seja feia? E entre as coisas justas, uma só que seja injusta? E entre as coisas sagradas, uma só que não seja ímpia?"

**G.** – Pelo contrário, dirá que é inevitável que em certa medida pareçam belas e feias, justas e injustas e assim também para as demais.

**S.** – Mas as quantidades duplas não podem parecer a metade além do dobro?

**G.** – Por que não?

**S.** – E as coisas grandes e pequenas, leves e pesadas, lhes convêm os designativos que lhes conferimos mais que os opostos?

**G.** – Não, mas cada uma delas participará sempre dos dois designativos contemporaneamente.

**S.** – E cada uma dessas numerosas coisas corresponde ao próprio designativo mais do que não lhe corresponda?

**G.** – Essa é uma pergunta que se assemelha às adivinhações que eram feitas nos banquetes e ao enigma infantil do eunuco que fere um morcego e pede para adivinhar com que coisa e contra que coisa ele atirou[5]. Com efeito, também essas questões podem ser interpretadas em dois sentidos, antes que concebê-las univocamente como existentes ou inexistentes ou as duas coisas juntas ou nenhuma das duas.

**S.** – Você sabe, portanto, como considerá-las. Poderia colocá-las em lugar melhor do que entre o ser e o não ser? De fato, não são mais obscuras do não ser e, portanto, não podem ser mais inexistentes que esse; por outro lado, nem mais claras que o ser e, portanto, não podem ser mais existentes que esse.

**G.** – Evidentemente.

**S.** – Descobrimos, pelo que parece, que as múltiplas opiniões do comum dos homens sobre o belo e sobre todo o resto giram, por assim dizer, entre o não ser e o ser puro e simples.

**G.** – De fato, é assim.

**S.** – Já convimos antes também que, se se tivesse esclarecido alguma coisa desse tipo, isso deveria ser considerado como o objeto da opinião, não do conhecimento, porque com esta faculdade intermediária captamos o que ocupa o espaço entre o ser e o não ser.

**G.** – Sim, assim concordamos.

---

[5] A adivinha era posta da seguinte maneira: "Um homem que não é homem, vendo e não vendo um pássaro que não é pássaro, pousado sobre árvore que não é árvore, lhe atira e não lhe atira uma pedra que não é pedra." A explicação era esta: Um eunuco, vendo mal um morcego pousado sobre um caniço, lhe atira, sem atingi-lo, uma pedra-pomes.

**S.** – Aqueles, portanto, que veem a multiplicidade das coisas belas mas não o belo em si e são incapazes de seguir aquele que os guia a isso, e sabem ainda compreender a multiplicidade das coisas justas mas não a justiça em si, e assim por diante com relação a todo o resto, diríamos que esses possuem uma opinião sobre cada coisa, mas não conhecem nada daquilo sobre que a possuem.

**G.** – É inevitável.

**S.** – Mas aquele que contempla cada coisa em sua essência imutável, não diríamos que esse sim tem conhecimento antes que opinião?

**G.** – Isso é igualmente inevitável.

**S.** – Não poderíamos dizer, portanto, que uns abraçam e amam as coisas que são objeto de conhecimento e outros daquelas que são objeto de opinião? Não se lembra que dissemos que esses últimos gostam das belas vozes, das belas cores e assim por diante, mas não conseguem levar em consideração a existência da beleza em si?

**G.** – Lembro bem.

**S.** – Erraríamos, portanto, se os chamássemos de amantes da opinião antes que filósofos? Eles teriam porque se irritar profundamente conosco por falarmos assim?

**G.** – Se acreditarem em mim, não, porque não é lícito irritar-se por causa da verdade.

**S.** – Em decorrência, deveriam ser chamados filósofos e não amantes da opinião aqueles que abraçassem a essência de cada coisa?

**G.** – Sem sombra de dúvida.

# Livro VI

## I

**Sócrates** – Finalmente, caro Glauco, conseguimos distinguir os filósofos daqueles que o não são. Mas que canseira!

**Glauco** – Não teria sido fácil fazê-lo com palavras mais breves.

**S.** – Acredito que não. Acho, porém, que o resultado poderia ter sido melhor se tivéssemos podido falar somente a respeito desse problema, sem nos delongarmos em tantas outras discussões para verificar a diferença existente entre a vida do justo e a do injusto.

**G.** – Que nos resta agora?

**S.** – Nada, além das consequências. Estabelecido que são os filósofos aqueles que podem compreender o que é eternamente imutável, ao passo que não o são aqueles que se perdem na multiplicidade das coisas mutáveis, cumpre ver a qual dos dois deveríamos confiar o governo dos Estados.

**G.** – Como seria possível dar uma resposta adequada a essa pergunta?

**S.** – Deveria ser nomeado guardião aquele dentre os dois que fosse capaz de manter em vigor as leis e os costumes da república.

**G.** – Correto.

**S.** – Valeria a pena se questionar se uma coisa qualquer deveria ser guardada por um cego ou por alguém com vista perspicaz?

**G.** – Claro que não.

**S.** – Pois que diferença você nota entre os cegos e aqueles realmente privados do conhecimento de todas as coisas porque não trazem na alma nenhum modelo claro e não podem sequer olhar, como fazem os pintores, para a verdade ideal e a ela se referir constantemente e contemplá-la com a máxima atenção possível para estabelecer e conservar desse modo, se for o caso, as leis humanas sobre as coisas belas, justas e boas?

**G.** – Por Zeus, não noto muita diferença.

**S.** – Iríamos estabelecer guardiães estes ou aqueles que conhecem a essência de cada coisa e não são inferiores a eles nem em experiência nem em qualquer outra virtude?

**G.** – Estranho seria escolher outros, mesmo não sendo menos capazes, que estes que seriam superiores precisamente neste conhecimento que se constitui na maior qualidade.

**S.** – Não deveríamos explicar agora como poderiam acumular as duas qualidades?

**G.** – Por certo.

**S.** – Como dizíamos no início de nossa discussão, antes de mais nada, é preciso compreender sua natureza. Estou certo de que, uma vez descoberta plenamente, deveríamos admitir também que essas pessoas podem reunir em si ambas as qualidades e, por esta razão, só elas poderiam ser colocadas para reger os destinos dos Estados.

**G.** – De que maneira haveríamos de descobrir isso?

## II

**Sócrates** – Com relação às naturezas filosóficas, devemos reconhecer que elas anelam sempre captar o que lhes pode desvendar aquela essência eterna que não pode ser alterada pela geração e pela corrupção.

**Glauco** – Podemos admiti-lo sem restrição.

**S.** – Além disso, os filósofos amam toda essa essência e não omitem dela voluntariamente qualquer parte, pequena ou grande, mais preciosa ou menos. Isto já explicamos ao falar dos ambiciosos e dos apaixonados.

**G.** – Você tem razão.

**S.** – Veja agora se não é indispensável encontrar também outra característica na natureza de quem deve se tornar tal como o descrevemos.

**G.** – Isto é?

**S.** – A sinceridade e a recusa em admitir uma mentira voluntária, pelo contrário, o ódio por ela e o amor pela verdade.

**G.** – Isto é lógico, claro.

**S.** – Não é somente lógico, caro amigo, mas é rigorosamente necessário que uma pessoa naturalmente inclinada ao amor ame tudo o que é consanguíneo e afim da pessoa amada.

**G.** – Correto.

**S.** – Pode-se, no entanto, encontrar algo que, mais que a verdade, seja afim da sabedoria?

**G.** – E de que modo?

**S.** – Seria possível que a mesma natureza amasse a sabedoria e também a mentira?

**G.** – De modo algum.

**S.** – Logo, quem ama verdadeiramente o conhecimento deve, desde jovem, aspirar a toda a verdade com todas as forças?

**G.** – Certamente.

**S.** – Mas se uma pessoa dirige intensamente os próprios desejos para um só objeto, sabemos que ela deseja com menos intensidade todo o resto, como uma torrente desviada para uma só direção.

**G.** – Por certo.

**S.** – Assim, aquele que tiver dirigido os próprios desejos para o conhecimento e para as outras atividades intelectuais busca, a meu ver, somente o puro prazer da alma e despreza os prazeres físicos, se é filósofo realmente e não só na aparência.

**G.** – Deve ser realmente assim.

**S.** – Um homem de tal caráter é, portanto, moderado e em nada ávido, pois as razões que levam outros a correr atrás de riquezas sobre ele não exercem influência alguma.

**G.** – É assim mesmo.

**S.** – Quando se procura distinguir aquele que é naturalmente filósofo daquele que não o é, precisa-se levar em conta outro aspecto.

**G.** – Qual?

**S.** – Que sua alma não esconda alguma baixeza porque a mesquinhez espiritual é o pior obstáculo para quem aspira a abraçar de modo definitivo a totalidade das coisas humanas e divinas.

**G.** – Nada mais verdadeiro que isso.

**S.** – Se, ao contrário, o intelecto é dotado da grandeza e da visão total dos tempos e dos seres, você acha que ele pode considerar a vida humana como uma coisa importante?

**G.** – Impossível.

**S.** – Um homem desses não haverá de considerar, portanto, nem a morte como um mal?

**G.** – Em absoluto.

**S.** – Pelo que parece, portanto, uma natureza vil e mesquinha não tem nada a ver com a verdadeira filosofia?

**G.** – Parece-me que não.

**S.** – E então? É acaso possível que um homem equilibrado, isento de avidez, de mesquinhez, de soberba, de vaidade seja intratável e injusto?

**G.** – Não é possível.

**S.** – Observando a alma propensa para a filosofia e aquela que não o é, se poderá constatar se ela é, desde jovem, justa e branda ou insociável e intratável.

**G.** – Precisamente.

**S.** – Nem haverá de deixar de lado esse elemento, acho.

**G.** – Qual?

**S.** – Se mostra facilidade ou dificuldade em aprender. Você poderia esperar que um homem tenha deveras amor por aquilo que faz contra a vontade e com pouco êxito?

**G.** – Seria impossível.

**S.** – Poderia adquirir alguma ciência quem não se recorda de nada do que estuda ou que nada conseguisse reter?

**G.** – De que jeito?

**S.** – Você não acha que, trabalhando sem resultado, acabaria por sentir desgosto e ódio de si próprio e do estudo?

**G.** – Claro que sim.

**S.** – Não haveríamos, portanto, de enumerar entre as almas filosóficas uma alma que tudo esquece, ao contrário, preferiríamos que fosse rica de memória.

**G.** – Correto.

**S.** – De qualquer modo, poderíamos afirmar que uma alma destituída de elegância e de harmonia está sempre inclinada aos excessos.

**G.** – Por certo.

**S.** – E você acha que a verdade pende para a justa medida ou para os excessos?

**G.** – Para a medida, moderação.

**S.** – Vamos procurar, portanto, um intelecto dotado também de medida e de elegância, cuja propensão natural o conduza sem esforço à essência de cada ser.

**G.** – Sem dúvida.

**S.** – Mas para a alma que pretende participar do ser em medida adequada e perfeita, não lhe parece que cada uma das qualidades que enumeramos seja indispensável e decorrente de todas as outras?

**G.** – Mais que indispensável, certamente.

**S.** – Como se poderia, portanto, criticar uma atividade que não se conseguiria jamais exercer bem sem estar dotado naturalmente de memória, de vontade de aprender, de generosidade, de elegância, sem possuir uma afinidade íntima com a verdade, com a justiça, com a coragem, com a temperança?

**G.** – Nem o próprio Momo encontraria algo a repreender.

**S.** – Você não confiaria a esses homens, que se tornaram perfeitos pela cultura e pela maturidade, o governo da república e somente a esses?

## III

**Adimanto** – Estas razões são realmente irrefutáveis. Mas é o costumeiro efeito que você cria sobre os ouvintes. Pouco versados na arte de perguntar e naquela de responder, a cada nova pergunta são levados a distanciar-se do problema central. Como no final da discussão esses desvios se acumularam, eles acham que seu fracasso foi enorme e contrário a suas primeiras afirmações. Como os maus jogadores de damas são imobilizados pelos mais hábeis e não sabem mais que peça mover, assim também esses, no final, são imobilizados e reduzidos ao silêncio nesse outro jogo de damas, não com as peças, mas com as palavras. Na verdade, este é o único resultado. Digo isto a propósito do problema atual porque se poderia objetar que, mesmo sendo impossível replicar com palavras a cada uma de suas perguntas, observa-se na realidade que os que se deram à filosofia, sem a intenção de completar sua educação enquanto jovens e depois largar os estudos, mas continuando por longo tempo durante a vida, se tornaram em sua maioria indivíduos estranhos, para não dizer de todo intoleráveis, e mesmo aqueles que parecem os mais equilibrados nessa atividade, e que você exalta, como único resultado que conseguiram foi o de se tornarem inúteis em suas cidades.

**Sócrates** – Então você acha que quem assim fala não seja sincero?

**A.** – Não sei e gostaria de ouvir seu parecer.

**S.** – Pois fique sabendo que esses, segundo meu modo de ver, dizem a verdade.

**A.** – Mas então, com que fundamento se pode dizer que os Estados não haverão de se livrar dos males que os afligem antes que sejam governados pelos filósofos que acabamos de reconhecer que são inúteis?

**S.** – A essa pergunta respondo com uma comparação.

**A.** – Parece-me que você não costuma exprimir-se por comparações.

## IV

**Sócrates** – Muito bem! Foi você que me envolveu numa discussão por certo espinhosa e ainda tenta me tornar vítima de seus gracejos. Escute, porém, esta comparação e haverá de compreender melhor ainda o quanto me custa discorrer sobre semelhantes coisas. O modo de tratar os homens mais equilibrados no Estado em que vivem é mais duro que qualquer outro. Ninguém no mundo é tratado assim. Para traçar um quadro que sirva também de defesa, é preciso recolher elementos de objetos diversos, como os pintores misturam diversas espécies e pintam animais metade bode e metade cervo e outros monstros desse tipo. Imagina, pois, uma cena como esta em muitos navios ou num só: um comandante mais alto e mais robusto que toda a tripulação, mas um tanto surdo e míope, dotado de escassos conhecimentos náuticos; marinheiros em briga entre si para dirigir o navio, sendo que cada um deles reclama para si a função sem jamais ter aprendido a arte da navegação nem estar em condições de dizer com qual mestre e em que circunstâncias aprendeu alguma coisa, afirmando ao contrário que ela não pode ser aprendida, além de estarem todos prontos a matar quem se arrisque a discordar. Eles cercam o comandante, pressionando-o sempre mais insistentemente para que lhes entregue o comando. Os que se sentem preteridos matam e lançam ao mar os que foram preferidos. Depois inutilizam o comandante, embebedando-o com licor, com vinho ou qualquer outra bebida, e se apoderam do navio. Passam a comer e a beber, consumindo as provisões e navegam como podem navegar pessoas desse tipo. E mais, elogiam e chamam de verdadeiro marinheiro e comandante, experiente em náutica, qualquer um que esteja em condições de ajudá-los a usurpar o comando, usando para com o comandante a persuasão ou mesmo a violência. Quem não os ajuda é ofendido como inútil e sequer têm em mente que um verdadeiro comandante tem de observar o ano, as estações, o céu, os astros, os ventos e tudo o que se refere à sua arte. Pouco se lhes dá que alguns estejam de acordo e outros não, nem acreditam que seja possível aprender a teoria e a prática da pilotagem e depois exercer concretamente o comando. Se isso viesse a acontecer num navio, você não acha que um verdadeiro comandante seria chamado pela tripulação de nave reduzida a tal estado de lunático, falastrão e inútil?

**Adimanto** – Certamente.

**S.** – Por isso, não acho que você teria necessidade de analisar os detalhes dessa comparação para compreender que a mesma representa o comportamento dos diversos Estados com relação aos verdadeiros filósofos. De certo, você captou meu pensamento.

**A.** – Claro que sim.

**S.** – Primeiramente, portanto, transmita esta comparação aos que se maravilham que nos Estados os filósofos não são tratados com honras e tente convencê-los de que seria muito mais surpreendente que ocorresse o contrário.

**A.** – Vou fazer isso.

**S.** – Pode dizer também que eles têm razão ao constatar que os filósofos mais equilibrados são tratados como inúteis para a sociedade. Diga-lhes, porém, que essa situação deve ser atribuída aos que não se servem deles e não às pessoas equilibradas, porque não é natural que o comandante se ponha a rogar aos marinheiros que acatam seu comando ou que os sábios devam bater à porta dos ricos. Quem falou tal bobagem se enganou. Na realidade, quem está doente, rico ou pobre, é que deve bater à porta dos médicos, quem tiver necessidade de guia deve procurar quem possa guiá-lo, quem governa não deve mendigar aos súditos para que se deixem governar por ele se realmente tiverem necessidade disso. Você não haverá de errar, contudo, se comparar os políticos atuais aos marinheiros que descrevemos há pouco e que consideram inúteis lunáticos os verdadeiros comandantes.

**A.** – Perfeito.

**S.** – Esta é a razão pela qual não é fácil que o comportamento melhor seja apreciado por aquele que se comporta do modo exatamente oposto. Mas o descrédito maior e mais veemente que a filosofia prova vem dos que se dizem filósofos mas não o são. Como você lembrava, estes fazem com que os inimigos da filosofia sustentem que os que a ela se dedicam são no mais das vezes desonestos, e que as pessoas mais equilibradas se demonstram inúteis. Reconheci que essa sua afirmação era bem fundada. Não foi assim?

**A.** – Sim.

# V

**Sócrates** – Esclarecemos, pois, a causa pela qual os filósofos equilibrados são inúteis?

**Adimanto** – Sim.

**S.** – Gostaria que explicássemos agora o motivo pelo qual quase todos os filósofos são desonestos, mostrando, se possível, que a culpada disso não é a filosofia?

**A.** – Gostaria muito.

**S.** – Vamos, portanto, retornar ao ponto em que descrevíamos o caráter de um homem de futuro honesto e a partir daí vamos retomar a discussão. Se você se lembrar, atribuíamos a ele sobretudo o esforço contínuo e total para ser sincero porque um impostor não pode participar da verdadeira filosofia.

**A.** – Exato, era assim que o dizíamos.

**S.** – Mas essa ideia não se encontra em evidente contraste com o que se pensa hoje sobre o filósofo?

**A.** – Sem dúvida.

**S.** – Seria defender mal a filosofia afirmar que aquele que realmente ama a cultura está naturalmente pronto a lutar pela essência e não contemporiza sobre a multiplicidade dos objetos a que se atribui a existência, ao contrário vai infalivelmente além e sem renunciar a seu amor antes de ter chegado à essência de cada uma das coisas com o instrumento apropriado da alma, apropriado enquanto afim? E depois de ter atingido o verdadeiro ser e a ele estiver unido, gera a inteligência e a verdade, e depois ainda conhece, vive e se nutre realmente, e só então, não antes, terão fim suas dores como que de parto?

**A.** – Esta seria a melhor das defesas.

**S.** – Esse homem poderia amar a mentira ou, pelo contrário, a odiaria?

**A.** – Sem dúvida, odiá-la-ia.

**S.** – Não poderíamos dizer jamais, creio, que a verdade como guia tem em seu seguimento o coro dos vícios.

**A.** – Certamente que não.

**S.** – Ao contrário, deve-se supor que a siga um caráter sadio e justo, dotado também da temperança.

**A.** – É verdade.

**S.** – Que necessidade há de enumerar novamente o coro das outras virtudes pertinentes a uma natureza filosófica? Você deve se lembrar que as identificamos na coragem, na generosidade, na facilidade de aprender, na memória. Foi quando você rebateu que qualquer um estaria necessariamente de acordo com nossas palavras, mas que, abstraídas estas, poderia dizer, com relação àqueles de quem estamos falando, que alguns são inúteis e a maioria é de todo corrompida. Examinando, contudo, a causa destas acusações, chegamos a nos perguntar porque a maioria seria desonesta e por isto retornamos e definimos novamente a natureza dos verdadeiros filósofos.

**A.** – Exato.

# VI

**Sócrates** – É preciso, porém, estudar a razão pela qual essa natureza se corrompe, porque em muitos perece e somente em poucos se conserva. Exatamente naqueles poucos que são considerados não desonestos mas inúteis. Depois passaremos a analisar as características dos falsos filósofos, quem são e qual seu objetivo, inapropriado e superior a suas forças, porque andam cometendo erros de todo tipo, difundindo o descrédito de que você falava com relação à filosofia. Não está de acordo?

**Adimanto** – De que corrupção você fala?

**S.** – Vou tentar me explicar como puder. Acho que qualquer um reconhece juntamente conosco que uma tal natureza, dotada de todos os predicados que lhe atribuímos há pouco, indispensáveis para um perfeito filósofo, raramente surge entre os homens e tais pessoas são pouco numerosas. Não acha?

**A.** – Sem sombra de dúvida.

**S.** – Embora poucos em número, numerosas e poderosas as causas que concorrem para a corrupção.

**A.** – Quais?

**S.** – A afirmação mais surpreendente talvez seja a de que cada uma das virtudes mencionadas pode corromper a alma e desviá-la da filosofia. Refiro-me à coragem, à temperança e a todas as outras que citamos.

**A.** – Afirmação deveras surpreendente.

**S.** – Mas também outras coisas, todos os chamados bens materiais corrompem e desviam, como a beleza, a riqueza, a força física, as relações sociais e assim por diante. De certo, agora você pode fazer uma ideia do que pretendo dizer.

**A.** – Sim, mas gostaria de ouvir uma explicação mais detalhada.

**S.** – Tente enquadrar corretamente todos esses elementos em seu conjunto e, não resta dúvida, não lhe vai parecer estranho nosso discurso acerca disso.

**A.** – De que modo devo proceder?

**S.** – Sabemos que uma semente de planta ou um filhote de animal, privados de nutrição, do clima e do local apropriados, quanto mais vigorosos, mais sofrem com estas privações porque, na realidade, o mal é mais nocivo ao bem do que ao que não é bem nem mal.

**A.** – Isto é verdade.

**S.** – Parece-me, portanto, lógico que uma natureza melhor em condições inapropriadas tenha um resultado pior que uma natureza medíocre.

**A.** – É verdade.

**S.** – De igual modo, Adimanto, podemos dizer que as almas mais dotadas são as que se tornam piores sob influência de uma má educação. Você acha, por acaso, que os grandes crimes e a maldade consumada procedem de um caráter medíocre, antes que de um caráter excelente corrompido pela educação errada? Por outro lado, você acha que uma natureza fraca poderia alguma vez ser capaz de produzir grande bem ou grande mal?

**A.** – Concordo e acho que não.

**S.** – Então, uma natureza filosófica como a definimos, se tiver educação apropriada, a meu ver, se desenvolverá necessariamente e atingirá o ápice da virtude. Se, no entanto, for semeada e plantada em terreno inadequado, terá resultado oposto, a menos que um deus a salve. Você também, como o povo, pensa que há jovens corrompidos pelos sofistas e que esses sofistas corruptores são em sua grande maioria cidadãos privados? O maior sofista, porém, não é exatamente aquele que assim fala, visto que é capaz de formar e educar de modo pleno como quiser jovens e velhos, homens e mulheres?

**A.** – E quando fazem isso?

**S.** – Quando, sentados todos juntos em assembleia ou nos tribunais ou nos teatros ou no campo ou ainda em qualquer outra reunião pública, censuram ou aprovam com grande rumor uma palavra ou um fato, sempre de modo exagerado, gritando e batendo os pés de tal modo que os rochedos e o local em que se encontram ressoam e redobram o estrondo das lamentações e dos elogios. Em tal caso, que efeitos isso produz no coração de um jovem? Que educação particular poderia resistir e não naufragar sob lamentos e elogios como esses, sem se deixar arrastar ao sabor da corrente? Não acabará por aprovar o que todos aprovam e por adquirir os mesmos hábitos e se tornar um deles?

**A.** – É absolutamente inevitável, Sócrates, que isso ocorra.

# VII

**Sócrates** – E, no entanto, não falamos ainda da provação maior.
**Adimanto** – Qual?
**S.** – Aquela concreta que esses preceptores e sofistas acrescentam às palavras, quando não conseguem convencer. Você não sabe que castigam quem se mostrar relutante com a desonra, com multas e com a morte?
**A.** – Claro que sei.
**S.** – Que outro sofista, pois, que educação particular você acha que poderia se opor com sucesso contra esses?
**A.** – Ninguém o poderia.
**S.** – Certamente que não, e seria suprema tolice tentá-lo. Não houve, não há e não haverá jamais uma pessoa educada na virtude que possa combater a educação ministrada por esses; pelo menos, uma pessoa humana, porque, respeitando o provérbio, se deve excetuar uma pessoa divina. É preciso convir que, numa situação política semelhante, o pouco que se salva e se torna o que deveria se tornar, pode-se muito bem dizer que se salva por vontade divina.
**A.** – Eu também não posso pensar diversamente.
**S.** – Aqui está mais um ponto em que você poderá concordar comigo.
**A.** – Qual?
**S.** – Cada um desses cidadãos privados mercenários, com fama de perigosos sofistas, outra coisa não faz se não ensinar os princípios professados pelo povo em assembleia e a isso eles chamam sabedoria. Tal como, se alguém tivesse estudado os impulsos e os desejos de um animal por ele criado robusto e forte, por isso soubesse como aproximar-se dele, como tocá-lo, em quais momentos e com quais estímulos poderia torná-lo mais irascível ou mais manso, quais sons o animal teria o hábito de emitir em cada circunstância e quais chamados de outros o tornariam mais manso ou mais furioso, e se todos esses conhecimentos, adquiridos por sua longa convivência com o animal, fossem por ele chamados sabedoria e se pusesse a ensinar como se dominasse a técnica, muito embora nada saiba sobre as ideias e os desejos do animal: se bons ou maus, se bonitos ou feios, justos ou injustos. Apesar disso, ava-

liasse tudo isso com base aos instintos desse grande animal, a seus agrados e a sua ira, sem ter outra noção a respeito, e ainda achasse bom e justo o inevitável, sem ter compreendido e sem ser capaz de indicar a outros a natureza daquilo que é inevitável e a do que se refere ao bem. Um homem assim, por Zeus, não lhe pareceria um educador um tanto estranho?

**A.** – Bem estranho.

**S.** – Você poderia ver alguma diferença entre este e aquele que acha que sabedoria é conhecer o que agrada ou não em relação à pintura, à música ou à política ao povo variado reunido em assembleia? Quem se mistura ao povo para lhe mostrar uma poesia, uma obra de arte ou um projeto político se torna escravo da maioria mais que o necessário e a assim chamada necessidade de Diomedes o obriga a fazer o que agrada a eles. Fosse isso bom e realmente belo, você já ouviu alguma vez que eles o explicassem de maneira que não fosse ridícula?

**A.** – Não ouvi e acredito que jamais haverei de ouvi-lo.

# VIII

**Sócrates** – Agora que você compreendeu tudo isto, atente para outro ponto. Seria possível que alguma vez o povo admita a existência do belo em si, distinto das muitas coisas belas, e de qualquer coisa em sua essência, distinta das muitas coisas singulares?

**Adimanto** – Acho que não.

**S.** – Logo, é impossível que o povo seja filósofo.

**A.** – Sim, é impossível.

**S.** – Logo, é necessário que quem se dedica à filosofia seja desaprovado pelo povo.

**A.** – É necessário.

**S.** – Como também por aqueles cidadãos privados que se misturam com o povo para agradá-lo.

**A.** – Evidente.

**S.** – Então qual solução você encontra que permita a uma natureza filosófica de perseverar até o fim, coerente em seu comportamento? Pense bem, lembrando as premissas, pois admitimos que tal natureza é dotada de facilidade para aprender, de memória, de coragem, de generosidade.

**A.** – Sim.

**S.** – Logo, uma pessoa semelhante não haveria de se distinguir desde a infância, sobretudo se seu corpo crescer de modo adequado com o espírito?

**A.** – Sem dúvida.

**S.** – Chegando à idade adulta, os parentes e os concidadãos não gostariam de servir-se de seus talentos para realizar os interesses deles?

**A.** – Como não?

**S.** – Por isso, deverão cumulá-lo de honrarias e homenagens, prevendo de antemão e adulando seu prestígio futuro.

**A.** – Geralmente é o que acontece.

**S.** – O que você acha, porém, que há de fazer um homem semelhante entre gente desse tipo, sobretudo se for de grande cidade e se gozar de riqueza e nobreza, além de ser fisicamente belo e esbelto? Não se deixará arrebatar pelas mais loucas esperanças, achando-se capaz de conduzir a política dos gregos e dos bárbaros? Não se encherá de arrogância, alimentada por pensamentos de soberba e vanglória?

**A.** – Por certo.

**S.** – Se em tais condições se aproximasse dele alguém e lhe dissesse tranquilamente a verdade, isto é, que ele não possui o bom senso necessário e que este não se adquire sem um empenho total, você acha que aquele, submerso por tantos vícios, o haveria de escutar facilmente?

**A.** – Longe disso!

**S.** – Pensando que, ao contrário e graças à sua boa índole e à simpatia que tem pelos discursos, fosse ele levado a segui-los, mudando e cedendo às atrações da filosofia, que fariam, a seu ver, as pessoas próximas a ele, na iminência de perder sua companhia e as vantagens decorrentes? Não fariam qualquer coisa, não diriam de tudo para dissuadi-lo e para reduzir à impotência seu conselheiro, armando-lhe ciladas em segredo e em público e arrastando-o aos tribunais?

**A.** – É inevitável que assim aconteça.

**S.** – Como se pode esperar, pois, que um indivíduo desses se torne filósofo?

**A.** – Nem há que esperar.

# IX

**Sócrates** – Pode notar, portanto, que não deixávamos de ter razão ao dizer que também as virtudes de uma índole filosófica, se acompanhadas por uma má educação, em certa medida são responsáveis pelo desvio de tal vocação, como os chamados bens de fortuna, a riqueza e toda outra vantagem similar.
**Adimanto** – Sim, e tínhamos razão.
**S.** – Esta é, caro amigo, a ruína e a grande corrupção da natureza mais dotada da melhor vocação que, como dissemos, é muito rara. Entre esses indivíduos surgem os piores responsáveis pelas piores calamidades do Estado e dos concidadãos, mas também os autores dos maiores benefícios, se a sorte os conduz na direção certa. Pelo contrário, uma índole medíocre jamais faz qualquer coisa de extraordinário para ninguém, nem aos cidadãos privados nem ao Estado.
**A.** – Tem toda a razão.
**S.** – Esses homens, que se desinteressam totalmente por alcançar a função vital para a qual haviam nascido, deixando a filosofia só e abandonada, vivem uma existência inapropriada e falsa, enquanto se aproximam da filosofia, como se essa fosse órfã de pais, outras pessoas indignas para desonrá-la e conferir-lhe aquela má fama de que falava também você, ou seja, que dentre seus cultores alguns não servem para nada e a maioria merece todo tipo de castigo.
**A.** – De fato, é o que se diz.
**S.** – E não sem fundamento. De fato, homens de nenhum valor, à vista daquela praça desocupada mas cheia de nomes e aparência deslumbrante, deixam com prazer sua profissão obscura para se lançar à filosofia, como quem sai da prisão para se refugiar no templo. E estes são exatamente os mais hábeis em seu ofício. Apesar do abandono a que está reduzida, a filosofia é, no entanto, de maior prestígio que as demais artes e muitos, ambiciosos mas mal dotados, quase mutilados fisicamente pelo exercício das artes e ofícios, acabrunhados e degradados espiritualmente pelos trabalhos manuais, exatamente por esse prestígio aspiram a ela. Não é assim, por acaso?
**A.** – Por certo.

**S.** – Não lhe parece que se assemelham a um escravo calvo e baixo que se enriqueceu e que, mal se livrou dos cepos, vai às termas para se lavar, endossa vestes novas, aprumado como se fosse um noivo, e corre para casar com a filha do patrão, pobre e abandonada?

**A.** – Não há qualquer diferença.

**S.** – Que filhos, senão bastardos e fracos, haveriam logicamente de nascer de tal união?

**A.** – É quase inevitável.

**S.** – E quando indivíduos indignos da cultura se aproximam dela sem terem direito, que pensamentos e opiniões poderiam produzir senão sofismas, para chamá-los por seu verdadeiro nome? Certamente, nada de nobre, nada que fosse produto de uma inteligência genuína.

**A.** – Exatamente.

## X

**Sócrates** – O número dos dignos pretendentes à filosofia é muito restrito, Adimanto. Talvez uma natureza bem educada, cuja nobreza tenha sido conservada pelo exílio e que permaneceu fiel a si mesma por falta de corruptores; ou uma grande alma, nascida em pequeno Estado, que menospreza os negócios de seu Estado; e talvez também um pequeno número de pessoas que justamente despreza sua profissão e com boas qualidades se voltam para a filosofia. Poderia haver aqueles que são refreados como nosso amigo Teages; tudo conjurou para afastá-lo da filosofia, mas sua precária saúde o reteve, impedindo-lhe de participar da política. Nosso freio, o sinal do gênio1, não vale a pena citá-lo porque quase nenhum outro o teve no passado. Quem faz parte desses poucos e tenha saboreado a doçura e a felicidade de tê-lo, compreende de modo profundo a loucura do povo e o fato de que nenhum homem político, a bem da verdade, nada faz de sensato e que não existe aliado em que apoiar-se para socorrer a filosofia. Mas, como um homem caído no meio das feras, não quer contribuir com suas injustiças e, incapaz de se opor a tanta selvageria, antes de poder ser útil a sua cidade e a seus amigos, morre inútil para consigo e para os outros. Levando em consideração tudo isso, ficando tranquilo e cuidando de si mesmo, como um homem que se abriga sob um muro da poeira e da chuva tangidas por um vento tempestuoso, vendo os demais cheios de ilegalidade, se contenta em viver livre da injustiça e da impiedade desta existência e esperar sereno, benevolente e cheio de esperança pela libertação.

**Adimanto** – E partir assim dessa vida não seria êxito de pouca expressão.

**S.** – Mas nem da maior, se não tiver conseguido o governo que merecia. De fato, se o conseguir, se tornará ainda maior e, junto dos próprios interesses, salvará também a causa comum.

## XI

**Sócrates** – Parece-me ter esclarecido de modo suficiente a razão pela qual a filosofia foi caluniada. Você teria algo mais a acrescentar?

**Adimanto** – Nada, mas entre as formas de governo atuais qual, a seu ver, melhor convém à filosofia?

**S.** – Nenhuma. Lamento precisamente porque entre as constituições atuais nenhuma é conforme à natureza da filosofia. Por isso ela se altera e se corrompe. Como uma semente exótica lançada em terra imprópria se torna ineficaz e sofre a influência do solo em que caiu, assim também essa natureza não conserva as próprias características, mas se transforma em outra. Se, ao contrário, encontrar uma constituição melhor, correspondendo à sua própria excelência, então mostrará que essa natureza filosófica era realmente divina, ao passo que todos os demais caracteres e comportamentos eram tão somente humanos. Certamente, você haverá de me perguntar qual seria esta constituição.

**A.** – Você se engana. Não queria lhe perguntar isso, mas se ela é idêntica ou diversa daquela que expusemos ao fundar nosso Estado.

**S.** – É a mesma, mas com uma diferença. Já afirmamos anteriormente que teria sido necessário existir no Estado uma autoridade que se inspirasse no mesmo princípio de governo em que se inspirava a obra de legislador a que você se referia.

**A.** – Sim, falamos disso.

**S.** – Esse problema, contudo, não foi esclarecido de modo suficiente. Eu temia as objeções com que vocês haviam demonstrado que o caminho era longo e difícil. O resto também não é nada fácil de ser explicado.

**A.** – O quê?

**S.** – Das medidas que o Estado deve tomar para que a filosofia não venha a perecer. Sim, todos os grandes empreendimentos são arriscados e, como diz o provérbio, as coisas belas são deveras difíceis.

**A.** – Vamos, pois, completar a demonstração, esclarecendo também esse ponto.

**S.** – Talvez seja impedido pela incapacidade, mas não pela má vontade. Se você me acompanhar, verá minha coragem. Observe com quanto entusiasmo e audácia me disponho a dizer que o Estado deve ocupar-se da filosofia da maneira oposta ao que se faz no momento atual.

**A.** – Em que sentido?

**S.** – Aqueles que se ocupam de filosofia hoje são rapazes que mal saíram da infância e que ainda não têm amplo domínio sobre a economia e os negócios. Apenas se aproximam da parte mais difícil, a abandonam. Apesar disso são considerados hábeis em filosofia. A meu ver, a parte mais difícil da filosofia é a dialética. Quando depois, mesmo impelidos por outros, se dispõem a escutar algumas discussões filosóficas, pensam que estão fazendo uma grande coisa, mesmo que convencidos que a filosofia deve ser tomada como passatempo. Ao atingirem a velhice, se apagam quase todos como o sol de Heráclito com a diferença que, uma vez extintos, não se reacendem nunca mais.

**A.** – O que é preciso fazer então?

**S.** – Exatamente o contrário. É preciso que os meninos e os jovens se apliquem à cultura e ao estudo da filosofia de acordo com sua idade. Na adolescência, é preciso praticar a educação física porque nessa idade crescem e se tornam homens e uma boa educação física colabora de modo válido com a filosofia. Mais tarde, quando o espírito começa a amadurecer, é preciso dedicar mais tempo a ele. Quando a força física começa a diminuir, tendo de se afastar da política e da guerra, então é preciso procurar pastagens em liberdade, como animais sagrados, sem qualquer outra ocupação obrigatória, para viver uma vida feliz e, depois da morte, coroar a vida aqui vivida com um destino adequado no além-túmulo.

## XII

**Adimanto** – Parece-me, Sócrates, que você foi tomado realmente pelo ardor ao falar, mas acho que muitos de seus ouvintes haverão de colocar suas objeções com um ardor ainda maior, porquanto não estão em nada dispostos a deixar-se convencer por você, começando por Trasímaco.

**Sócrates** – Não tente criar animosidade entre mim e Trasímaco. Mal nos tornamos amigos e, mesmo antes, éramos apenas adversários. Certamente não haveremos de poupar nenhum esforço para convencer tanto a ele como aos outros ou, pelo menos, para ser-lhes algo útil em relação à outra vida, quando haverão de renascer e ouvir discursos como os nossos.

**A.** – Que breve adiamento!

**S.** – Um nada, se comparado à eternidade. Não é de se surpreender, pois, que tais discursos não encontrem guarida em muitas mentes, porquanto ninguém os viu ainda confirmados pela realidade. Parece que outros foram vistos se concretizarem, semelhantes entre si pelos artifícios, mas não espontâneos como os meus. Jamais, porém, foi visto um homem, vivendo segundo a virtude na prática e na teoria até o mais alto grau da perfeição, ser colocado à testa de outro Estado semelhante ao nosso, nem um só, nem muitos. Você não acha?

**A.** – Certo que não.

**S.** – Tampouco, caro amigo, escutaram o bastante discursos belos e nobres, capazes de investigar a verdade com absoluta concentração por amor ao saber, discursos despidos de vãos ornatos e puras sutilezas que nada mais visam senão o prestígio e a mera disputa nos processos públicos e nos debates privados.

**A.** – Isto também é a pura verdade.

**S.** – Por isso, mesmo prevendo com temor esta ignorância, mas premidos pela verdade ousamos afirmar que nem cidade, nem constituição de Estado, nem indivíduos haverão de atingir a perfeição antes que alguém obrigue aqueles poucos filósofos, que ora são considerados não desonestos mas inúteis, a tomar as rédeas do Estado, e o Estado a lhes obedecer, ou antes que nos reis atuais ou em seus filhos uma inspiração divina infunda o amor pela verdadeira filosofia. Acho que seria como que absurdo pensar que uma das duas hipóteses ou ambas não possam se verificar. Caso contrário, seríamos ridicularizados com razão, como se estivéssemos expondo simples quimeras. Não é assim?

**A.** – É assim mesmo.

**S.** – Se, pois, jamais aconteceu no decorrer dos séculos passados que uma necessidade obrigasse os grandes filósofos a se ocupar do Estado ou se nos dias de hoje isso pudesse ocorrer numa terra estrangeira, longe de nossos olhos, ou se deverá acontecer no futuro, poderemos então dizer que existiu, existe ou existirá um governo como o nosso, quando reinar no Estado a musa da filosofia. Porque não é impossível que isso ocorra e nem estamos aqui fabricando fantasias, conquanto reconheçamos, também nós, que é difícil.

**A.** – Eu também sou do mesmo parecer.

**S.** – Mas você não vai acrescentar que o povo não é da mesma opinião?

**A.** – Talvez.

**S.** – Caro amigo, não acuse a multidão. Essas pessoas irão mudar de ideia se você não se irritar com elas mas as acalmar, libertando-as dos preconceitos contra a cultura, mostrando-lhes o que você quer dizer quando fala de verdadeiros filósofos e definindo, como o fez há pouco, sua natureza e seu comportamento, a fim de que não pensem que você está falando das pessoas que elas pensam. Convencidas disso, mudarão de ideia e darão outro tipo de resposta. Você acredita, por acaso, que alguém fique furioso com quem não se enfurece ou inveje quem não tem inveja e é meigo? Eu o previno afirmando que caracteres intratáveis assim se encontram em poucas pessoas e não entre a multidão.

**A.** – Também penso da mesma forma.

**S.** – Você não haveria de admitir, portanto, que a desconfiança do povo para com a filosofia é provocada pelos intrusos que entraram para criar uma confusão indecente, insultando-se e odiando-se reciprocamente, e colocando sempre questões pessoais sem se preocuparem com a dignidade da filosofia?

**A.** – Claro que sim.

# XIII

**Sócrates** – Na verdade, Adimanto, quem está inteiramente ocupado em contemplar a essência das coisas não tem sequer tempo para se envolver com as vicissitudes humanas e encher-se de inveja e rancor, acabando por litigar com os próprios semelhantes. Pelo contrário, ele se dá a contemplar objetos ordenados e imutáveis e que, longe de se prejudicarem uns aos outros, estão todos sob a ordem e a razão e, por isso, os imita e se conforma quanto possível com eles. Ou você acha possível não imitar aquilo de que alguém se aproxima com amor?

**Adimanto** – Não, acho impossível.

**S.** – Logo, o filósofo, que vive próximo do que é ordenado e divino, torna-se, quanto seja possível a um homem, ordenado e divino. Entre o povo, no entanto, subsistem muitos preconceitos.

**A.** – Com certeza.

**S.** – Isto implica que, se for inevitavelmente induzido a inserir nos costumes humanos, públicos ou privados, aquilo que considera altivo, em vez de se limitar à própria perfeição, você acha que esse seria um mau mestre de temperança e de qualquer outra virtude social?

**A.** – De jeito nenhum.

**S.** – Se o povo se der conta que dizemos a verdade a respeito do filósofo, continuará a hostilizar os filósofos e desconfiará de nossa afirmação de que o Estado não pode prosperar se não tiver sido projetado por artistas que se sirvam de um modelo divino?

**A.** – Não, não se tornarão hostis se compreenderem isto. Mas qual é o projeto de que você fala?

**S.** – Como tela de seu esboço, tomariam o Estado e seus costumes e como primeira tarefa nada fácil teriam de tentar limpá-la. Você bem sabe que, diferentemente dos outros, não gostariam de se preocupar com cada cidadão em particular nem com o Estado, nem redigir leis, antes de considerarem totalmente limpa essa tela ou de tê-la tornado assim eles mesmos.

**A.** – Está certo.

**S.** – Depois disso, não haveriam de esboçar o plano da constituição?

**A.** – Por certo.

**S.** – Em seguida, a meu ver, lhe aplicariam as cores, volvendo os olhos para duas direções. Primeiro, para o que é por natureza justo, belo, sábio e assim por diante; depois, para o que podem realizar humanamente, misturando e fundindo entre os costumes humanos a cor natural, baseando-se naquele princípio que subsiste no homem e que também Homero considera divino e semelhante aos deuses.

**A.** – Correto.

**S.** – Acho que por vezes haveriam de apagar e por vezes haveriam de mudar a cor até conseguir tornar, na medida do possível, divinas as características humanas.

**A.** – Sem dúvida, esse esboço haveria de se tornar extremamente belo.

**S.** – Estaríamos, portanto, em condições de persuadir aqueles nossos ferrenhos opositores, dos quais você falava há pouco, de que o homem capaz de esboçar a constituição de um Estado seria aquela mesma pessoa que havíamos recomendado antes e contra quem tanto se haviam indignado ao ver que a ela confiávamos o Estado? Ouvindo repetir isso sob esta forma, não haveriam de se aplacar um pouco?

**A.** – Acredito que muito, se forem sábios.

**S.** – Que objeção poderiam fazer? Que os filósofos não gostam do ser e da verdade?

**A.** – Seria um absurdo.

**S.** – Que sua natureza não se aproxima daquele excelente princípio que expusemos?

**A.** – Nem isto poderiam objetar.

**S.** – Que tal natureza, exercendo as funções adequadas, não chegaria a ser perfeitamente boa e filosófica quanto outras? Haveriam de dizer que aqueles indivíduos que excluímos poderiam chegar a isso?

**A.** – Com certeza, não.

**S.** – Haveriam de persistir em seu ódio, se dissermos que até o dia em que a raça dos filósofos não se tornar senhora do Estado, não haverá remédio para as desgraças que atingem o Estado e os cidadãos, nem poderá vir a ser realidade a constituição que estamos planejando teoricamente.

**A.** – Não, quase certamente vão se aborrecer menos.

**S.** – Você quer que suprimamos este "menos" e passemos a considerá-los já persuadidos e aplacados, a tal ponto que possam declarar-se favoráveis a nós, mesmo que seja por mera discrição?

**A.** – De acordo.

## XIV

**Sócrates** – Vamos considerá-los, pois, persuadidos disso. E agora, haveria meio de negar a possibilidade que possa nascer algum descendente de rei ou de tirano com pendor natural para a filosofia?

**Adimanto** – Ninguém poderia fazê-lo.

**S.** – Além disso, se poderia afirmar que, mesmo nascendo com tais disposições, pudessem necessariamente se corromper? Reconhecemos também nós que para eles é muito difícil se salvarem, mas quem poderia sustentar que entre todos e no decorrer dos tempos nenhum sequer consiga se salvar?

**A.** – Ninguém poderia sustentar isto.

**S.** – Assim sendo, para realizar o que por ora parece incrível, bastaria um só com um Estado dócil à sua disposição.

**A.** – Sim, bastaria um.

**S.** – Se um governante impusesse as leis e as instituições de que falamos, não seria impossível que os cidadãos as acatassem com disposição.

**A.** – Naturalmente que não.

**S.** – Será que é impossível e absurdo que algum outro pense como nós?

**A.** – Não acredito.

**S.** – Mas já demonstramos, acredito, que nosso projeto é excelente, contanto que seja exequível.

**A.** – Correto.

**S.** – Por conseguinte, a meu ver, podemos concluir que nosso projeto legislativo é ótimo, se posto em execução, e que sua execução é realmente difícil, mas não impossível.

**A.** – É verdade.

# XV

**Sócrates** – Já que chegamos, não sem esforço, ao fim deste problema, vamos falar do que ainda falta, isto é, do modo, do conhecimento e dos costumes com que educar os defensores da constituição do Estado e em que idade eles devem aplicar-se a tudo isto.

**Adimanto** – Vamos falar disso.

**S.** – Não fui prudente ao deixar de lado anteriormente a espinhosa questão da posse das mulheres, da procriação e da eleição dos magistrados, sabendo que a pura verdade haveria de suscitar irados e desagradáveis protestos. Agora, porém, chegou o momento de falar. A questão das mulheres e dos filhos está praticamente esgotada, mas é necessário retomar quase do início aquela dos governantes. Se você bem lembra, dizíamos que esses devem se revelar patriotas, tanto nas alegrias quanto nos sofrimentos, sem abandonar suas convicções, seja em momentos de dificuldades, seja em momentos de temor, como em qualquer outra situação imprevista. Quem não superasse essas provas deveria ser eliminado e eleger, ao contrário, como governante aquele que em todas as provas saísse incólume como o ouro provado ao fogo, cumulando-o depois de recompensas em vida e após a morte. Tudo isso já foi dito de passagem e veladamente, com receio de suscitar a dificuldade que ora aflora.

**A.** – Lembro bem e você tem razão.

**S.** – Na realidade, eu vacilava em dizer de modo ousado o que acabo de afirmar. Mas é o momento de declarar que os melhores defensores do povo só podem ser os filósofos.

**A.** – Vamos afirmá-lo sem receio.

**S.** – Fique bem atento, porém, porque provavelmente o número deles será reduzidíssimo. De fato, é preciso que tenham aquela natureza que descrevemos e cujos elementos raramente se encontram reunidos num só, mas geralmente estão dispersos entre vários.

**A.** – O que quer dizer?

**S.** – Se têm facilidade para aprender, se têm boa memória, se são inteligentes, perspicazes e assim por diante, você bem sabe que em geral não possuem também a grandeza de alma e a generosidade que os levariam a viver na ordem, na calma e na estabilidade. Ao contrário, indivíduos desse tipo se tornam vítimas da própria vivacidade e se mostram instáveis.

**A.** – Assim é de fato.

**S.** – Pelo contrário, os homens de caráter estável e inquebrantável, que transmitem grande confiança e que na guerra não se deixam vencer pelo temor, não têm a mesma aptidão para os estudos. São como que adormecidos, pesados e tardos de espírito, e quando devem dedicar-se a uma atividade intelectual estão sempre cheios de sono e passam o tempo bocejando.

**A.** – Exatamente.

**S.** – A nosso ver, porém, os governantes devem ter as duas características, do contrário é preciso excluí-los da educação mais apurada, das honras e do poder.

**A.** – Correto.

**S.** – Você não acha, contudo, que isso raramente deverá ocorrer?

**A.** – Sem dúvida alguma.

**S.** – Torna-se necessário, portanto, pô-los à prova nas dificuldades, nos perigos e nos prazeres de que falamos e, além disso, coisa que menosprezamos antes, exercitá-los em diversas disciplinas para apurar se sua inteligência está apta a enfrentar as dificuldades de estudos mais acurados ou se, ao contrário, se entregam ao desânimo como aqueles que fraquejam nos exercícios de ginástica.

**A.** – Deve-se sem dúvida apurar isto. Mas quais são, a seu ver, os conhecimentos fundamentais?

## XVI

**Sócrates** – De certo você se lembra que distinguimos três partes na alma e nos servimos dessa distinção para explicar a justiça, a temperança, a coragem e a sabedoria.

**Adimanto** – Se não me lembrasse, não teria o direito de escutar o resto.

**S.** – E você se lembra do que havíamos afirmado antes ainda?

**A.** – O quê?

**S.** – Dissemos, não recordo bem quando, que para contemplar da melhor maneira possível essas virtudes, seria necessário percorrer um caminho mais longo, ao fim do qual elas se teriam apresentado em plena evidência, e que, não obstante isso, seria sempre possível completar nosso discurso com deduções fundamentadas em nossas premissas. Como vocês afirmaram então satisfeitos, assim, a meu ver, discorremos sobre o assunto sem o rigor requerido, mas isso vocês é que deveriam tê-lo dito.

**A.** – Para mim era o suficiente e assim me parecia que também para os demais.

**S.** – No entanto, meu amigo, em problemas tão importantes, uma medida que falte até muito pouco para a verdade é insuficiente. De fato, nada de imperfeito pode medir coisa alguma, embora para alguns pareça que isso seja suficiente e que não seja preciso aprofundar-se na averiguação.

**A.** – Muitos pensam assim também por preguiça.

**S.** – Sem dúvida, a condição que não se adapta a um defensor das leis e do Estado.

**A.** – Sim, é provável.

**S.** – Assim, meu amigo, é necessário percorrer o caminho mais longo e dedicar-se ao estudo como também à educação física. Caso contrário, como dizíamos, jamais haverá de chegar a aprofundar o conhecimento mais importante, melhor, indispensável para ele.

**A.** – Mas não é aquela de que falamos. Existe, por acaso, algo mais importante que a justiça?

**S.** – Sim, existe. Além do mais, com relação a essas mesmas virtudes não basta que nos limitemos, como acontece agora, a observam o contorno, mas é preciso realizá-las plenamente. Caso contrário, seria ridículo fazer todo o esforço para realizar do modo mais preciso e claro coisas de pouco valor, esquecendo-se que aquelas mais importantes também reclamam maior exatidão.

**A.** – Correto, mas você acha que o deixaremos prosseguir sem perguntar-lhe qual seria, a seu ver, o conhecimento mais importante e qual seu objeto?

**S.** – Não é bem assim. Melhor, pergunte-o você mesmo. Ademais, já me ouviu falar disso reiteradas vezes, mas agora você esqueceu ou pretende me colocar em dificuldade com suas objeções. Essa é minha impressão porque muitas vezes me ouviu falar que o conhecimento mais importante é a ideia do bem e que, com base nele, também os demais conhecimentos se tornam úteis e bons. Você sabe que estou para dizer mais ou menos isto e ainda que não conheçamos de modo suficiente essa ideia. Com essa ignorância, contudo, você sabe que de nada nos serviria, nem para tentar conhecer perfeitamente o resto, assim como sem o bem é inútil a posse de qualquer coisa. Ou você supõe que, porventura, seja vantajoso possuir alguma coisa que não seja boa, ou entender tudo exceto o que é bom e não pensar em nada de belo e de bom?

**A.** – Eu não, por Zeus!

## XVII

**Sócrates** – Você sabe que na opinião de muitos o bem é identificado com o prazer, enquanto que os homens cultos pensam que ele consista na atividade intelectual?

**Adimanto** – Se o sei!

**S**. – Você sabe igualmente que aqueles que assim pensam não são capazes de explicar o que vem a ser a inteligência, mas no fim são obrigados a falar da inteligência do bem.

**A.** – Sim e são causa de riso.

**S**. – Certamente e é ridículo da parte deles que de um lado nos repreendam por não conhecermos o bem e depois nos falem dele como se o conhecêssemos. Afirmam que o pensamento é, em substância, a compreensão do bem, como se nós compreendêssemos o que pretendem dizer com a palavra "bem".

**A.** – Exatamente.

**S**. – E aqueles que identificam o bem com o prazer? Por acaso, erram muito menos que os outros? Não se verão obrigados também a admitir que existem prazeres carregados de culpa?

**A.** – Com certeza.

**S**. – Por isso, suponho que terão de acabar por admitir que as mesmas coisas são boas e más. Ou não?

**A.** – Por certo.

**S**. – E sobre isso não surgem muitas e violentas discussões?

**A.** – Claro.

**S**. – Não é evidente também que muitos gostariam de considerar corretas e belas as próprias opiniões, apesar de sua inconsistência, pô-las em prática e difundi-las, sabendo-se que a ninguém basta possuir as aparências do bem porque a este respeito todos buscam a essência do bem e menosprezam as aparências?

**A.** – Sem dúvida.

**S.** – Ora, esse bem que toda alma procura e por amor do qual tudo faz, percebendo sua existência, embora com incerteza é incapaz de compreender claramente o que poderia ser, nem de crer nele firmemente como crê em outras coisas; esse bem para o qual se está disposto a perder todas as demais vantagens, esse bem tão grande e precioso, haveríamos de dizer que ele deve permanecer oculto também para aqueles cidadãos eminentes a quem haveríamos de confiar todo o resto?

**A.** – De modo algum.

**S.** – Acho, portanto, que não tenha muita importância entregar a um guardião coisas boas e justas, se este ignora sua relação com o bem em si. Prevejo até que, nesse caso, ninguém pode ter conhecimento de tais coisas de modo suficiente.

**A.** – Parece até uma excelente profecia a sua!

**S.** – Então nossa constituição haverá de estar perfeitamente em ordem só no caso em que seja vigiada por um defensor que possua tal ciência?

## XVIII

**Adimanto** – É inevitável. Mas você acha, Sócrates, que o bem se identifica com a ciência, com o prazer ou com alguma outra coisa?

**Sócrates** – Você!? Eu calculava que você não se teria contentado com as opiniões dos outros a respeito.

**A.** – De fato, não me parece sequer correto, Sócrates, saber expor as opiniões dos outros mas não a própria, embora nos ocupemos desse problema há bastante tempo.

**S.** – E lhe parece correto, pois, falar daquilo que ignoramos como se o conhecêssemos?

**A.** – Não assim, mas pelo menos como quem pretende em dizer o que pensa.

**S.** – E daí? Você não notou que as opiniões sem motivo são todas indecorosas? As melhores são cegas, a menos que lhe pareçam diferentes de um cego que prossegue pela estrada certa aqueles que conseguem emitir alguma opinião correta sem compreendê-la.

**A.** – Não, me parecem iguais.

**S.** – Você quer assim mesmo olhar coisas feias, cegas e errôneas, ainda que podendo escutar palavras iluminadas e belas da parte de outros?

**Glauco** – Não, por Zeus! Não pare como se já tivesse chegado ao fim. Para nós basta que você fale do bem como já falou da justiça, da temperança e das outras virtudes.

**S.** – A mim também é o que basta, meu amigo. Creio, contudo, ser incapaz e suscitar o riso com meu zelo inoportuno. De qualquer modo, caríssimos, vamos deixar no momento de estudar a essência do bem, uma questão por demais elevada para que a inspiração desse momento possa me permitir de atingi-la segundo a opinião que dela tenho. Se vocês estiverem de acordo, contudo, gostaria de mostrar qual é o rebento do bem, de todo conforme com sua natureza. Caso contrário, vamos mudar de assunto.

**G.** – Fale tranquilamente. Do pai, você vai falar em outra oportunidade.

**S.** – Gostaria de pagar a vocês a quantia toda, em vez de, como agora, somente os juros. Resgatem, portanto, este fruto, o rebento do bem em si. Prestem bem atenção para que eu não os engane inadvertidamente, falsificando o cálculo dos juros.

**G.** – Estamos sobremodo atentos. Agora, porém, fale!

**S.** – Não antes de me colocar em acordo com vocês e de lhes haver lembrado o que já repetimos diversas vezes.

**G.** – O quê?

**S.** – Que existe uma grande quantidade de coisas belas, boas e assim por diante.

**G.** – De acordo.

**S.** – Mas afirmamos também a existência do belo em si, do bem em si e assim por diante. Cada uma das qualidades que então definimos como múltiplas dizemos que corresponde a uma só ideia e essa a consideramos única.

**G.** – Assim é.

**S.** – E as coisas múltiplas são vistas mas não são pensadas, enquanto as ideias são pensadas mas não são vistas.

**G.** – É verdade.

**S.** – Com que parte de nós mesmos percebemos as coisas visíveis?

**G.** – Com a vista.

**S.** – E com o ouvido as coisas audíveis e com os demais sentidos as coisas sensíveis?

**G.** – Isso mesmo.

**S.** – Logo, você notou que o criador dos sentidos tornou muito mais complexa das outras a capacidade de ver e de ser visto?

**G.** – Na realidade, não.

**S.** – Pense nisto. Ao ouvido falta-lhe um meio de outro tipo para ouvir e à voz para ser ouvida? Alguma coisa de indispensável a um e à outra?

**G.** – Nada.

**S.** – E acho que poucas faculdades, para não dizer nenhuma, sofram de falta semelhante. Você saberia talvez citar alguma?

**G.** – Eu não.

**S.** – Não entendeu, pois, que a faculdade de ver e de ser visto tem necessidade de algo?

**G.** – Em que sentido?

**S.** – Embora a vista resida nos olhos e quem os possuir quiser usá-los, mesmo que os objetos sejam coloridos, se faltar um terceiro elemento indispensável, você sabe que a vista nada verá, nem as cores.

**G.** – De que elemento você fala?

**S.** – Daquele que você chama luz.

**G.** – Tem razão.

**S.** – Na verdade, a capacidade de ver foi vinculada à de ser visto por uma ligação não desprezível, muito maior daquela que liga os outros sentidos a seu objeto, se é verdade que a luz não seja algo desprezível.

**G.** – Pelo contrário!

## XIX

**Sócrates** – Qual é o deus dos céus, cuja luz nos consente de ver da melhor maneira possível os objetos visíveis e a estes de serem vistos?

**Glauco** – Aquele sobre quem estão pensando você e os demais, porquanto obviamente você quer se referir ao sol.

S. – Não é esta, por acaso, a relação que se estabelece entre a vista e esta divindade?

G. – Que relação?

S. – A vista não é idêntica ao sol, nem em si mesma nem nos olhos em que se realiza.

G. – Certamente que não.

S. – E no entanto, a meu ver, é o mais solar dos sentidos.

G. – Com certeza.

S. – E sua faculdade não lhe é conferida pelo sol como um fluido?

G. – Precisamente.

S. – Logo, o sol não é idêntico à vista, mas é a causa dela e como tal é um objeto da própria vista?

G. – Sim.

S. – Fique sabendo então que eu pretendia falar do sol como do filho do bem, criado à sua semelhança, que no mundo visível é análogo, com relação à vista e às coisas visíveis, à inteligência e às demais coisas inteligíveis no mundo inteligível.

G. – Não entendo. Continue a explicação.

S. – Você sabe que os olhos, quando se volvem para objetos cujas cores não são mais iluminadas pela luz do dia, mas somente pelos fulgores da noite, são fracos e parecem quase cegos, como se não vissem bem.

G. – Sim, sei.

S. – Quando, porém, se volvem a objetos iluminados pelo sol, veem com clareza e sua vista é novamente pura.

G. – E daí?

S. – Julgue também que o mesmo acontece à alma. Quando ela se volve para aquilo que é iluminado pela verdade e pelo ser, capta plenamente a essência deles e dá a impressão de ser inteligente. Quando, ao contrário, se volve para aquilo que está envolto na escuridão, para aquilo que nasce e morre, ela alimenta somente opiniões e se enfraquece, revirando-as de todos os modos e parece como que estulta.

G. – É assim mesmo.

S. – Você pode dizer também, portanto, que somente a ideia do bem confere sua verdade aos objetos do conhecimento e ao que os conhece. Ela é, portanto, causa da ciência e da verdade enquanto objetos do conhecimento. Muito embora a ciência e a verdade sejam ambas belas, você deve pensar que existe algo de ainda mais belo. Correto é considerar solares a luz e a vista, mas não se deve identificá-las com o sol. Assim também a ciência e a verdade podem ser corretamente consideradas muito afins ao bem, mas nem uma nem outra idênticas a ele. Uma consideração bem mais elevada toca à natureza do bem.

**G.** – Você lhe atribui uma beleza extraordinária, se ela for capaz de fornecer ciência e verdade, no entanto, em sua essência é ainda mais bela, porquanto você não pretende falar certamente do prazer.

**S.** – Não me venha com bobagens! Considere, porém, sua imagem também de outra maneira.

**G.** – Qual?

**S.** – Você poderia afirmar, suponho, que o sol dá às coisas visíveis não somente a capacidade de serem vistas, mas também a vida, o crescimento e a nutrição, mesmo que não se identifique com a própria vida.

**G.** – Por certo.

**S.** – Também a respeito das coisas inteligíveis, portanto, se pode afirmar que do bem elas recebem não somente o dom de ser conhecidas, mas também a existência e a essência, muito embora o bem não se identifique com a essência, mas por dignidade e poder seja superior também a esta.

## XX

**Glauco** – Por Apolo! Que exagero! – E sorria.

**Sócrates** – A culpa é sua, já que me obriga a dizer o que penso.

**G.** – Melhor ainda, rogo-lhe que não pare ou pelo menos não deixe de desenvolver essa comparação com o sol, sem nada omitir.

**S.** – Certamente andei omitindo vários elementos.

**G.** – Doravante, portanto, não deixe de lado nem o mais irrelevante.

**S.** – Ao contrário, acho que vou deixar muitos de lado. Dentro dos limites possíveis, contudo, estou disposto a não mais fazê-lo.

**G.** – Muito bem.

**S.** – Pense, pois, que existem dois sóis, por assim dizer. Um domina o reino das coisas inteligíveis e o outro aquele das coisas visíveis. Não quero falar do céu para não lhe dar a impressão de criar fantasias sobre essa palavra. Você consegue, porém, distinguir essas duas espécies, a visível e a inteligível?

**G.** – Consigo.

**S.** – Considere, por exemplo, uma linha dividida em dois segmentos desiguais, depois continue a dividi-la da mesma maneira, distinguindo o segmento do tipo visível daquele do tipo inteligível. Com base na relativa clareza e obscuridade dos objetos você vai fazer um primeiro corte, correspondente às imagens. Considero tais em primeiro lugar as sombras, depois os reflexos na água e nos corpos opacos lisos e brilhantes e todos os fenômenos semelhantes a esses. Você está entendendo?

**G.** – Sim, entendo.

**S.** – Considere depois o outro segmento, do qual o primeiro é a imagem. Ele corresponde aos seres vivos, às plantas, a tudo o que existe.

**G.** – Muito bem.

**S.** – Você está inclinado a admitir que o mundo visível pode ser dividido em verdadeiro e falso e que a imagem está para o modelo como a opinião para a verdade?

**G.** – Sim, sem dúvida alguma.

**S.** – Veja agora como é preciso dividir o segmento que corresponde ao tipo inteligível.

**G.** – Isto é?

**S.** – Na primeira seção de tal segmento, a alma, usando como imagens as coisas que no outro segmento eram os modelos, é obrigada a proceder por hipóteses, ao longo de um caminho que a conduz não para o princípio mas para o fim. Depois, na segunda seção, ela procede em direção ao princípio absoluto sem recorrer às hipóteses e às imagens, conduzindo sua pesquisa somente por intermédio das ideias.

**G.** – Não entendi bem esta parte.

**S.** – Vou explicá-la de novo. Talvez depois do que vou dizer agora, você irá entender melhor. Você sabe, acho, que os peritos em geometria, em aritmética e em cálculos semelhantes pressupõem o par e o ímpar, as figuras geométricas, as três espécies de ângulos e outros postulados análogos de acordo com a pesquisa que estão fazendo. Todos esses elementos eles os consideram como coisa comprovada, como premissas hipotéticas, tão evidentes que não requerem justificativa alguma. Depois, partindo destes, explicam o resto e, ao final, chegam à demonstração que procuravam.

**G.** – Sei muito bem disso.

**S.** – Então, você sabe também que utilizam figuras visíveis e raciocinam a respeito, embora não pensem nelas mas a seus respectivos modelos. Eles fazem os cálculos do quadrado e do diâmetro em si, não daqueles desenhados e assim por diante. Servem-se das figuras que constroem e desenham, como se fossem sombras e imagens refletidas na água, como se fossem imagens também elas, procurando contemplar a essência daqueles seres que se compreendem somente com o pensamento.

**G.** – Você tem razão.

# XXI

**Sócrates** – Este é o tipo inteligível de que eu falava antes, que a alma é obrigada a estudar por vias hipotéticas, sem chegar ao princípio, exatamente porque não se pode elevar acima das hipóteses. Ela se serve como que de imagens das coisas que no segmento inferior são imitadas e passa de umas às outras porque as pode considerar mais evidentes.

**Glauco** – Entendo que você pretende falar do modo como se procede em geometria e nas disciplinas afins.

**S.** – Agora vou dizer o que considero como segundo segmento do mundo inteligível. Ele é compreendido somente pela razão mediante a dialética que interpreta as hipóteses não como princípios, mas sim como hipóteses, como premissas e pontos de partida para chegar ao princípio absoluto de cada coisa. Alcançado este, a razão vai novamente ao fim por intermédio da sucessão das consequências, sem qualquer referência sensível, mas passando de uma ideia a outra e permanecendo em seu âmbito até o fim.

**G.** – Parece que estou entendendo, ainda que não perfeitamente. Esse problema me parece realmente difícil. Resumindo, você quer afirmar que o conhecimento do ser inteligível obtido com a dialética é mais correto do que aquele oferecido pelas chamadas ciências, cujos princípios são hipotéticos. Hipóteses que é preciso estudar com o pensamento e não com os sentidos. Mas como os cientistas não remontam ao princípio, mas partem das hipóteses, lhe parece que eles não captam plenamente essas realidades, ainda que inteligíveis com um princípio. E acho que você considera pensamento discursivo, não inteligência, a condição da geometria e das outras disciplinas afins, isto é, um pensamento intermediário entre a opinião e a inteligência.

**S.** – Você entendeu muito bem! E agora, aos quatro segmentos é preciso fazer corresponder as quatro condições espirituais: ao segmento superior a inteligência, ao segundo o pensamento discursivo, ao terceiro o consentimento e ao último, a conjectura. Depois, coloque-os em ordem segundo o princípio que tanto maior será sua evidência, quanto maior sua participação na verdade.

**G.** – Entendo, aprovo e os coloco na ordem que você acaba de dizer.

# Livro VII

## I

**Sócrates** – Agora, com relação à cultura e à falta dela, imagine nossa condição da seguinte maneira. Pense em homens encerrados numa caverna, dotada de uma abertura que permite a entrada de luz em toda a extensão da parede maior. Encerrados nela desde a infância, acorrentados por grilhões nas pernas e no pescoço que os obrigam a ficar imóveis, podem olhar para a frente, porquanto as correntes no pescoço os impedem de virar a cabeça. Atrás e por sobre eles, brilha a certa distância uma chama. Entre esta e os prisioneiros delineia-se uma estrada em aclive, ao longo da qual existe um pequeno muro, parecido com os tabiques que os saltimbancos utilizam para mostrar ao público suas artes.

**Glauco** – Estou imaginando tudo isso.

**S**. – Suponha ainda ao longo daquele pequeno muro homens que carregam todo tipo de objetos que aparecem por sobre o muro, figuras de animais e de homens de pedra, de madeira, de todos os tipos de formas. Alguns dentre os homens que as carregam, como é natural, falam, enquanto outros ficam calados.

**G**. – Que visão estranha e que estranhos prisioneiros!

**S**. – Malgrado isso, são semelhantes a nós. Pense bem! Em primeiro lugar, deles mesmos e de seus companheiros poderiam ver algo mais do que as sombras projetadas pela chama na parede da caverna diante deles?

**G.** – Impossível, se foram obrigados a ficar por toda a vida sem mover a cabeça.

**S.** – E não se encontram na mesma situação no tocante aos objetos que desfilam perante eles?

**G.** – Certamente.

**S.** – Supondo que pudessem falar, você não acha que considerariam reais as figuras que estão vendo?

**G.** – Sem dúvida alguma.

**S.** – E se a parede oposta da caverna fizesse eco? Quando um dos que passam se pusesse a falar, você não acha que eles haveriam de atribuir aquelas palavras a sua sombra?

**G.** – Claro, por Zeus!

**S.** – Então para esses homens a realidade consistiria somente nas sombras dos objetos.

**G.** – Obviamente haveria de ser assim.

**S.** – Vamos ver agora o que poderia significar para eles a eventual libertação das correntes e da ignorância. Um prisioneiro que fosse libertado e obrigado a se levantar, a virar a cabeça, a caminhar e a erguer os olhos para a luz, haveria de sofrer ao tentar fazer tudo isso, ficaria aturdido e seria incapaz de discernir aquilo de que antes só via a sombra. Se a ele se dissesse que antes via somente as aparências e que agora poderia ver melhor porque seu olhar está mais próximo da realidade e voltado para objetos bem reais; se lhe fosse mostrado cada um dos objetos que desfilam e se fosse obrigado com algumas perguntas a responder o que seria isso, como você acha que ele haveria de se comportar? Você não acha que ficaria atordoado e haveria de considerar as coisas que via antes mais verdadeiras do que aquelas que lhe são mostradas agora?

**G.** – Sem dúvida, muito mais verdadeiras.

## II

**Sócrates** – Se fosse obrigado a olhar exatamente para a luz, não haveria de sentir os olhos doloridos e não tentaria de desviá-los e dirigi-los para o que pode ver? Não haveria de acreditar que isto seria na realidade mais verdadeiro do que agora se quer mostrar a ele?

**Glauco** – Certamente.

**S.** – E se alguém o tirasse à força dali, fazendo-o subir pela áspera e íngreme subida, libertando-o somente depois de tê-lo levado à luz do sol, o prisioneiro não sentiria dor e ao mesmo tempo raiva por ser assim arrastado? Uma vez fora, à luz do dia, por acaso não é verdade que, com seus olhos cegados pelos raios do sol, não conseguiria contemplar sequer um só dos objetos que agora nós consideramos reais?

**G.** – Sim, pelo menos não de imediato.

**S.** – Acho que precisaria de tempo para habituar-se a contemplar essas realidades superiores. Primeiramente, haveria de ver com a maior facilidade as sombras, depois as figuras humanas e todas as outras refletidas na água e, por último, poderia vê-las como são na realidade. Após isso, seria capaz de fitar os olhos nas constelações e contemplaria o próprio céu à noite, à luz das estrelas e da lua, mais facilmente que durante o dia, sob o esplendor do sol.

**G.** – Sem sombra de dúvida.

**S.** – Acho que, por fim, haveria de contemplar o sol, não sua imagem refletida na água ou em qualquer outra superfície, mas em sua realidade, assim como realmente é, em seu próprio lugar.

**G.** – Perfeito.

**S.** – Depois passaria a refletir que é o sol que produz as estações e os anos, que governa todos os fenômenos do mundo visível e que, de algum modo, é ele a verdadeira causa daquilo que os prisioneiros viam.

**G.** – Evidente que refletindo assim chegaria gradualmente a essas conclusões.

**S.** – E depois? Lembrando-se de sua antiga morada, da ideia de sabedoria que lá imperava e de seus velhos companheiros de prisão, não se consideraria afortunado pela mudança efetuada e não sentiria compaixão por eles?

**G.** – Obviamente.

**S.** – Se aqueles da caverna inventassem atribuir honras, elogios e prêmios a quem melhor visse a passagem das sombras e se recordasse com maior exatidão quais passavam primeiro, quais por último e quais passavam juntas e, com base nisso, adivinhasse com grande habilidade aquelas que passavam em cada preciso momento, você acha que ele ficaria com desejo e com inveja de suas honras e de seu poder ou se haveria de encontrar na condição do herói homérico e preferiria ardentemente "trabalhar como assalariado a serviço de um pobre camponês" e sofrer qualquer privação, antes que dividir as opiniões deles e voltar a viver à maneira deles?

**G.** – Sim, acho que aceitaria sofrer qualquer tipo de privação, antes de retornar a viver daquela maneira.

**S.** – Mais um ponto a ser considerado. Se aquele homem tivesse de descer novamente e retomar seu lugar, não haveria de sentir os olhos doloridos por causa da escuridão, vindo inopinadamente do sol?

**G.** – Certamente.

**S.** – Se, enquanto tivesse a vista confusa pelo tempo que se passaria antes que os olhos se acostumassem novamente com a obscuridade, devesse avaliar novamente aquelas sombras e apostasse com aqueles eternos prisioneiros, você não acha que passaria por ridículo e dele diriam que sua saída lhe havia arruinado a vista e que sequer valia a pena enfrentar essa subida? Não haveria de ser morto aquele que tentasse libertar e fazer subir os outros, bastando para isso que o tivessem entre as mãos para o matar?

**G.** – Não há dúvida alguma.

## III

**Sócrates** – Agora, caro Glauco, é preciso aplicar toda esta alegoria a tudo o que dissemos antes. Compare o mundo visível à caverna e a chama que a alumia ao sol. A subida do cativo para contemplar a realidade superior, você não haveria de se desiludir, se a comparasse à alma que se eleva para o mundo inteligível. Essa é minha interpretação, uma vez que você quer conhecê-la, mas só Deus sabe se é verdadeira. De qualquer forma, assim penso. A ideia do bem representa o limite extremo e a custo discernível do mundo inteligível, mas quando compreendida, se impõe à razão como a causa universal de tudo o que é bom e belo. Ela gerou no mundo visível a luz e as fontes da luz, enquanto que no mundo inteligível ela mesma abre as portas da verdade e da inteligência e quem queira se portar sabiamente em particular e em público deve contemplar essa ideia.

**Glauco** – Estou de pleno acordo, dentro dos limites de minha capacidade de compreensão.

**S.** – Vamos adiante, pois, e continue a dar-me razão. Não se maravilhe que aqueles que tiverem chegado a esse ponto não queiram mais se interessar pelas vicissitudes humanas, mas espiritualmente tendam a permanecer sempre no alto. De fato, é natural que isso aconteça, se a alegoria apresentada merece realmente crédito.

**G.** – Certamente. É natural.

**S.** – Você não haveria de julgar estranho que um homem que passasse dessa contemplação divina para as misérias humanas se comportasse de modo simplório e ridículo, porquanto ainda permanece atordoado e obrigado, antes de se ter habituado convenientemente a essa obscuridade, a defender-se nos tribunais e em outros lugares das sombras da justiça e das figuras que projetam aquelas sombras ou a refutar a interpretação de tais figuras diante de quem jamais contemplou a essência da justiça?

**G.** – Não é estanho sob hipótese alguma.

**S.** – Um homem sensato, porém, haveria de se lembrar que as perturbações que afetam os olhos são de dois tipos e têm duas causas: a passagem da luz para a sombra e aquela da sombra para a luz. Aplicando isso à visão da alma, não haveria de rir tresloucadamente quando visse uma alma perturbada e incapaz de discernir alguma coisa, mas se perguntaria se não estaria conturbada pela falta de adaptação porque proveniente de uma existência mais luminosa ou se, ao contrário, estaria ofuscada por uma luz mais resplendente porque proveniente de uma condição de ignorância maior. Então, no primeiro caso, haveria de se cumprimentar por seu embaraço, tendo em vista sua condição superior, mas se lamentaria no segundo caso. Mas se quisesse rir-se desse estado, seu riso seria menos inoportuno para a alma que viesse do alto e da luz.

**G.** – Você tem razão.

# IV

**Sócrates** – Se isso é verdade, deve-se concluir que a cultura não é o que alguns imaginam que seja. Eles afirmam que pode introduzir a ciência numa alma que não a possui, como se comunica a visão aos que não veem.

**Glauco** – De fato, dizem isso mesmo.

**S.** – Mas o discurso atual nos faz ver que na alma de cada um subsiste essa faculdade, junto de um órgão que torna possível o conhecimento, à semelhança dos olhos que não podem se volver das trevas para a luz sem que todo o corpo se volte nessa direção. Assim também a inteligência se deve voltar, com toda a alma, da visão do que nasce à contemplação do ser e de sua parte mais luminosa, e isto, a nosso ver, é o próprio bem. Ou não é?

**G.** – Sim, é isto mesmo.

**S.** – Deve, pois, haver uma arte para fazer volver da maneira mais fácil e eficaz esse órgão da compreensão. Não se trata de lhe conferir a faculdade visiva que já a possui, ao contrário desviá-la de sua direção equivocada e volvê-la para a direção que deve olhar.

**G.** – Parece que seja assim.

**S.** – Também as outras faculdades chamadas psíquicas talvez sejam afins às do corpo. Quando não são inatas, podem ser adquiridas com o hábito e o exercício, mas o pensamento, pelo que parece, diz respeito a um objeto mais divino que jamais perde seu poder, embora, de acordo com a direção a que se volta, pode-se tornar útil e vantajoso ou inútil e prejudicial. Você não entendeu ainda que as pessoas consideradas desonestas e inteligentes têm a vista muito perspicaz e observam com agudeza aquilo para que seu espírito se volta, exatamente porque seu modo de ver não é insignificante mas está voltado para um fim maléfico, de tal sorte que quanto maior é sua perspicácia, tanto mais grave é o prejuízo que produz?

**G.** – Exatamente.

**S.** – Se, no entanto, uma alma dessas fosse submetida desde a infância a uma operação cirúrgica para lhe extrair aqueles pesos de chumbo do futuro de que é portadora e que a ela aderem por meio dos festins e prazeres semelhantes da gula, levando-a a anelar sempre por coisas inferiores; se conseguisse se libertar desses pesos e se voltasse para a verdade, essa mesma natureza haveria de ver a realidade com a mesma perspicácia com que por ora vê aquilo para que se volve.

**G.** – Com muita probabilidade.

S. – Com base em nossas premissas, nunca seria sequer lógico confiar o Estado aos incultos e aos que ignoram a verdade, nem àqueles aos quais é permitido passar toda a sua existência no estudo. Aos primeiros, porque na vida não têm um único objetivo a perseguir em cada ação de sua vida particular ou pública. Aos segundos, porque não estariam dispostos a enfrentar isso, porquanto já se consideram em vida como que transportados para as ilhas dos bem-aventurados.

G. – É verdade.

S. – A nós, portanto, que fundamos um Estado incumbe obrigar os de melhor caráter a dedicar-se ao que definimos antes como a coisa mais importante, ou seja, a contemplar o bem e a se empenhar em enfrentar essa subida. Quando a tiverem galgado e tenham visto o suficiente, não devemos permitir a eles o que agora lhes é permitido.

G. – O quê?

S. – De ficar lá em cima, recusando-se a descer novamente entre aqueles prisioneiros e a participar de suas fadigas e de seus prêmios, por frívolos ou sérios que pareçam.

G. – Mas então estaríamos exercendo coação sobre eles e os obrigaríamos a viver pior do que poderiam?

## V

**Sócrates** – Uma vez mais você esqueceu, meu amigo, que a lei não visa o bem-estar absoluto de uma só classe de cidadãos, mas ao contrário procura que no Estado este seja alcançado com a concórdia entre todas as classes, seja por meio da persuasão, seja pela coação, obrigando a todas a repartir entre si a contribuição que cada uma delas está em condições de trazer para a coletividade. Se a lei assim os torna cidadãos, seu objetivo não é o de deixá-los livres para fazer o que quiserem, mas de obrigar a cada um a colaborar para a concórdia no Estado.

**Glauco** – É verdade, eu tinha esquecido.

S. – Observe, portanto, Glauco, que não vamos agir de modo injusto com os filósofos que se formaram conosco, mas lhes colocaremos boas razões para obrigá-los a cuidar dos demais concidadãos e a protegê-los. Diríamos a eles, portanto: "Em outros Estados, aqueles que se tornam filósofos têm razão em não participar dos encargos políticos, exatamente porque só a si são devedores de quanto sabem, mesmo contra a vontade de todos aqueles governos. E é justo que aquilo que se desenvolve por si mesmo, sem dever nada a ninguém por seu crescimento, a ninguém pague o preço. Nós, pelo contrário, vos formamos para vós mesmos mas também para o resto da república, como chefes e rainhas de colmeias, vos educamos melhor e de modo mais profundo do que eles e mais capazes para exercer ambas as atividades. Devereis descer, portanto, cada um por sua vez, à morada dos outros e vos acostumar a enxergar nas trevas. Quando estiverdes habituados, havereis de enxergar mil vezes melhor do que aqueles lá debaixo e havereis de compreender o que vem a ser e o que pode representar cada uma das sombras, porque já havereis visto a verdade com relação ao belo, ao justo e ao bem. Assim, como homens atentos a tudo, haveremos de governar juntos o Estado, bem ao contrário do que ocorre agora, quando quase todos os Estados são governados por pessoas adormecidas que combatem pelas sombras e lutam entre si pelo poder, como se fosse um bem precioso. Esta, no entanto, é a verdade: será governado da melhor maneira e de modo mais equânime aquele Estado em que aquele que deve governar não tenha a ânsia de fazê-lo, enquanto o contrário ocorre se os governantes têm ambição pelo poder."

**G.** – É a pura verdade.

**S.** – Você acha, porém, que nossos discípulos haveriam de acreditar em nossos argumentos, se recusariam de colaborar, cada um por sua vez, e passariam a maior parte de seu tempo no mundo das ideias?

**G.** – Impossível, porque daríamos ordens justas a pessoas certas. Cada um deles, sobretudo nesse caso, assumiria a função de governar como um dever inevitável, contrariamente do que ocorre com os governantes que ora dirigem os outros Estados.

**S.** – Assim é, amigo. Só é possível encontrar um bom governo, onde a condição dos homens destinados ao poder é preferível ao próprio poder. Porque só aí haverão de ter o poder os verdadeiros ricos, não em ouro, mas daquilo que devem ser ricos os homens felizes, isto é, de um modo de vida honesto e sábio. Mas se dominarem a política os esfarrapados com fome de propriedade privada, na esperança de conseguir lucros fabulosos, um bom governo não será possível. De fato, o poder será ambiciosamente disputado e uma guerra desse tipo, doméstica e civil, acabará por levar eles próprios e aos demais à ruína.

**G.** – Sem dúvida alguma.

**S.** – Você saberia indicar outro modo de vida que despreze os cargos políticos que não o dos filósofos?

**G.** – Eu não, por Zeus!

**S.** – Com toda a certeza deve-se evitar chegar ao poder com paixão, do contrário rivalidades e lutas serão inevitáveis.

**G.** – E que dúvida!

**S.** – A quem você obrigaria a proteger o Estado, senão àqueles que, melhor instruídos na arte de governar, que gozam de outras honras e vivem vida mais preciosa do que aquela do homem político?

**G.** – A ninguém mais.

# VI

**Sócrates** – Você quer que examinemos como formar esses homens e como conduzi-los à luz, da maneira como se diz que alguns do Hades ascenderam para junto dos deuses?

**Glauco** – É óbvio que quero!

**S.** – Parece-me, porém, que isto não é como no jogo dos meninos de lançar uma concha para o ar para ver de que lado haveria de cair, mas uma mudança espiritual de um dia tenebroso para aquele verdadeiro, uma efetiva ascensão para o ser. Isto é o que consideramos verdadeira filosofia.

**G.** – Não há dúvida.

**S.** – É preciso, portanto, descobrir qual ciência poderia produzir esse efeito?

**G.** – Certamente.

**S.** – Qual poderia ser, Glauco, a ciência que eleva a alma do devir ao ser? Enquanto falo, me ocorre outra coisa. Não dissemos que durante a juventude nossos filósofos devem ser atletas da guerra?

**G.** – Sim, o dissemos.

**S.** – Logo, a ciência que procuramos deve ter também outra característica.

**G.** – Qual?

**S.** – A de não ser inútil para os guerreiros.

**G.** – Sim, se possível.

**S.** – E antes disso, não os educamos na ginástica e na música?

**G.** – Foi o que fizemos.

**S.** – Mas a ginástica tem por objeto o que nasce e morre, porquanto supervisiona o crescimento e a decadência do corpo.

**G.** – Parece que sim.

**S.** – Logo, a ciência que procuramos não pode ser esta.

**G.** – Certo que não.

**S.** – Seria talvez a música, tal como a descrevemos?

**G.** – Mas esta, se bem se lembra, era um complemento da ginástica porque educa harmonicamente o caráter dos defensores comunicando a eles não uma ciência, mas um bom acordo, uma euritmia segundo o ritmo musical e outros hábitos similares na expressão de discursos míticos ou verídicos. Nem a música, pois, contém aquela ciência que conduz ao que você agora procura.

**S.** – Você me lembra exatamente o que dissemos. Na realidade, a música não conteria nada de similar. Mas então, caro Glauco, qual seria essa ciência? Porque todas as artes nos pareceram inferiores e mecânicas.

**G.** – Por certo! Mas o que resta além da música, da ginástica e outras artes?

**S.** – Vejamos. Se não encontrarmos nada, vamos procurar uma ciência que se aplica a todo objeto.

**G.** – E qual seria?

**S.** – Aquela, por exemplo, de que se servem todas as artes, as operações intelectuais e as ciências. Aquela que todos devem aprender muito cedo.

**G.** – Ou seja?

**S.** – Aquela tão comum que distingue o um, o dois e o três. Aquela, enfim, que chamo de ciência dos números e do cálculo. Porque, não é verdade que toda arte e toda outra ciência dela se serve?

**G.** – Sim.

**S.** – Portanto, dela faz uso também a arte da guerra?

**G.** – Claro que sim.

**S.** – Na verdade, Palamedes, nas tragédias nos apresenta quase sempre a figura de Agamenon como ridícula. Você não notou que é ele, o inventor da aritmética, que dispõe os soldados no campo de batalha diante de Troia e que conta os navios e todo o resto, como se antes dele ninguém jamais os tivesse contado, e que Agamenon, pelo que parece, sequer sabia quantos pés tinha, pois não sabia contar? Que ideia você quer que se faça de semelhante general?

G. – Seria realmente um absurdo se isto fosse verdade.

## VII

**Sócrates** – Não deveríamos incluir, portanto, entre os conhecimentos indispensáveis a um guerreiro o cálculo e a aritmética?

**Glauco** – Particularmente esta, se quiser entender algo de tática, mas sobretudo se quiser ser homem.

S. – Será que você está de acordo comigo no tocante a essa ciência?

G. – Em que sentido?

S. – No sentido de que essa talvez seja uma daquelas que procuramos e que se constitui num guia para a compreensão intelectual. Infelizmente ninguém a usa corretamente, muito embora ela seja realmente capaz de elevar o homem em direção ao ser em si.

G. – O que você pretende dizer?

S. – Vou tentar esclarecer meu pensamento. Siga-me e observe o modo como distingo o que conduz à nossa meta e o que não. Concorde comigo ou refute minhas colocações. Assim, veremos mais claramente se meu pressentimento corresponde à realidade.

G. – Fale, pois!

S. – Sugiro que, se você observar atentamente, alguns objetos sensíveis não incitam o pensamento à reflexão porque já são percebidos de modo satisfatório pelos sentidos. Outros, porém, exigem realmente a contribuição do pensamento porque os sentidos não podem extrair deles nada de válido.

G. – Você alude, evidentemente, às coisas vistas de longe e àquelas desenhadas em perspectiva.

S. – Você não entendeu plenamente o que pretendo dizer.

G. – O que você quer dizer então?

S. – As coisas que não provocam a reflexão são aquelas que

não suscitam impressões contraditórias. Estas, ao contrário, eu as considero estimulantes porque os sentidos não demonstram de modo algum isto mais que aquilo, nem de perto, nem de longe. Vou explicar melhor meu pensamento da seguinte maneira: estes, por exemplo, são três dedos, o polegar, o indicador e o médio.

G. – Por certo.

S. – Imagine que os estamos vendo de perto, mas considere outra coisa.

G. – Qual?

S. – Cada um deles parece igualmente um dedo, não havendo diferença alguma se visto ao centro ou nas extremidades, se branco ou preto, grosso ou delgado e assim por diante. Tudo isso, na verdade, não obriga a maioria das pessoas a se perguntar o que vem a ser um dedo porque em caso algum a vista sugere que o dedo não seja um dedo, mas sim qualquer outra coisa.

G. – Certamente que não.

S. – Logo, um objeto semelhante não pode despertar nem provocar a reflexão.

G. – Parece que não.

S. – Mas a vista pode perceber de modo suficiente suas dimensões, pequenas ou grandes, e lhe é de todo indiferente que um dedo esteja no meio e não nas extremidades da mão? Isso valeria também com relação à grossura e à magreza, à moleza e à dureza? E os demais sentidos não são insuficientes para determinar tais qualidades? Ou cada um deles procede da seguinte forma: primeiro, o órgão do sentido destinado a determinar a dureza deve se encarregar também de determinar a moleza e transmite à alma que percebe o mesmo objeto como duro ou mole ao mesmo tempo?

G. – É assim mesmo.

S. – Mas não é inevitável que em tais circunstâncias a alma fique em dúvida, não sabendo o que essa sensação considere duro, se diz que o mesmo objeto é também mole? E o que pretenderia dizer a sensação encarregada da leveza e do peso com os termos "leve" e "pesado", visto que diz do mesmo objeto que é leve e pesado ao mesmo tempo?

G. – Certamente, estas indicações parecem estranhas para a alma e reclamam uma avaliação.

S. – É provável, portanto, que em tal caso a alma chame primeiramente em seu auxílio o cálculo e a reflexão para avaliar se cada uma das informações recebidas dos sentidos se refere a uma só coisa ou a duas.

**G.** – Precisamente.

**S.** – Por isso, julga-se que são duas coisas, cada uma delas não se revela específica e distinta da outra?

**G.** – Sim.

**S.** – Se, portanto, cada uma delas lhe parece uma coisa só, e uma e outra juntas são duas, a alma as conceberá separadamente. Se assim não fosse, não as conceberia como duas distintas, mas como uma coisa única.

**G.** – Correto.

**S.** – A vista, dizíamos, percebe o grande e o pequeno, não de modo distinto, mas de maneira um tanto confusa. Não é assim?

**G.** – Perfeitamente.

**S.** – Para esclarecer esse problema, o pensamento se viu obrigado a distinguir o grande e o pequeno, não em conjunto mas separadamente, seguindo um procedimento oposto ao da vista.

**G.** – É verdade.

**S.** – Logo, não é a partir daí que, de alguma maneira, se começa a perguntar sobre a essência do grande e do pequeno?

**G.** – Exatamente.

**S.** – Da mesma maneira distinguimos o que é inteligível e o que é visível.

**G.** – Perfeito.

## VIII

**Sócrates** – Era isto que eu queria fazê-lo compreender quando afirmava que algumas coisas estimulam a reflexão e outras não. Designo como estimulantes aquelas que suscitam nos sentidos duas impressões opostas, enquanto as demais, a meu ver, não provocam a reflexão.

**Glauco** – Agora entendo e penso exatamente como você.

**S.** – Mas em qual das duas categorias você acha que entram o número e a unidade?

**G.** – Não saberia dizê-lo.

**S.** – Pode ser deduzido das premissas. Com efeito, se a essência da unidade é captada adequadamente pela vista ou por qualquer outro órgão dos sentidos, ela não pode levar à contemplação do ser, como dizíamos a propósito dos dedos da mão. Se, no entanto, ela suscitar sempre impressões contraditórias, de sorte a não parecer unidade mais que seu contrário, então é necessário um juiz para resolver o problema, obrigando-se a alma a duvidar e a avaliar pela reflexão, perguntando-se qual seria portanto a essência da unidade. E assim o conhecimento da unidade poderia fazer parte daquilo que atrai e volve o espírito à contemplação do ser.

G. – E isto é verdade sobretudo para a visão da unidade porque nós vemos a mesma coisa ao mesmo tempo como uma e múltipla até o infinito.

S. – E o que vale para a unidade, não vale também para todos os outros números?

G. – Sem dúvida.

S. – Ora, toda a ciência do cálculo e a aritmética têm por objeto os números.

G. – Certamente.

S. – E parece que estas disciplinas conduzem para a verdade.

G. – De modo admirável.

S. – Portanto, uma das disciplinas que procuramos é essa. De fato, um guerreiro deve aprendê-la para suas táticas, um filósofo para atingir o ser, emergindo do devir, caso contrário nunca haverá de ser um perito em aritmética.

G. – Isso mesmo.

S. – Mas nosso defensor seria guerreiro e filósofo ao mesmo tempo.

G. – Sim.

S. – Seria, portanto, conveniente, Glauco, tornarmos obrigatória essa ciência e convencermos aqueles que são destinados a ocupar os mais altos cargos a enfrentar o estudo, não superficialmente, da aritmética até atingir com a inteligência pura a compreensão da natureza dos números, não para a compra e venda como fazem os comerciantes e mercadores, mas para a guerra e para facilitar ao espírito a passagem do devir para a verdade do ser.

G. – Belas palavras!

S. – Entrementes falo, dou-me conta de quão bela e útil é a aritmética sob múltiplos aspectos para alcançarmos nosso objetivo, contanto que seja cultivada para o conhecimento e não para o lucro.

G. – Em que sentido?

**S.** – Como acabamos de afirmar, ela transmite ao espírito um grande impulso para o alto e o obriga a refletir sobre a natureza dos números em si mesmos, sem jamais aceitar que se fale de números com referência a coisas visíveis e palpáveis. Você sabe, com certeza, que os peritos ridicularizam aqueles que tentam dividir teoricamente a unidade em si. Isto, eles não admitem. Se você tentar dividi-la, eles imediatamente a multiplicam, receando que a unidade não pareça mais uma, mas um amontoado de muitas partes.

**G.** – É bem verdade o que você diz.

**S.** – Imagine se lhes perguntássemos: "Admiráveis personagens, de que números falais? Onde pretendeis encontrar a unidade que procurais, cada uma perfeitamente igual à outra, sem a mínima diferença, sem nenhuma parte que a componha?" Diga-me, Glauco, o que é que você acha que haveriam de me responder?

**G.** – Acho que isto: que eles falam daquilo que se pode somente pensar e que não é possível tratar de nenhum outro modo.

**S.** – Você não vê, portanto, meu caro, que talvez esta disciplina é realmente indispensável para nós, visto que evidentemente obriga o espírito a prosseguir em direção da verdade unicamente por meio do puro pensamento?

**G.** – Sim, é efetivamente adequada a produzir esse efeito.

**S.** – E você já deve ter observado que os matemáticos são rápidos por natureza para aprender todas as coisas e que as inteligências tardas, se educadas e treinadas na aritmética, se tornam pelo menos um pouco mais perspicazes?

**G.** – É verdade.

**S.** – Apesar disso, acho que não seria fácil encontrar outra disciplina mais difícil para quem a estuda e a pratica.

**G.** – Certamente que não.

**S.** – Por todas essas razões, cumpre não negligenciá-la, mas ensiná-la aos espíritos mais dotados.

**G.** – De pleno acordo.

## IX

**Sócrates** – Que esta seja, portanto, a primeira disciplina que haveremos de impor. Vamos ver agora se nos convém outra ciência que se prende à primeira.

**Glauco** – Qual? Talvez você pretenda falar da geometria?

**S**. – Exatamente.

**G**. – Útil é, sem dúvida, para a guerra. De fato, há muita diferença entre ser perito em geometria ou não para a finalidade de estabelecer o local de um acampamento, tomar posição, estreitar ou alargar fileiras e executar todas as outras manobras em campo de batalha e em marcha.

**S**. – Para esse fim, contudo, é suficiente uma pequena parte da geometria e da aritmética. O que nos importa é examinar se sua maior e mais elevada parte possa trazer alguma contribuição para tornar mais fácil a contemplação da ideia do bem. E esse efeito, nós o dissemos próprio das ciências que impelem o espírito a voltar-se para o lugar onde está o mais feliz dos seres que de todos os modos é necessário contemplar.

**G**. – Você tem razão.

**S**. – Logo, se a geometria obriga a contemplar o ser em si é útil, caso contrário, não.

**G**. – De acordo.

**S**. – Não há ninguém que, por pouco conhecedor de geometria que seja, não possa negar que essa ciência é exatamente o contrário do que pensam sobre ela os que dela fazem uso.

**G**. – Em que sentido?

**S**. – Eles falam dela de modo bastante ridículo e mesquinho. Sem jamais perder de vista os usos práticos, falam em traçar quadrados, em partir de uma dada linha, em acrescentar outros elementos e assim por diante. Em vez disso, essa disciplina deve ser cultivada inteira e exclusivamente para o conhecimento.

**G**. – Exatamente.

**S**. – Não conviria admitir também outra coisa?

**G**. – Qual?

**S**. – Que se deve estudar a geometria para conhecer o ser em si e não o que nasce e morre.

**G**. – Por certo, a geometria é realmente conhecimento do ser imutável.

**S**. – Em decorrência disso, meu caro amigo, ela pode atrair o espírito para a verdade e produzir um pensamento filosófico que volva para o alto aquela faculdade que agora nós, por falta de objetivo, volvemos para baixo.

**G.** – Sim, sem dúvida é possível.

**S.** – Por isso, envidaremos todo esforço para que os cidadãos de nosso belo Estado não negligenciem de modo algum a geometria, porque até suas vantagens secundárias não são de pouca monta.

**G.** – E quais seriam?

**S.** – Aquelas que você mesmo lembrou, referindo-se à guerra e a todas as disciplinas. A geometria proporciona facilidade em aprendê-las e subsiste total diferença entre aquele que a conhece e aquele que não.

**G.** – Realmente total, por Zeus!

**S.** – Devemos, portanto, impor aos jovens também essa segunda disciplina?

**G.** – Devemos.

## X

**Sócrates** – E como terceira disciplina, tornaríamos obrigatório o estudo da astronomia? Ou você não concorda?

**Glauco** – Concordo. Ficar mais atentos às estações, aos meses e aos anos me parece útil não somente para a agricultura e a navegação, mas também e sobretudo para as estratégias de guerra.

**S.** – Você me leva ao riso porque me parece que tem medo de dar a impressão de introduzir disciplinas inúteis na educação. Ao contrário, é muito importante mas difícil de acreditar que graças a essas disciplinas se purifica e se reaviva em cada um de nós um órgão da alma já arruinado e atrofiado pelas outras ocupações da vida e que, contudo, mereceria ser salvo mais que um infinito número de olhos, porquanto só por meio deste é que se contempla a verdade. Por isso, aqueles que pensam como você o aprovarão sem hesitar, enquanto os ignorantes provavelmente haverão de pensar que você só diz bobagens, porquanto não vislumbram qualquer outra utilidade, senão aquela prática. Pense bem, portanto. A que espécie de ouvintes você se dirige? Talvez a nenhuma das duas, mas só para você mesmo? De qualquer forma, não passe a invejar ninguém pelo proveito que poderá tirar desta conversação.

**G.** – Sim, prefiro falar com perguntas e respostas só para mim mesmo.

**S.** – Vamos voltar, então, um pouco, porque há pouco deixamos de falar da ciência que se segue imediatamente à geometria.

**G.** – Em que sentido?

**S.** – Depois das figuras planas, passamos a considerar os sólidos em movimento antes de compreender a natureza deles. Parece-me correto, contudo, estudar a terceira dimensão logo após a segunda, a que diz respeito aos cubos e aos objetos que possuem uma profundidade.

**G.** – É verdade, Sócrates, mas me parece que uma ciência dessas não tenha sido ainda descoberta.

**S.** – Por dois motivos. Nenhum Estado dá o devido apreço, as pesquisas se arrastam porque são difíceis e os estudiosos necessitam de um guia, sem o qual baldados são seus esforços para descobrir qualquer coisa. Um guia desses dificilmente se encontra e, mesmo que houvesse um, os estudiosos dessa disciplina são por demais presunçosos para se deixarem dirigir. Pelo contrário, se o Estado inteiro colaborasse com esse guia, premiando suas pesquisas, essas pessoas se mostrariam dóceis e os resultados de pesquisas conduzidas de modo constante e enérgico haveriam de aparecer. Tanto isso é verdade que mesmo hoje, apesar do desprezo a que são submetidas, além de hostilizadas e conduzidas por quem sequer se dá conta de sua utilidade, ainda assim, em virtude do fascínio que despertam, não deixam de florescer e seu constante desenvolvimento é, de qualquer modo, surpreendente.

**G.** – Sem dúvida alguma, elas não deixam de ser extraordinariamente atraentes. Esclarece melhor, porém, teu pensamento a respeito. Você definiu a geometria como o estudo das figuras planas.

**S.** – Sim.

**G.** – Logo a seguir você introduziu a astronomia, mas depois você voltou atrás.

**S.** – Estava com muita pressa em explicar tudo e agora, pelo contrário, me encontro atrasado. Com efeito, logo depois da geometria segue a ciência que estuda a dimensão da profundidade. Como está ainda numa fase irrelevante de pesquisa, a saltei, e depois da geometria introduzi a astronomia que se ocupa dos sólidos em movimento.

**G.** – Tem razão.

**S.** – Por isso, vamos colocar a astronomia em quarto lugar entre as ciências, levando em consideração a que ora saltamos. Talvez um dia o Estado possa vir a ocupar-se dela.

**G.** – Está bem, mas antes, Sócrates, você me repreendeu porque teci elogios à astronomia de um modo óbvio. Agora passo a elogiá-la da maneira que você quer. De fato, me parece claro para todos que esta obriga a alma a olhar para o alto, desviando-a das coisas daqui debaixo.

**S.** – Talvez seja claro para todos, mas não para mim. Eu não penso da mesma maneira.

**G.** – O que é que você pensa então?

**S.** – Se é como a entendem aqueles que a consideram uma filosofia, me parece que a astronomia leve realmente a olhar para baixo.

**G.** – Mas o que é que você está dizendo?

**S.** – Parece-me que o modo com que você entende o estudo das coisas que estão no alto é de todo singular. Se alguém, com efeito, levantasse a cabeça para olhar um pouco a decoração de um teto, você poderia pensar que olhe com o pensamento e não com os olhos. Talvez você tenha razão e eu não passe de um estulto. Mas não consigo acreditar que uma alma seja impelida a olhar para o alto, a não ser pela ciência do ser invisível. Aquele, ao contrário, que se põe a estudar um objeto sensível, levantando ou abaixando a cabeça, a meu ver não conhece nada, porquanto de tais coisas não existe ciência e sua alma não olha para o alto mas para baixo, mesmo que estudasse deitado de costas, estendido no chão, ou nadando no mar.

# XI

**Glauco** – Mais do que razão você tem para me repreender e recebo o que mereço. Por que, no entanto, você afirmou que é preciso estudar a astronomia de modo diferente do que se faz hoje, se de qualquer forma esse estudo deveria se tornar útil para nosso objetivo?

**Sócrates** – Vou explicar. Admirem-se estes ornamentos do céu como os mais belos e os mais exatos entre todos que possam ser fixados numa tela visível, cumpre no entanto dizer que são inferiores aos verdadeiros, segundo os quais a verdadeira velocidade e a verdadeira lentidão se movem em relação recíproca e movem os objetos que contêm, respeitando o verdadeiro número e todas as verdadeiras figuras. Tudo isto escapa à vista e só pode ser captado com a razão e com o pensamento. Você não acha que seja assim?

**G**. – Sim.

**S**. – Convém, pois, servir-se do bordado celeste como de um modelo para aprender os fenômenos invisíveis. Vamos supor que sejam descobertos desenhos valiosíssimos feitos por Dédalo ou por outro grande artista. Um perito em geometria, se os visse, poderia julgá-los obras-primas, mas lhe pareceria absurdo estudá-los seriamente com a intenção de extrair deles o igual, o duplo ou qualquer outra relação numérica.

**G**. – Certamente seria absurdo.

**S**. – E você não acha que um verdadeiro astrônomo haveria de pensar a mesma coisa, olhando os movimentos dos astros? Ele os haverá de considerar como obra do criador do céu e dos astros que neles infundiu toda a beleza possível. Mas você não acha que, segundo ele, seria absurdo considerar a relação da noite com o dia, do dia com o mês, do mês com o ano, aquela dos astros com os outros astros como fenômenos imutáveis, ainda que corpóreos e visíveis? Não seria igualmente absurdo, segundo ele, procurar a qualquer custo descobrir neles a verdade?

**G**. – Ao escutar estas palavras que você profere, me convenço disso também.

**S**. – Vamos, portanto, estudar a geometria e a astronomia para resolver problemas específicos. Vamos deixar de lado os fenômenos celestes se quisermos realmente nos ocupar de astronomia e tirar algum proveito da parte naturalmente inteligente da alma que antes estava inutilizada.

**G**. – Com isso, me parece que você atribui à astronomia uma função muito mais árdua do que a atual.

**S**. – E sou da opinião que, se quisermos ser bons legisladores, o mesmo deveremos fazer com relação às outras ciências.

## XII

**Sócrates** – Você teria condições, agora, de se lembrar de outra ciência que nos é útil?

**Glauco** – Não, pelo menos assim de repente.

**S.** – Entretanto, ao que me parece, o movimento não apresenta um tipo único, mas vários. Um sábio poderia, talvez, enumerá-los todos, mas aqueles evidentes são, também para nós, dois.

**G.** – Quais?

**S.** – Aquele de que já falei e seu correspondente.

**G.** – Isto é?

**S.** – Parece que, assim como os olhos são destinados para a astronomia, assim os ouvidos são destinados para os movimentos da harmonia. Desse modo, a astronomia e a música são irmãs, como dizem os discípulos de Pitágoras, com os quais também nós, Glauco, concordamos. Ou não?

**G.** – Sim.

**S.** – Logo, dada a importância da questão, vamos pedir a eles um parecer sobre isto e sobre outras coisas também. Nós haveremos de conservar, porém, nossa opinião.

**G.** – Qual?

**S.** – Velar para que nossos discípulos não sejam levados a estudar coisas imperfeitas, que não sejam direcionadas para o objetivo a que devem convergir todas as nossas esperanças, como acabamos de dizer ao tratar da astronomia. Ou você ignora, por acaso, que também da harmonia se faz um uso semelhante? Que esforço inútil, o de medir as consonâncias audíveis e as relações entre os sons!

**G.** – Pelos deuses, é realmente ridículo! Esses músicos andam falando de tons inteiros e apuram os ouvidos como se fosse para ouvir um vizinho de casa. Alguns sustentam que entre dois sons se pode ouvir um som intermediário que seria o intervalo menor com o qual é preciso medir todos os demais. Seus adversários rebatem, ao contrário, que este som é semelhante aos outros dois. De qualquer modo, ambas as partes antepõem o ouvido ao pensamento.

**S.** – Você fala desses bons músicos que apertam e atormentam as cordas dos instrumentos, torcendo-as com as cravelhas. Não pretendo delongar-me em recordar os golpes de arco, os impropérios quando as cordas não emitem sons ou emitem outros que não querem. Paro aqui e afirmo que não quero falar deles, mas daqueles que há pouco pretendia perguntar sobre questões de harmonia. Estes, de fato, se comportam como os astrônomos. Procuram as relações numéricas nas consonâncias audíveis, mas não descem aos problemas, ou seja, até a análise de quais os acordes que são consonantes e quais são dissonantes e de que deriva essa diferença.

**G.** – É realmente fascinante essa averiguação de que você fala.

**S.** – Útil, no entanto, para a pesquisa do belo e do bem, mas de todo vã se é estudada de outra maneira.

**G.** – Talvez seja assim mesmo.

# XIII

**Sócrates** – Acredito que o estudo de todas essas disciplinas que descrevemos possa trazer uma contribuição para nosso objetivo e não se configure como um trabalho inútil se conseguirmos compreender a estreita afinidade que reina entre elas. Caso contrário, resultará em pura perda.

**Glauco** – Compartilho do mesmo parecer, mas a tarefa de que você fala, Sócrates, é deveras penosa.

**S.** – Você se refere à preliminar ou a que outra? Não sabemos, por acaso, que esse é só o prelúdio da própria melodia que devemos aprender? De certo, você não acha que aqueles que conhecem todas essas disciplinas sejam peritos em dialética.

**G.** – Não, por Zeus! Exceto pouquíssimos dos que encontrei.

**S.** – Mas então, quem não está condições de sustentar um debate haveria de saber alguma coisa daquilo que, segundo nós, é preciso saber?

**G.** – Acredito que não.

**S.** – E então, Glauco, não é esta a essência da melodia executada pela dialética? Ainda que seja puramente inteligível, é imitada pela faculdade da visão, quando, como dizíamos, se esforça em contemplar os seres e os astros e até mesmo o sol em sua essência. Assim também a dialética, quando tenta atingir, sem o auxílio dos sentidos mas com o simples raciocínio, a essência de todas as coisas e a isso não renuncia antes de ter compreendido como pensamento puro a essência do bem, alcança os limites do mundo inteligível como a vista atinge os limites do mundo visível.

**G.** – Isso mesmo.

**S.** – E a esse procedimento não se confere o nome de dialética?

**G.** – Por certo.

**S.** – Lembre-se do homem da caverna, da libertação dos grilhões, da conversão das sombras para as figuras e para a luz que as projeta, da subida da caverna para o sol, da incapacidade persistente de olhar para os animais, as plantas e a luz do sol, de suas imagens divinas refletidas nos cursos d'água, das sombras dos seres reais, não das figuras projetadas por outra luz que, por sua vez, é a própria imagem do sol. Estes são os efeitos do estudo das outras artes que passamos em revista. Este eleva realmente a parte melhor da alma para a contemplação da parte melhor do ser, exatamente como há pouco vimos o mais perspicaz dos sentidos corpóreos se elevar para o objeto mais luminoso do mundo material e visível.

**G.** – Admito o que você diz, embora o faça realmente com grande relutância. De outra parte, me parece difícil também rebatê-lo. Em todo caso, como não deveremos tratar do assunto somente agora, mas haveremos de tornar a ele por mais vezes, vamos supor que por ora as coisas estão bem colocadas e sigamos adiante, retornando à própria melodia para explicá-la como o fizemos com relação ao prelúdio. Diga-me, pois, qual seria o método da dialética, em quantas partes se subdivide e qual o percurso a seguir. De fato, só se pode conseguir repouso, se o caminho percorrido levar ao fim da viagem.

**S.** – Quanto a mim, o entusiasmo não me falta. Mas você, caro Glauco, estaria ainda em condições de me seguir? A meu ver, você não haveria de ver então nem sequer a imagem do que dizemos agora, mas a própria verdade, pelo menos o que parece a mim que assim seja. Afinal, que ao depois seja isto mesmo ou não, não me atrevo a assegurá-lo. O que se pode afirmar é que se poderá chegar a algo que muito se lhe assemelhe. Você não acredita?

**G.** – Por certo.

**S.** – Certamente se poderia também demonstrar que só a dialética é capaz de revelá-lo a um perito nas disciplinas que passamos em revista, tornando-se impossível por qualquer outra via?

**G.** – Sim, podemos afirmar também isso.

**S.** – Então, ninguém haveria de nos contradizer se afirmarmos que não há outra via para compreender a essência de cada coisa, pois que todas as outras artes se referem às opiniões e aos desejos humanos ou à produção e à fabricação ou à conservação dos produtos naturais e artificiais. As outras disciplinas de que falamos, a geometria e as outras correlatas, captam alguma coisa do ser, mas parece como que cochilam, pois são incapazes de ver em estado de vigília, enquanto mantiverem imutáveis as hipóteses de que deles se servem sem poder explicá-las. Aquele que se funda em princípios que não conhece e coloca junto o que ignora nas passagens intermediárias e nas conclusões, como poderia transformar em ciência um semelhante aglomerado de coisas?

**G.** – É realmente impossível.

## XIV

**Sócrates** – Logo, somente o método dialético segue essa direção, relegando as hipóteses, em direção ao próprio princípio para encontrar a própria justificativa, arrancando realmente aos poucos os olhos da alma do atoleiro em que estavam mergulhados e dirigindo-os para o alto, servindo-se das artes que mencionamos como auxiliares e companheiras. Muitas vezes, pelo hábito, as designamos de ciências, mas a elas cabe outro designativo mais claro de "opinião", mas mais obscuro que o de "ciência". Acima, em algum lugar, nos servimos da expressão "pensamento discursivo". Acredito, no entanto, que não compense discutir sobre designativos a propósito de assuntos tão importantes como os nossos.

**Glauco** – Por certo, não.

**S.** – Deverá bastar-nos aquele designativo que indique com clareza nosso pensamento.

**G.** – Sim.

**S.** – Meu parecer é que continuemos designando "ciência" a primeira parte, "pensamento discursivo" a segunda, "consentimento" a terceira e "conjectura" a quarta. Essas duas últimas juntas vamos designá-las "opinião" e as duas primeiras, "pensamento". A opinião se refere ao devir, o pensamento à essência. E a essência está para o devir como o pensamento está para a opinião. O que o pensamento é com relação à opinião, o é também a ciência com relação ao consentimento e o pensamento com relação à conjectura. Para não multiplicar nossa discussão mais ainda que antes, vamos deixar de lado, Glauco, o modo de dividir em duas espécies o gênero dos objetos que caem sob a alçada da opinião e dos que se referem ao inteligível.

**G.** – Estou de pleno acordo, pelo pouco que consigo entender.

**S.** – Você, pois, considera dialético aquele discurso que colhe a essência de cada coisa? Ao passo que aquele que é incapaz disso, tanto menos deverá pertencer à esfera do pensamento quanto menos poderá dar razão a si mesmo e aos outros?

**G.** – Como poderia considerá-lo de outro modo?

**S.** – Não ocorre o mesmo também com relação ao bem? Você não poderia afirmar que chegue a conhecer a essência do bem e de tudo o que é bom aquele que é incapaz de definir racionalmente a ideia do bem, distinguindo-a de todas as outras e passando pela guerra de todas as objeções, pronto a refutá-las, não segundo a opinião mas segundo a verdade do ser. Tal homem, se atingir uma aparência do bem, chega com a opinião antes que com a ciência e sua vida atual é um sono cheio de sonhos, do qual não desperta neste mundo, porque antes vai até o Hades para dormir o sono eterno.

**G.** – Por Zeus, estou pronto a confirmar tudo o que você diz!

**S.** – Mas se você devesse um dia se incumbir realmente da educação desses discípulos que ora você cria e educa teoricamente, acho que não os deixaria, privados da razão como as linhas irracionais, comandar a república, revestidos dos cargos supremos.

**G.** – Certamente que não.

**S.** – Então você haveria de lhes prescrever por lei que se aplicassem em adquirir aquela educação que os tornasse capazes de sustentar discussões dialéticas?

**G.** – Sim, o faria, mas com você por perto.

**S.** – Parece-lhe, pois, que a dialética seja para nós como o coroamento das outras ciências e que não exista nenhuma outra que possa ser colocada mais alto ainda, ao contrário, que esta estaria no vértice de todas as demais?

**G.** – Acredito que sim.

# XV

**Sócrates** – Falta ainda, portanto, resolver a quem e de que modo conferiremos essas disciplinas.

**Glauco** – Claro.

**S.** – Você se lembra quais os governantes que por primeiro escolhemos?

**G.** – Como não!

**S.** – Pois bem! Você deve se convencer que também sob todos os outros aspectos é preciso escolher pessoas como aquelas: as de mais têmpera, as mais corajosas e, se possível, as mais belas. Além disso, é preciso procurar não somente as pessoas nobres e severas, mas também adaptadas a uma educação deste tipo.

**G.** – O que você pretende dizer?

**S.** – É preciso que tenham uma mente ágil e disposição para aprender, porque nos estudos difíceis a gente se cansa muito mais do que nos exercícios de ginástica e o cansaço é tanto mais tedioso quanto menos é condividido pelo corpo.

**G.** – Isto é verdade.

**S.** – É preciso procurar uma pessoa rica de memória, constante e infatigável, do contrário, quem você acha que gostaria de submeter-se a esforço físico e ainda levar a bom termo um estudo de tamanha exigência?

**G.** – Ninguém, a menos que não tenha deveras disposição excepcional.

**S.** – Portanto, o erro que hoje se comete, que atraiu a infâmia à filosofia, como dizia antes, se deve ao fato de que não são pessoas dignas que se ocupam dela, isto é, gente nobre, não bastardos, deveria dedicar-se a ela.

**G.** – Em que sentido?

**S.** – Antes de mais nada, quem queira se dedicar a ela não deve claudicar ante a fadiga, sendo por metade laborioso, por metade preguiçoso. Isso ocorre quando se privilegia os exercícios físicos, a caça e todas as atividades físicas, mas não se tem gosto para estudar, escutar, pesquisar e em tudo isso se encontra aborrecimento. Mas claudica também aquele que orientar toda a sua atividade na direção oposta.

**G.** – O que você diz é realmente verdade.

**S.** – Também com relação à verdade, portanto, não haveríamos de considerar deficiente a alma que detesta a mentira voluntária, não a tolera em si mesma e se indigna com as mentiras dos outros, mas depois admite facilmente a involuntária e não se irrita quando flagrada em falta que reflete ignorância, ao contrário se deixa ficar na ignorância como suíno que gosta de rolar no barro?

**G.** – Sem sombra de dúvida.

**S.** – Não menos cuidado se deve ter em discernir o bastardo do nobre com relação à temperança, à coragem, à magnanimidade e a todas as outras virtudes. O cidadão e o Estado que não sabem indagar e discernir essas coisas, com muita imprudência confiam qualquer coisa a coxos e bastardos, tratando a uns como amigos e servindo-se de outros como governantes.

**G.** – É isso mesmo que acontece.

**S.** – Nós, pelo contrário, devemos redobrar de atenção a respeito de tudo isto. Se nós, por meio de uma tal educação e de tal exercício, tomarmos homens bem estruturados no corpo e no espírito, a própria justiça não nos haverá de censurar e haveremos de salvar a república e o governo. Haveríamos de executar exatamente o oposto, se houvéssemos de confiar essas disciplinas a gente estranha e haveríamos de cobrir a filosofia de maior descrédito ainda daquele que goza atualmente.

**G.** – E seria vergonhoso.

**S.** – Exatamente. Mas agora me encontro numa situação que me causa embaraço.

**G.** – Qual?

**S.** – Esqueci que estávamos brincando e passei a falar com excessiva seriedade. Enquanto estava falando, volvi os olhos para a filosofia e acho que me irritei por vê-la injustamente ofendida e, quase que tomado de cólera com os culpados, disse o que acabei de dizer com excessiva seriedade.

**G.** – Não, por Zeus, pelo menos para um ouvinte como eu!

**S.** – Eu que falei acho a mesma coisa. Como quer que seja, não vamos nos esquecer que nossa primeira escolha recaía sobre pessoas de idade, mas agora isto não será mais possível. De fato, não devemos acreditar em Sólon quando nos diz que envelhecendo muito se pode aprender. Ao contrário, seria pior do que aprender a correr, porquanto todas as fadigas intensas e múltiplas cabem aos jovens.

**G.** – Necessariamente assim é.

# XVI

**Sócrates** – Por isso, a aritmética, a geometria e todos os pressupostos culturais da dialética devem ser estudados desde a infância, sem no entanto conferir ao ensino uma forma coercitiva.

**Glauco** – E por quê?

**S.** – Porque o homem livre nada deve aprender sob coação. Na realidade, os exercícios físicos não prejudicam o corpo, mesmo se feitos à força, mas o que se faz penetrar à força na alma não há de ficar nela por longo tempo.

**G.** – É verdade.

**S.** – Portanto, meu caro, nada de educar à força os meninos nos estudos, mas procure educá-los por meio dos brinquedos e assim você poderá discernir ainda melhor as inclinações de cada um deles.

**G.** – Palavras sensatas essas que você proferiu.

**S.** – Você não lembra quando dizíamos que também na guerra era preciso levar os meninos como observadores a cavalo e, quando houvesse segurança, fazer com que se aproximasse para provar o sangue como se faz com cães de caça?

**G.** – Lembro, sim.

**S.** – Em todas essas fadigas, disciplinas e riscos, aqueles que se revelarem mais resistentes deverão ser separados num grupo especial.

**G.** – Em que idade?

**S.** – Logo depois de terem concluído os cursos obrigatórios de ginástica. Durante esse período de dois ou três anos, é impossível agir de outra forma, porquanto não há como conciliar o estudo com o cansaço e o sono. Além do mais, esses cursos são por si próprios uma prova não desprezível das capacidades de cada um na ginástica.

**G.** – Sem dúvida.

**S.** – Passado esse tempo, uma escolha será feita entre os de vinte anos, concedendo-lhes distinções especiais. Será preciso também repropor a eles o que na infância já haviam estudado sem ordem, conferindo-lhe uma visão de conjunto, a fim de lhes mostrar a afinidade recíproca das disciplinas e a natureza do ser.

**G.** – Certamente, esse é o único método seguro para aqueles que já possuíam rudimentos.

**S.** – Não deixa de ser também a melhor prova para reconhecer quem possui predisposição para a dialética e quem não a tem. De fato, é dialético somente aquele que consegue ter uma visão abrangente.

**G.** – Plenamente de acordo.

**S.** – Será necessário, pois, fazer esse exame, individuando os melhores e os mais constantes no estudo, na guerra e nas outras atividades prescritas pela lei. Depois, quando tiverem atingido trinta anos, se procederá à seleção com distinções ainda mais importantes, provando-os com a dialética para averiguar quem seria capaz de chegar à verdade e ao ser, sem a ajuda da vista e dos outros sentidos. Neste ponto, é preciso tomar todas as precauções, meu amigo.

**G.** – Como assim?

**S.** – Você não se deu conta de quão defeituoso é o método dialético atual?

**G.** – Em que sentido?

**S.** – É uma confusão total.

**G.** – Isto é verdade.

**S.** – Não lhe parece, portanto, que aqueles que se ocupam dele se encontrem numa situação embaraçosa e sejam dignos de compaixão?

**G.** – Como assim?

**S.** – Acontece com eles o mesmo que ocorre com um filho ilegítimo, criado em meio a grandes riquezas, no seio de uma família ilustre e poderosa, rodeado por aduladores. Uma vez adulto, percebe que seus pais não são aqueles que o criaram, mas não encontra os verdadeiros. Você teria condições de me dizer como haverá de se comportar com os aduladores e com seus pais de adoção antes e depois de chegar a saber que havia sido adotado? Você quer saber minha opinião a respeito?

**G.** – Claro que quero.

# XVII

**Sócrates** – Suponho que haveria de honrar seu pai, sua mãe e seus supostos parentes mais que os aduladores, menos facilmente haveria de suportar vê-los em necessidade, se esforçaria para não ofendê-los por palavras ou por seu comportamento e haveria de obedecer nas coisas mais importantes a eles do que aos bajuladores. Assim haveria de agir enquanto desconhecesse a verdade.

**Glauco** – É provável.

S. – Uma vez descoberta a verdade, suponho que haveria de demonstrar menor atenção e menor respeito para com os supostos pais do que para com os aduladores. A estes haveria de obedecer muito mais do que antes e seguiria seus conselhos, estaria mais assiduamente com eles mesmo em público, sem mais se preocupar muito com os supostos pais e parentes, a menos que fosse dotado de um caráter excepcionalmente nobre.

G. – Tudo haveria de se passar como você diz. Mas o que tem a ver essa comparação com o estudo da dialética?

S. – Vou explicá-lo logo. Desde a infância, temos opiniões sobre o correto e o belo que nos foram inculcadas por nossos pais a quem obedecemos e dedicamos nosso respeito.

G. – Sim, concordo.

S. – Existem também, no entanto, opiniões contrárias e mais agradáveis que adulam e atraem para si nossa alma, muito embora não possam convencer aqueles homens que tenham um certo senso de equilíbrio, que respeitam por isso as máximas tradicionais e a elas permaneçam fiéis.

G. – É verdade.

S. – Pois bem! Quando a um homem se perguntar "O que é o belo?" e a razão desmentir a resposta que deu por tê-la aprendido do legislador, quando mediante uma refutação veemente e constante for levado a crer que isto não é mais belo que feio e assim se proceder com relação ao justo, ao bem e ao que ele mais respeita, o que você pensa que ele vai fazer depois com o respeito e com a obediência?

G. – É inevitável que seu respeito e sua obediência não sejam mais como eram antes.

S. – Quando, portanto, tiver perdido o respeito por aqueles valores antigos mas não tiver encontrado ainda os verdadeiros, a única saída para sua vida não será talvez a busca daquilo que o lisonjeia?

G. – Sim, seria esta mesmo.

S. – E, de respeitoso que era da lei, haverá de se transformar num rebelde, a meu ver.

G. – Inevitavelmente.

S. – Assim sendo, a condição daqueles que fazem esse uso da dialética não é previsível e, como eu dizia antes, não é de desculpar?

G. – E também de lastimar.

S. – Então, você deve educar com imensa cautela para a dialética seus discípulos de trinta anos, a fim de não expô-los do mesmo modo e torná-los dignos de compaixão.

G. – Por certo.

S. – Já não seria grande precaução preservá-los da dialética enquanto forem jovens? De fato, eu acho que você não esqueceu que os rapazes, apenas tenham provado a dialética, a usam como um jogo para rebater sempre, imitam os contraditórios e eles próprios contradizem outros, comprazendo-se em puxar e morder, como fazem os cãezinhos com os que deles se aproximam.

G. – E sentem um imenso prazer agindo dessa forma.

S. – Após tantas disputas, de que ora saem vencedores, ora vencidos, acabam por cair numa desconfiança total com relação a tudo o que dantes acreditavam e, em decorrência, junto deles cai em descrédito diante dos outros toda a filosofia.

G. – Mais do que verdade.

S. – Um homem em idade mais madura, porém, não haveria de incorrer em semelhante loucura. Pelo contrário, haveria de imitar quem quiser discutir e procurar a verdade, antes que brincar e contradizer por diversão. Agindo desse modo, ele mesmo se mostrará mais equilibrado e tornará sua profissão estimada e não desprezada.

G. – Correto.

S. – Mesmo tudo o que eu disse antes foi ditado pela precaução de não admitir à dialética o primeiro que se apresenta, destituído de talento, mas somente os de caráter disciplinado e constante.

G. – Perfeitamente de acordo.

## XVIII

**Sócrates** – Por isso, seria suficiente conceder à dialética uma aplicação assídua e enérgica, sem fazer outra coisa, e este curso corresponderia ao que se fazia antes com a ginástica, durante o dobro?

**Glauco** – Seis ou quatro anos, a seu ver?

**S.** – Mais ou menos. Fiquemos com cinco. Depois disso, você obrigaria a seus discípulos a descer novamente naquela caverna para tratar de coisas de guerra e cumprir todas as provas destinadas aos jovens, a fim de que sua experiência não seja inferior à dos outros. Em todas essas ocupações é necessário submetê-los à prova para ver se haverão de permanecer firmes contra qualquer tentação ou se claudicam, por pouco que seja.

**G.** – Quanto tempo haveriam de durar essas provas?

**S.** – Quinze anos. Ao chegar aos cinquenta anos deverão ser selecionados aqueles poucos que se destacaram em todas as atividades práticas e em todas as disciplinas. É preciso obrigá-los a abrir os olhos da alma e volvê-los para o ser que tudo ilumina e, depois de terem visto a essência do bem e usando-a como modelo, devem se tornar guias por turno do Estado e dos cidadãos privados e ainda de si mesmos pelo resto de sua existência. Eles deverão se dedicar sobretudo à filosofia, mas ao chegar o turno deles, deverão se empenhar a fundo nas tempestades da política e do governo do Estado, convictos que estão exercendo não algo de belo mas algo de necessário e assim, prepararão outros, deixarão a república nas mãos de outros defensores e por fim irão habitar nas ilhas dos bem-aventurados. O Estado, por sua vez, lhes erigirá monumentos e lhes oferecerá sacrifícios públicos, como a deuses tutelares, se o oráculo de Pítia o aprovar, caso contrário como a homens bem-aventurados e divinos.

**G.** – Você, Sócrates, tornou esses governantes belíssimos, como faz um escultor com suas estátuas.

**S.** – E também as governantes, Glauco! Não pense que minhas palavras se refiram mais aos homens que às mulheres, pelo menos a todas aquelas que possuem os predicados indispensáveis.

**G.** – É justo, se devem, como dissemos, participar de todas as ocupações dos homens.

**S.** – E agora, vocês não admitem que no tocante ao governo do Estado não expressamos simples anseios, mas propostas difíceis embora realizáveis? Somente, no entanto, da maneira em que foi dito, isto é, quando os verdadeiros filósofos, muitos ou um somente, tomarem o poder no Estado e desprezarem as honrarias atuais, considerando-as mesquinhas e vãs, e, pelo contrário, tiverem em elevada estima a correção e as honras dela decorrentes, considerarem a justiça como o valor supremo e indispensável, colocarem-se a seu serviço para torná-la mais vigorosa e organizarem seu Estado da maneira seguinte.

**G.** – Isto é?

**S**. – Haverão de mandar para o campo todos os cidadãos acima de dez anos, haverão de manter seus filhos distantes dos atuais costumes dos pais, haverão de educá-los segundo seus costumes e suas leis que serão as que propusemos acima. Por este processo, nosso Estado se tornará próspero de modo rápido e fácil e o povo que o viu nascer tirará o máximo proveito disso.

**G.** – Por certo e me parece, Sócrates, que você foi preciso na explicação de como esse Estado possa se realizar, se é que isso algum dia vá acontecer.

**S.** – Com isto, concluímos os discursos sobre esse tipo de Estado e sobre o indivíduo que a ele se adapta. As palavras que proferimos já deixaram claro como este deverá ser.

**G.** – Sim, muito claro e, como você diz, a questão me parece encerrada.

# Livro VIII

## I

**Sócrates** – Muito bem. Ficou estabelecido, portanto, Glauco, em nossa discussão que num Estado governado à perfeição tudo deve ser comum: as mulheres, os filhos, a educação em seu conjunto, bem como as ocupações na paz e na guerra e os melhores em filosofia e na arte da guerra devem ser os soberanos.

**Glauco** – Sim, nisto concordamos.

**S.** – Reconhecemos também que, uma vez estabelecidos no poder, os governantes devem guiar os soldados e alojá-los nas habitações que descrevemos, comuns a todos, onde ninguém terá nada como próprio. Além dessas habitações, estabelecemos, se você se lembra, as normas segundo as quais podem ter alguma coisa para si mesmos.

**G.** – Sim, lembro-me muito bem. Achávamos que ninguém pode ter nada daquilo que agora os outros têm e que, na qualidade de atletas da guerra e de defensores, tivessem de defender a si mesmos e aos concidadãos, recebendo como compensação o sustento anual por parte dos outros cidadãos.

**S.** – Exatamente. Mas agora que chegamos ao fim desse problema, vejamos de que ponto partimos para esta digressão e vamos retomar o caminho de antes.

**G.** – Não é difícil. Depois de ter falado do Estado, quase nos mesmos termos de há pouco, você dizia que é bom aquele semelhante ao que você planejou, bem como o indivíduo que a ele se adapta, muito embora você desse a entender de estar em condições, pelo que parece, de sugerir um Estado e um indivíduo ainda melhores. De qualquer forma, você acrescentava que, se esta forma de governo é justa, as demais são errôneas. Se bem me recordo, você disse que existem quatro formas de governo, das quais compensa falar para trazer à luz seus defeitos e que existem quatro tipos de indivíduos que correspondem a elas. Tomando em consideração todos esses indivíduos e confrontando-os, teríamos detectado o melhor e o pior e teríamos comprovado se o melhor seria o mais feliz e o pior o mais infeliz, ou não. Mal lhe perguntei quais seriam essas quatro formas de governo, tomaram a palavra Polemarco e Adimanto e você chegou até aqui porque se empenhou em responder a eles.

**S.** – Você se lembra mesmo com grande exatidão!

**G.** – Como os lutadores. Conceda-me a mesma oportunidade e procure responder à mesma pergunta que então você pensava em responder.

**S.** – Sim, se puder.

**G.** – De qualquer maneira, eu também desejo entender o que você queria dizer com essas quatro formas de governo.

**S.** – Não é difícil. As quatro formas de que falo são comuns e têm seus nomes precisos. A primeira, a mais elogiada é a de Creta e de Esparta. A segunda, também segunda em elogios, é chamada oligarquia e é uma forma de governo repleta de graves defeitos. A terceira, oposta à segunda mas que vem logo depois, é a democracia. Por fim vem a nobre tirania, superior a todas as outras, quarta e suprema enfermidade de um Estado. Ou você poderia vislumbrar alguma outra forma de governo que possa ser disposta numa classe bem precisa? As monarquias hereditárias e os principados que podem ser comprados e outras formas semelhantes se incluem em nossas categorias e podem ser encontradas entre os bárbaros bem como entre os gregos.

**G.** – Sim, efetivamente são muitas e estranhas as formas de governo de que se fala.

## II

**Sócrates** – Você sabe que há necessariamente também entre os indivíduos outras tantas categorias quantas são as formas de governo? Ou por acaso você acha que essas brotam de um carvalho ou de uma pedra e não do caráter dos cidadãos que as arrasta para a direção para a qual pende?

**Glauco** – Certamente que não e esta é a única causa.

**S.** – Por isso, se as formas de governo fossem cinco, também os caracteres dos indivíduos deveriam ser cinco.

**G.** – Sem dúvida.

**S.** – Daquele que corresponde ao governo aristocrático já falamos e o consideramos bom e justo.

**G.** – Sim, já o abordamos.

**S.** – Cumpre agora passar em revista os piores. O homem que gosta do sucesso e das honrarias, segundo a constituição espartana. Depois, o oligárquico, o democrático e o tirânico. Assim, considerando o homem mais injusto em confronto com o homem mais justo, haveremos de completar nosso exame e descobrir qual a relação que subsiste entre a justiça pura e a injustiça pura com referência à felicidade e à infelicidade individuais. Ficaremos sabendo se convém procurar a injustiça, de acordo com o conselho de Trasímaco, ou a justiça, segundo o discurso que estamos desenvolvendo.

**G.** – Sim, é exatamente o que devemos fazer.

**S.** – Como começamos a estudar os carateres nas outras formas de governo antes que nos indivíduos porque nos parecia mais claro dessa maneira, assim também agora cumpre-nos estudar primeiramente a timocracia (não saberia mesmo como chamá-la, se timocracia ou timarquia). Depois vamos examinar o homem timocrático. A seguir, a oligarquia e o homem oligárquico, sucessivamente a democracia e o homem democrático; em quarto lugar, vamos chegar a um Estado tirânico e, olhando na alma de um tirano, vamos procurar nos tornar bons juízes da questão que nos propusemos.

**G.** – Sim, procedendo dessa forma, o exame e o julgamento deveriam ser razoáveis.

# III

**Sócrates** – Pois bem! Vamos tentar explicar como da aristocracia possa surgir a timocracia. Não é certo que toda forma de governo muda por obra de quem detém o poder, quando nele mesmo se gera discórdia? Porque, se o indivíduo está em acordo consigo mesmo, é impossível qualquer mudança, mesmo a menor.
**Glauco** – É assim mesmo.
**S.** – Como então, nosso Estado poderia ser perturbado e os defensores e governantes poderiam estar em desacordo entre eles e com os outros? Você quer que invoquemos as musas, como faz Homero, para que nos digam como começou a sobrevir a discórdia e, brincando e se divertindo conosco como se fôssemos crianças, o explicassem para nós em tom trágico e num estilo sublime, como se estivessem falando sério?
**G.** – De que modo?
**S.** – Mais ou menos assim. "É difícil que um Estado organizado como o vosso venha a se desmantelar. Como, porém, tudo o que nasce se corrompe, nem essa organização é eterna e um dia vai se desagregar. E a desagregação vai ocorrer da seguinte maneira. Não só as plantas com raízes, mas também os seres vivos sobre a superfície da terra estão sujeitos à fecundidade e à esterilidade espirituais e físicas, sempre que as revoluções periódicas concluem os ciclos de cada um dos seres, curtos para aqueles de vida breve e longos para aqueles de vida longa. Aqueles que vós educastes como vossos governantes, embora sábios, não haverão de conseguir adivinhar, nem com a razão nem com a experiência, os períodos de fecundidade e de esterilidade de vossa raça, porquanto haverão de fugir de seu alcance. Assim sendo, haverão de colocar no mundo filhos no momento errado. Para a raça divina, o período fecundo está compreendido dentro de um número perfeito[1]. Para a humana, ao contrário, é o número menor, dentro do qual a multiplicação de raízes e de potências, em três distâncias e em quatro limites (de elementos que determinam a assimilação, a dissimilação, o crescimento e a diminuição) tornam correspondentes e congruentes entre si todas as coisas. Sua base epítrita, unida ao

número cinco e elevada à terceira potência, se exprime em duas harmonias. Uma de um número igual de vezes, cem vezes cem. A outra, composta de fatores em parte iguais e em parte diversos, isto é, de cem quadrados das diagonais racionais de cinco, cada uma diminuída de uma unidade, e de cem quadrados das diagonais irracionais, diminuídas de duas unidades, e de cem cubos de três.

Este número geométrico preside em seu conjunto os nascimentos positivos e negativos. Quando vossos guardiães o ignorarem e unirem de modo inoportuno os jovens às moças, os filhos que nascerem não serão nobres nem afortunados. Seus predecessores haverão de colocar na chefia do Estado os melhores dentre esses. Mas, indignos da sucessão, apenas guindados aos cargos dos pais, começarão por desinteressar-se de nós, ainda que sejam guardiões, fazendo pouco caso da música e depois da ginástica e, em decorrência, vossos jovens haverão de se tornar mais incultos. Dentre eles haverão de surgir governantes pouco interessados em zelar pelo Estado e em discernir as raças de Hesíodo, como aquelas de ouro, de prata, de bronze e de ferro que dentre vós haverão de surgir. A mistura do ferro com a prata e do bronze com o ouro haverá de produzir a desigualdade, a desproporção e a desarmonia que, ao se entrechocarem, sempre dão lugar à guerra e à inimizade. Essa deve ser considerada a origem da discórdia, onde quer que se verifique."

**G.** – É preciso convir que as musas não se enganam.

**S.** – Sem dúvida, pois que são musas.

**G.** – E que mais dizem as musas?

**S.** – Uma vez eclodida a revolta, cada uma das duas raças, a de ferro e a de bronze, se voltam aos negócios, à aquisição de terras, de casas, de ouro, de prata, enquanto as duas outras raças, a de ouro e a de prata, não sendo pobres mas por natureza espiritualmente ricas, se inclinam para a virtude e para a restauração da antiga organização. Depois, porém, de grandes lutas e oposições recíprocas, entram em acordo para a partilha de terras e de casas a título privado. E aqueles que antes eram defendidos por seus concidadãos como homens livres, seus amigos e mantenedores, são subjugados como súditos e escravos, enquanto aqueles continuam a ocupar-se da guerra e da defesa dos demais.

**G.** – Parece-me que seja mesmo essa a origem da sublevação.

**S.** – Esta forma de governo, portanto, seria intermediária entre a aristocracia e a oligarquia?

**G.** – Não há dúvida alguma.

## IV

**Sócrates** – A mudança acontecerá desse modo. E depois, como se haverá de governar? Por acaso, não é evidente que esse governo, sendo intermediário, haverá de imitar a aristocracia de um lado e de outro a oligarquia, mas que deverá ter também algumas características próprias?

**Glauco** – Assim deverá ser.

**S.** – Não haverá de imitar, pois, a forma precedente de governo no respeito pelos governantes, na abstenção por parte dos guerreiros dos trabalhos agrícolas e manuais e dos negócios, na organização de refeições comunitárias e no cuidado em cultivar os exercícios de ginástica e as artes marciais?

**G.** – Certamente.

**S.** – Mas o receio de que os sábios tomem o poder, visto que não haverá mais homens simples e firmes, mas somente homens de caráter ambíguo; a inclinação para as faculdades emotivas e mais simples, bem mais adequadas para a guerra que para a paz; o grande apreço para com a astúcia e os estratagemas de guerra, o hábito de combater continuamente, todas essas não seriam as características próprias de tal governo?

**G.** – Evidente.

**S.** – Homens assim não seriam, portanto, ávidos por dinheiro, como ocorre nos Estados oligárquicos, selvagens que em locais sombrios adoram o ouro e a prata, porquanto haverão de ter caixas e cofres privados onde colocar e esconder seus bens. Encerrados no recinto de suas casas como num ninho afastado, aí haverão de gastar elevadas somas para com suas mulheres e para qualquer outro que lhes dê prazer.

**G.** – É a pura verdade.

**S.** – Haverão de ser, portanto, ávidos por dinheiro que conseguem em segredo e ao qual prestam culto, ao mesmo tempo em que são impelidos pelo desejo a serem pródigos dos bens alheios. Dados aos prazeres secretos, haverão de transgredir a lei, como os filhos fogem dos pais conquanto educados não pela persuasão mas pela coação, e isso porque já terão desprezado a verdadeira musa da palavra e da filosofia, dando preferência à ginástica em detrimento da música.

**G.** – Você está falando de uma forma de governo em que realmente o bem e o mal se misturam.

**S.** – E assim é, de fato. Mas ela possui uma característica peculiar e evidente, isto é, o domínio da emotividade que provoca intriga e ambição.

**G.** – Sem dúvida alguma.

**S.** – Assim, pois, seria essa forma de governo, embora eu tenha traçado com minhas palavras somente um rápido esboço da constituição, sem descer em seus detalhes, porque para nós é suficiente que o esquema consinta distinguir o homem mais justo daquele mais injusto. Além do mais, passar em revista todas as formas de governo com todas as suas características peculiares, sem menosprezar detalhe algum, seria tarefa infinitamente delongada.

**G.** – Tem razão.

# V

**Sócrates** – Qual o homem, portanto, que corresponde a esta forma de governo? Qual seu caráter?

**Adimanto** – Acho que deva ser ambicioso, mais ou menos como este Glauco, sentado aqui a nosso lado.

**S.** – Sim, talvez, mas sob outros aspectos me parece diferente.

**A.** – Em que sentido?

**S.** – Nosso homem deve ser mais arrogante e um pouco mais inculto, embora não de todo, amante da música e das discussões, mas totalmente desprovido de eloquência. Um homem desse tipo seria duro com os escravos, sem chegar a desprezá-los como quem possui uma educação perfeita; seria afável com os homens livres, extremamente obediente aos governantes, cioso de poder e de honrarias, decidido a comandar, não com o poder da palavra ou com outro expediente similar, mas somente por meio de seus dotes e empreendimentos militares, dado com paixão à ginástica e à caça.

**A.** – Sim, esse parece mesmo ser o caráter que corresponde a essa forma de governo.

**S.** – Um homem desses pode desprezar o dinheiro enquanto é jovem, mas quanto mais envelhece, tanto mais haverá de amá-lo porque seu caráter está propenso aos negócios e sua inclinação à virtude é impura, uma vez que privada de seu fiel guarda.

**A.** – Qual?

**S.** – A aliança da razão com a música. Este é, na vida, o único meio de conservar para sempre a virtude que já se possui.

**A.** – Tem razão.

**S.** – E esse é o jovem timocrático, imagem dessa forma de governo.

**A.** – Exatamente.

**S.** – Sua formação é mais ou menos esta. Ainda jovem, tem no pai um homem honesto, que vive num Estado mal governado, que foge das honrarias, do poder, das causas judiciais, de todo embaraço e prefere permanecer obscuro para não se envolver em problemas.

**A.** – Mas como se desenvolve o caráter de nosso jovem?

**S.** – Quando começa a ouvir sua mãe se lamentar que o marido não está envolvido com os governantes e por isso ela se sente inferior às outras mulheres. Ela nota que seu marido pouco se importa com o dinheiro, não luta e não se envolve em litígios privados, nem nos tribunais e na política, mas ao contrário suporta indolentemente as ofensas dos outros. Ela se dá conta de que o marido pensa somente em si mesmo, despreocupado em demonstrar apreço por ela e até indiferente em lhe dirigir qualquer ofensa. Por todos estes motivos, ela o odeia e começa a dizer para o filho que o pai dele é um homem covarde, fraco demais e tudo o que as mulheres dizem normalmente em tais casos.

**A.** – Queixumes sem fim que são realmente dignos das mulheres.

**S.** – Você sabe que por vezes até os servos desses homens falam desse modo às escondidas aos ouvidos dos filhos, supondo com isso dar provas de afeição por eles. Ao verem o pai que não cobra judicialmente um devedor ou algum desonesto, incitam o filho a punir a todos quando adulto e a ser mais homem que o pai. Saindo de casa, o rapaz assiste outras coisas desse tipo. Nota que são tachados de imbecis e desprezados aqueles que na cidade só cuidam do que lhes compete, ao passo que os outros são enaltecidos e elogiados. Ao ouvir e ver tudo isso, o jovem, que vinha escutando seu pai e observando seu comportamento, o confronta com o dos outros e é atraído por ambos os lados. Por seu pai que irriga e fortalece a razão do jovem e pelos demais que, ao contrário, cultivam a parte concupiscível e aquela emotiva de seu caráter. Sua índole não é má, mas andou frequentando más companhias e assim acaba no meio, arrastado por uns e outros, entregando o domínio de si mesmo ao partido intermediário, ambicioso e emotivo, e se torna, ao cabo de tudo, soberbo e ambicioso.

**A.** – Parece-me que você explicou muito bem a gênese desse homem.

**S.** – Esta é, portanto, a segunda forma de governo e esse o segundo indivíduo.

**A.** – Sim, este mesmo.

## VI

**Sócrates** – Vamos repetir agora o verso de Ésquilo: "Aqui está outro homem posto em outro Estado". Ou, de acordo com nosso plano, haveríamos de considerar primeiro o Estado?

**Adimanto** – Melhor.

**S.** – Acho que a forma de governo sucessiva possa ser a oligarquia.

**A.** – Mas o que você entende por oligarquia?

**S.** – A organização do Estado fundada sobre a renda, aquela em que os ricos governam e os pobres são privados de todo poder.

**A.** – Entendo.

**S.** – Antes, porém, não seria necessário esclarecer como ocorre a passagem da timocracia para a oligarquia?

**A.** – Sim.

**S.** – Apesar de que esta passagem seja evidente até para um cego.

**A.** – Por quê?

**S.** – A ruína da timocracia decorre daquele cofre cheio de ouro que cada um possui como bem particular. Em primeiro lugar porque inventam todo tipo de ocasiões para se entregar aos gastos e a isto, eles mesmos bem como suas mulheres, dobram as leis.

**A.** – Sim, provavelmente é isso.

**S.** – Depois, eu acho, andam se espiando e se roendo de inveja um para com o outro, tornando o povo igual a si próprios.

**A.** – Também é provável que seja assim.

**S.** – A partir desse momento, passam a entregar-se desenfreadamente para amealhar mais riquezas e quanto mais as apreciam, tanto mais desprezam a virtude. Mas entre a riqueza e a virtude não subsiste aquela diferença que, se ambas postas nos pratos de uma balança, uma não pode subir sem a outra baixar?

**A.** – Evidente.

**S.** – Assim sendo, se num Estado a riqueza e os ricos são estimados, a virtude e os honestos são desprezados.

**A.** – Certamente.

**S.** – Acaba-se por procurar sempre mais o que se aprecia e descurar o que é objeto de desprezo.

**A.** – É verdade.

**S.** – Por fim, esses homens, de começo tão só ambiciosos, se transformam em negociantes interesseiros, passando a admirar e a elogiar os ricos, a quem entregam o poder, enquanto os pobres são objeto de desprezo.

**A.** – Com toda a certeza.

**S.** – Passam então a fixar por lei o limite da constituição oligárquica, estabelecendo uma renda tanto mais elevada quanto mais forte for a oligarquia e tanto mais baixa quanto mais fraca for e proibindo o acesso a cargos públicos a quem não atinge essa renda com seu patrimônio. Essa lei é imposta por força das armas ou ainda com o terror. Não é assim?

**A.** – Exatamente assim.

**S.** – Temos aí, em breves palavras, o que vem a ser esta forma de governo.

**A.** – Sim, mas quais seriam, segundo nosso modo de ver, suas características e seus defeitos?

## VII

**Sócrates** – O primeiro defeito é representado por seu próprio limite. Pense bem! Se os comandantes dos navios fossem escolhidos tendo-se em conta somente a renda, seriam excluídos os pobres, apesar de serem superiores em capacidade.

**Adimanto** – Sua navegação iria muito mal!

**S**. – Não haveria de acontecer o mesmo para qualquer outro cargo?

**A**. – Acho que sim.

**S**. – Também a propósito do governo de um Estado ou não necessariamente?

**A**. – Sem dúvida alguma, pois isso vale tanto mais quanto mais importante for o cargo.

**S**. – Aí está, portanto, um grave defeito da oligarquia.

**A**. – Me parece de todo evidente.

**S**. – E este seria inferior ao primeiro?

**A**. – Qual?

**S**. – A inevitável presença de dois Estados num só. Aquele dos ricos e aquele dos pobres, coexistentes mas sempre rivais.

**A**. – Não, por Zeus, esse defeito não é certamente menos grave que o outro.

**S**. – Além do mais, não há muita vantagem para um governo assim, porquanto não poderia sequer enfrentar uma guerra, por ver-se obrigado a entregar as armas ao povo e a temê-lo mais que os próprios inimigos. Ou, por outra, não se servir dele, revelando-se radicalmente oligárquicos também nas batalhas, além do fato de não querer, por avareza, contribuir para o custeio da guerra.

**A**. – Não é realmente grande vantagem.

**S**. – Além disso, lhe pareceria justo o que já desaprovamos, isto é, empregar no mesmo Estado os mesmos cidadãos concomitantemente na agricultura, no comércio e na guerra?

**A**. – De jeito nenhum.

**S**. – Reflita agora e considere se o pior mal não seria aquele que por primeiro o atinge.

**A**. – Qual?

**S**. – A possibilidade de vender todos os próprios bens e de comprar os dos outros e, depois de tê-los vendido, a faculdade de permanecer no Estado, sem dele participar como comerciante, nem como artesão, nem como cavaleiro, nem como soldado de infantaria, sem nenhum título, a não ser o de pobre e indigente.

**A**. – Sim, está é a pior das desgraças.

**S**. – Certamente, nos Estados oligárquicos não há preocupação quanto a isso. Caso contrário, não haveria alguns cidadãos riquíssimos e outros absolutamente pobres.

**A.** – Correto.

**S.** – Considere também isto. Quando era rico e gastava, esse cidadão era por acaso mais útil ao Estado no que tange ao que falávamos antes? Ou só se fazia passar por um dos governantes, sendo na realidade nem governante nem súdito no próprio Estado, mas somente um esbanjador dos próprios bens?

**A.** – Assim deve ser. Apesar das aparências, não passava de um dissipador.

**S.** – Se assim achar, pois, podemos dizer que esse flagelo do Estado nasce numa família como num favo nasce o zangão, flagelo da colmeia?

**A.** – Exatamente assim, Sócrates.

**S.** – Aqui, porém, Adimanto, subsiste uma diferença, porquanto a divindade não deu o ferrão a nenhum zangão alado, ao passo que, a esses de duas patas, alguns os tornou inofensivos, enquanto outros foram dotados de um terrível ferrão. Aqueles privados de ferrão acabam por se tornarem velhos esfarrapados, enquanto todos aqueles dotados de ferrão engrossam o número dos malfeitores.

**A.** – É a pura verdade.

**S.** – Parece, pois, claro que em qualquer Estado onde houver miseráveis, haverá também ladrões, assaltantes, sacrílegos e malfeitores de toda espécie.

**A.** – Evidente.

**S.** – Mas você não vê que nos Estados oligárquicos há miseráveis?

**A.** – Quase todos o são, salvo os governantes.

**S.** – Não deveríamos, portanto, acreditar que neles existam muitos malfeitores dotados de ferrão, contidos continuamente à força pelos governantes?

**A.** – Devemos acreditar nisso!

**S.** – E não deveríamos afirmar que a situação deles haveria de ser tributada à ignorância, à má educação e à organização do próprio Estado?

**A.** – Por certo.

**S.** – Esse é, portanto, o Estado oligárquico e esses seus defeitos, se não forem ainda mais numerosos.

**A.** – Possível que seja assim.

**S.** – Concluímos também com a descrição sobre a forma de governo chamada oligarquia, aquela governada com base na renda. Vamos ver agora como nasce e como se comporta o homem que se enquadra nesse Estado.

**A.** – Muito bem.

# VIII

**Sócrates** – Acaso não é assim que acontece para ele a passagem do espírito timocrático para o oligárquico?

**Adimanto** – Como?

**S.** – O filho de um homem timocrático começa por imitar seu pai e seguir suas pegadas. Depois vê que ele de improviso cai em desgraça, batendo contra o Estado como um navio bate contra os escolhos. Isso porque, depois de ter sacrificado seus bens e a si mesmo como estrategista nos exércitos ou como chefe de qualquer outro cargo relevante, é levado aos tribunais pelas calúnias dos sicofantas e perde a vida ou é exilado ou fica privado dos próprios bens e dos direitos de cidadão.

**A.** – É provável.

**S.** – Vendo e suportando todas essas desgraças, meu amigo, este, já temeroso e esbulhado de seus bens, desbanca do trono de sua alma a ambição e a emotividade, eu acho, e se lança aos negócios. Poupando até sordidamente e empenhando-se como poucos, paulatinamente consegue fazer fortuna. Depois de tudo isto, você não acredita que esse homem faça subir ao trono de sua alma o espírito de cobiça e de avareza, concedendo a elas o absoluto império de si mesmo, ornando-o com a tiara e as faixas e colocando-lhe às mãos a cimitarra?

**A.** – Acho que sim.

**S.** – Quanto à razão e à coragem, acho que as coloca a seus pés, de lado e de outro, e passa a servir aquele espírito de cobiça e avareza. Obriga à primeira a não calcular e a não estudar senão os meios com os quais possa aumentar seu próprio dinheiro e, à segunda, a não admirar e a não respeitar senão a riqueza e os ricos, além de não deixar-se elogiar por qualquer outro mérito, a não ser pela posse de dinheiro e de tudo o que possa multiplicá-lo.

**A.** – Não existe outro meio tão rápido e eficaz para volver para a avidez um jovem ambicioso.

**S.** – E este, por acaso, não é o homem oligárquico?

**A.** – Sim, a transformação individual por que passa o torna em tudo semelhante à forma de governo de que nasce a oligarquia.

**S.** – Vejamos agora se este a ela se assemelha.

**A.** – Vamos ver.

## IX

**Sócrates** – Antes de tudo, não pode se assemelhar a ela pelo extraordinário apreço pelo dinheiro?

**Adimanto** – Certamente.

**S.** – E também no fato de ser econômico e ativo, de satisfazer somente as exigências necessárias, sem conceder-se qualquer outro tipo de gasto e refreando como inúteis os outros desejos?

**A.** – Exatamente.

**S.** – É um homem sórdido, faz dinheiro com qualquer coisa, sempre a aumentar seu tesouro, um daqueles que o povo admira. Por acaso, não é esse o homem que espelha fielmente a oligarquia?

**A.** – Parece-me que sim. Por certo que num Estado desses e num cidadão como esse o dinheiro goza de elevadíssimo prestígio.

**S.** – Claro que tal homem jamais se haverá de interessar pela cultura.

**A.** – Não me parece. Caso contrário, não teria posto um cego[1] como guia do coro, prestando-lhe tantos louvores.

**S.** – Muito bem. Preste atenção ainda nisto. Não poderíamos afirmar que por sua incultura surjam nele desejos semelhantes aos dos zangões, alguns miseráveis, outros maléficos, apenas contidos em seus limites por suas outras preocupações?

**A.** – Por certo.

**S.** – Você sabe, portanto, para onde se deveria olhar para descobrir sua maldade?

**A.** – Para onde?

**S.** – Para a tutela dos órfãos e para qualquer outra ocasião semelhante que se lhe apresente, em que se pode agir desonestamente sem temor algum.

**A.** – É verdade.

**S.** – Por isso mesmo, não é evidente que esse homem, nas demais relações em que conquista boa reputação de justiça, reprime seus maus impulsos com um louvável disfarce, mas sem persuadi-los que assim seria melhor nem os aplacando com a razão, e sim premido pela necessidade e pelo medo, porquanto treme pelo resto de seu patrimônio?

**A.** – Exatamente.

**S.** – E, por Zeus, na maioria desses homens, quando se trata de gastar o dinheiro dos outros, esses desejos aparecem como zangões.

**A.** – Estou certo disso.

**S.** – Um homem desses não pode fugir ao contraste interior, pois não é uma só pessoa, mas duas, porque nutre desejos inconciliáveis, mesmo que geralmente os melhores sobrepujem os piores.

**A.** – É assim mesmo.

**S.** – Por isso, acho que é mais respeitado que muitos outros, mas a verdadeira virtude de uma alma em harmonia e concordância consigo mesma foge para bem longe dele.

**A.** – Sou do mesmo parecer.

**S.** – Quando se trata de disputar uma vitória ou qualquer outro prêmio individual em jogos no Estado, o homem parcimonioso é um concorrente fraco porque não quer gastar dinheiro em competições de prestígio, receoso de poder despertar os desejos pródigos que o levem a colaborar com a ambição. Por isso, como verdadeiro oligárquico, combate utilizando poucos recursos e, no mais das vezes, perde, embora conserve seus próprios bens.

**A.** – Por certo.

**S.** – Haveríamos de hesitar ainda para configurar uma semelhança entre o Estado oligárquico e o homem poupador e mercantilista?

**A.** – De maneira alguma.

## X

**Sócrates** – Cumpre-nos agora, pelo que parece, estudar o surgimento e as características da democracia e depois avaliar o caráter do homem democrático.

**Adimanto** – Poderíamos seguir nosso procedimento habitual.

**S.** – A passagem da oligarquia à democracia não seria acaso determinado, quase sempre, pela insaciabilidade dos próprios desejos, pela necessidade de se tornar o mais rico possível?

**A.** – Em que sentido?

**S.** – Os governantes, devendo seus postos à sua riqueza, não querem refrear por lei os jovens que se entregam à libertinagem e impedir-lhes que dilapidem seus patrimônios, porque, na realidade, querem comprá-los e emprestar dinheiro a juros para esses jovens, a fim de se tornarem ainda mais ricos e poderosos.

**A.** – Sim, este é seu principal objetivo.

**S.** – E já não se torna evidente que num Estado os cidadãos não podem apreciar a riqueza e ao mesmo tempo cultivar neles o espírito de moderação, porque inevitavelmente haverão de menosprezar a riqueza ou a temperança?

**A.** – Sim, é bem evidente.

**S.** – Assim, os governos oligárquicos, permitindo que se dedicassem à libertinagem, reduziram por vezes à pobreza homens de condição não ignóbil.

**A.** – Por certo.

**S.** – Eu acho, porém, que esses permanecem no próprio Estado, providos de ferrões e bem armados, alguns como devedores, outros desonrados, outros ainda a um tempo devedores e desonrados, repletos de ódio e de vontade de atacar os outros cidadãos e sobretudo aqueles que lhes subtraíram os bens, enfim, ansiosos por fazer eclodir uma revolução.

**A.** – Assim é, precisamente.

**S.** – Os agiotas, que caminham de cabeça baixa fingindo não vê-los sequer, destroem com sua riqueza quem quer que ceda ante a ganância deles e, enquanto multiplicam os juros de seu capital, multiplicam no Estado os zangões e os miseráveis.

**A.** – E como poderia ser diversamente?

**S.** – Mas não querem eliminar essa desgraça nem quando está para se incendiar, evitando de impedir a cada um de suar seus próprios bens conforme seu agrado e de fazer uma lei especial para suprimir esses desregramentos.

**A.** – Que lei?

**S.** – Uma segunda lei contra os esbanjadores para obrigar os cidadãos a voltar-se à virtude. De fato, se esta impusesse que a maior parte das transações voluntárias fosse feita com o risco para quem empresta, no Estado seriam levados a efeito menos negócios vergonhosos e menos desgraças haveriam de surgir, como aquelas que há pouco citamos.

**A.** – Sim, muito menos, sem dúvida.

**S.** – Em vez disso, os governantes, por todos estes motivos, reduziram a esta situação os súditos, enquanto eles e seus jovens filhos se entregam ao luxo, à inércia física e espiritual, incapazes de resistir, por preguiça, aos prazeres e à dor.

**A.** – É verdade.

**S.** – Sem cuidado algum por todas as coisas, excetuando-se os negócios, não se preocupam com a virtude como não o fazem com os pobres.

**A.** – Certamente que não.

**S.** – Nessas condições, quando os governantes e os súditos se encontram lado a lado em viagens ou em quaisquer outras ocasiões de encontro ou numa procissão ou na guerra ou numa travessia por mar ou durante o serviço militar ou quando se observam reciprocamente no próprio momento do perigo, os pobres certamente se saem muito bem em confronto com os ricos. Melhor ainda, muitas vezes, um pobre robusto e bronzeado, em ordem de batalha ao lado de um rico que cresceu à sombra e com muita carne supérflua, vê que este não tem fôlego e é incapaz. E você não acha que ele vai pensar que essas pessoas se enriqueceram por causa de sua covardia e que os pobres, encontrando-se juntos, se encorajariam dizendo: "Essa gente está em nossas mãos, não vale nada!"

**A.** – Sim, eu também sei que pensam exatamente assim.

**S.** – Assim como um pequeno agente externo basta para deixar enfermo um corpo fraco, chegando por vezes a deixá-lo em mau estado, assim também um Estado em situação análoga por um motivo fútil, enquanto uns pedem socorro a outro Estado oligárquico e outros a um Estado democrático, adoece e combate contra si mesmo e por vezes, sem que o socorro externo intervenha, eclode a guerra civil.

**A.** – E muito violenta, ainda por cima.

**S.** – A democracia se estabelece, portanto, a meu ver, quando os pobres vencem, massacram alguns, mandam para o exílio outros e, com os restantes, dividem em condições de igualdade o governo e as magistraturas que, no mais das vezes, são distribuídas por sorteio.

**A.** – De fato, este regime é a democracia que se estabelece quer pelas armas, quer pelo medo dos adversários que preferem partir para o exílio.

## XI

**Sócrates** – E de que maneira esses governam? Como se constitui esse regime? Claro que o cidadão que o acata deve ser chamado democrático.

**Adimanto** – Sim, é claro.

**S.** – Antes de mais nada, os cidadãos são livres e o Estado respira liberdade e transparência, cada um podendo fazer o que quiser.

**A.** – Pelo menos, é o que se diz.

**S.** – Mas onde reina essa liberdade, é evidente que cada um pode organizar a própria vida como melhor lhe aprouver.

**A.** – Sim, é evidente.

**S.** – Logo, sobretudo nesse regime, acho que se pode encontrar gente de todo tipo.

**A.** – Como não.

**S.** – E talvez seja o melhor regime. Como uma peça multicolor, assim também este, tecido de todos os caracteres, pode parecer o mais belo. Assim pode parecer talvez a muitos, por exemplo às mulheres e crianças, que admiram a variedade.

**A.** – Por certo.

**S.** – E ali é fácil, caro amigo, estabelecer um governo.

**A.** – Por quê?

**S.** – Porque, graças à liberdade, contém todo tipo de governo e quem quiser, como nós agora, fundar um Estado, seria melhor chegar-se a um Estado democrático e escolher qualquer forma de governo que lhe agrade, como se escolhem os objetos na feira, e depois reproduzi-lo.

**A.** – Sim, e, com certeza, modelos não haveriam de faltar.

**S.** – O fato de que nesse Estado não subsista a obrigação de governar, nem para quem pudesse exercer o cargo, nem de ser governado, se não o quiser, nem de combater em caso de guerra, nem de viver em paz com os outros, se não desejar a paz, e por outro lado, a liberdade de exercer o governo e a justiça, quando a oportunidade se apresentar, mesmo que uma lei o vete, esse modo de vida não é à primeira vista sumamente agradável?

**A.** – Talvez, mas só à primeira vista.

**S.** – E não é invejável a serenidade de alguns condenados? Num regime desses, você nunca viu homens condenados à morte ou ao exílio permanecerem, apesar disso, e passear entre a multidão como heróis, como se ninguém se preocupasse com eles nem os visse?

**A.** – Pelo contrário, vi e muitos!

**S.** – E a tolerância e a extrema liberalidade de ideias na democracia, melhor, o desprezo por aqueles valores de que falávamos com respeito quando fundávamos nosso Estado, certamente não podem tornar honesto quem não tenha um caráter superior, quem desde a infância não se tenha dedicado a belos jogos e a belas ocupações. Pelo contrário, com quanta leviandade se calcam aos pés todas as coisas, sem se preocupar com as bases de onde partir para a vida política, mas limitando-se a proclamar-se amigo do povo!

**A.** – Deveras, um ótimo governo!

**S.** – Estas e outras vantagens semelhantes pode ter a democracia. Seria, ao que parece, um regime agradável, desordenado e variado, garantindo igualdade para quem é igual e para quem não o é.

**A.** – Sim, conheço bem tudo isso.

## XII

**Sócrates** – Considere agora o perfil do homem democrático. Ou, antes, não seria o caso de examinar, como foi feito para a forma de governo, de que modo surge?

**Adimanto** – Sim.

**S.** – Talvez sua gênese seja esta. Aquele oligarca avarento não teria tido talvez um filho que teria criado nos mesmos costumes?

**A.** – Por que não?

**S.** – Esse filho, a exemplo do pai, não haveria de reprimir à força seus desejos de dispêndio e inimigos da poupança, aqueles que são definidos exatamente como não necessários?

**A.** – É claro.

**S.** – Se você quiser, pois, para não discutir às cegas, vamos definir antes quais são os prazeres necessários e quais não.

**A.** – De acordo.

**S.** – Não é correto considerar necessários aqueles que não podem ser reprimidos e que é útil satisfazê-los? Porque estes não se pode não desejá-los naturalmente. Não é assim?

**A.** – Certamente.

**S.** – Teremos razão, portanto, de lhes aplicar o conceito de necessário.

**A.** – Sim, teremos razão.

**S.** – E não faríamos bem em definir não necessários todos aqueles prazeres que podem ser rejeitados, se a isso nos habituarmos desde jovens, e cuja realização não traz nenhum efeito positivo, quando não provoca por vezes consequências negativas?

**A.** – Faríamos bem.

**S.** – Não seria bom, portanto, escolher um exemplo de uns e outros para termos uma ideia mais exata?

**A.** – Com certeza.

**S.** – O desejo de comer iguarias e outros pratos para conservar uma saúde com vigor, não seria talvez necessário?

**A.** – Acho que sim.

**S.** – Em tal caso, o desejo de boa comida é duplamente necessário, porquanto útil e indispensável para a vida.

**A.** – Sim.

**S.** – Isso valeria também para merendas e petiscos, desde que contribuam para o bem-estar físico.

**A.** – Exatamente.

**S.** – Mas o desejo que vai além disto e exige manjares sofisticados, desejo que no entanto a maioria pode reprimir e sufocar desde a juventude com a educação, que é prejudicial ao corpo e à alma quando se quer primar pela racionalidade e pela temperança, este poderia ser corretamente definido não necessário?

**A.** – Sem sombra de dúvida.

**S.** – Não poderíamos afirmar também que alguns são desejos que levam ao desperdício, enquanto outros são desejos instrumentais, porquanto úteis à nossa atividade?

**A.** – Com certeza.

**S.** – Poderíamos dizer o mesmo com referência aos prazeres amorosos e aos outros correlatos?

**A.** – Sim, o mesmo.

**S.** – Também o homem, portanto, a quem chamamos de zangão está repleto, como dizíamos, desses prazeres e desejos, vivendo sob o domínio daqueles não necessários. E o homem dominado pelos prazeres necessários não é oligárquico e avarento?

**A.** – Sem dúvida.

## XIII

**Sócrates** – Por isso, vamos voltar a descrever a transformação do homem oligárquico em democrático. A meu ver, isto se processa assim.

**Adimanto** – Como?

**S.** – Quando um jovem, criado como dissemos sem cultura e de modo mesquinho, prova do mel dos zangões e se vê na companhia desses insetos agitados e perigosos, capazes de lhe proporcionar divertimentos de todo tipo, de qualquer espécie e qualidade, fique então certo que nele haverá de ocorrer o princípio da mudança da oligarquia à democracia.

**A.** – É quase inevitável.

**S.** – Como, pois, o Estado se transformava com o auxílio externo em outro partido do mesmo gênero, assim também o jovem não se transforma com o auxílio externo de um gênero de desejos semelhante num dos dois gêneros que estão nele?

**A.** – Exatamente.

**S.** – Mas se, da parte contrária ou do pai ou de outros familiares que o haverão de censurar e humilhar, chegar um auxílio ao partido oligárquico, então eu acho que em seu íntimo deverão se produzir discórdia, revolução e contrarrevolução.

**A.** – Com certeza.

**S.** – Eu acho que por vezes o partido democrático cede ao oligárquico e alguns de seus desejos desaparecem, outros são eliminados, se na alma do jovem penetrar a vergonha; e assim, ele retorna à ordem.

**A.** – Sim, por vezes isso acontece.

**S.** – Ocorre também que, depois da derrocada daqueles desejos, muitos outros afins se desenvolvem em segredo e se tornam fortes por causa da má educação recebida do pai.

**A.** – Sim, isso geralmente ocorre.

**S.** – Esses o arrastam para companhias da mesma espécie e de sua união clandestina surge uma multidão de outros similares.

**A.** – Com certeza.

**S.** – No fim, a meu ver, conquistam a cidadela da alma do jovem, certificando-se que está vazia de conhecimentos, de bons hábitos e de princípios verdadeiros que, no espírito daqueles que são caros aos deuses, são as sentinelas e os guardas mais seguros.

**A.** – Sim, e bem mais seguros.

**S.** – Em seu lugar, acorrem para ocupar aquela cidadela discursos falsos e presunçosos e opiniões fúteis.

**A.** – Não há dúvida alguma.

**S.** – E o jovem não haverá de voltar a morar abertamente junto desses lotófagos?[6] Se dos familiares chegar algum auxílio para a parte poupadora de sua alma, aqueles discursos fúteis haverão de fechar nele as portas das muralhas reais e não haverão de deixar entrar aquele auxílio, não haverão de acolher como embaixadores os discursos dos mais velhos, mas haverão de vencer a batalha e mandar para um exílio desonroso a vergonha, chamando-a de estupidez, e haverão de expulsar a temperança, chamando-a de covardia e cobrindo-a de lama, convencendo assim o jovem de que a moderação e a regularidade nas despesas são indícios de mesquinhez vulgar e acabando por expulsar das fronteiras também aquelas, com a ajuda de muitos e inúteis desejos.

**A.** – Certamente.

**S.** – Depois de tê-la esvaziado completamente, eles tomam e iniciam a alma desse jovem com grandes ritos de iniciação, depois introduzem nela, ricamente coroadas e acompanhadas de solene cortejo, a arrogância, a anarquia, a libertinagem e a impudicícia, louvando-as e cobrindo-as de elogiosos apelativos. Assim, eles chamam de educação a insolência, de liberdade a anarquia,

---

[6] Lotófagos: comedores da flor de lótus, flor do esquecimento e também símbolo dos prazeres sexuais.

de magnificência a libertinagem, de coragem a impudicícia. Não é mais ou menos dessa maneira que um jovem passa do regime dos prazeres necessários à liberação e à entrega de si mesmo aos prazeres supérfluos e inúteis?

**A.** – Sim, é claramente dessa maneira.

**S.** – Depois esse jovem vive esbanjando dinheiro, tempo e fadigas para os prazeres supérfluos, bem como para os necessários. Se ele se sentir bem assim e tiver a ventura de não levar a extremos seus abusos, se aplacado quando um pouco mais maduro e acalmada sua pior turbulência, é levado a acolher grupos de exilados e a não se entregar totalmente aos invasores, passando então a estabelecer uma espécie de paridade entre seus prazeres, conferindo sucessivamente o domínio de si próprio ao prazer da vez, como se fosse sorteado, para que seja realizada e depois segue outro, sem desprezar nenhum, ao contrário, alimentando-os todos em pé de igualdade.

**A.** – Exatamente.

**S.** – Ele não aceita nem deixa entrar em sua cidadela qualquer discurso verdadeiro, nem se interessa em ouvir dizer que alguns prazeres se referem a desejos honestos, mas outros desejos são maus e que se torna necessário cultivar e apreciar os primeiros, mas é preciso reprimir e punir os últimos. Ele se nega a tudo, afirmando que todos os prazeres são iguais e todos devem ser desfrutados da mesma maneira.

**A.** – Com essa disposição de espírito, ele age exatamente assim.

**S.** – Passa, portanto, todos os seus dias para satisfazer o primeiro desejo que aparece. Ora bebe vinho e escuta flauta, depois bebe água e segue uma dieta de emagrecimento, ora faz ginástica, mas por vezes se entrega ao ócio e se desinteressa de tudo, ora chega até a discutir filosofia, depois se dedica à vida pública e fica por aí dizendo e fazendo tudo o que lhe passa pela cabeça. Se sente entusiasmo pelos guerreiros, junta-se a eles, depois muda de direção e se mistura com os negociantes. Em sua existência não há ordem nem coação, mas vive convencido que ela é prazerosa, livre e feliz.

**A.** – Você descreveu de modo sensacional a existência de um amigo da igualdade.

**S.** – Mas acho também que este homem é variado e rico de humores diversos, belo e variegado como o Estado que se lhe assemelha.

Muitos homens e mulheres poderiam invejar seu modo de vida porque encerra em si muitíssimos modelos de governos e de caracteres.

**A.** – Assim é, na verdade.

**S.** – Vamos então colocar um homem desse tipo na democracia? Poderíamos defini-lo corretamente como democrático?

**A.** – Sim, vamos defini-lo assim.

## XIV

**Sócrates** – Agora nos resta descrever o melhor dos regimes e o melhor dos indivíduos. A tirania e o tirano.

**Adimanto** – É verdade.

**S.** – Pois bem, amigo! Qual é a característica da tirania? Parece-me quase evidente que ela surge da degeneração da democracia.

**A.** – Sim, é evidente.

**S.** – Logo, como da oligarquia se origina a democracia, assim da democracia se origina a tirania.

**A.** – De que maneira?

**S.** – O objetivo que se havia proposto e com qual se originou a oligarquia não era a riqueza excessiva?

**A.** – Sim.

**S.** – O que, porém, a levou à ruína foi o insaciável desejo de riqueza e a indiferença diante de todos os outros valores por causa do mercantilismo.

**A.** – É verdade.

**S.** – E a ruína da democracia também não é provocada pelo desejo insaciável por aquilo que lhe deu origem?

**A.** – Mas qual é esse bem?

**S.** – A liberdade. Num Estado democrático, você haverá de ouvir que ela é o bem supremo e que por isso todo aquele que tiver um caráter livre deveria viver somente nesse.

**A.** – É o que se diz com frequência.

**S.** – Como eu lhe dizia, portanto, não seriam esse desejo insaciável e a indiferença perante todos os outros valores que transformam este regime e o preparam para que se instale a tirania?

**A.** – Em que sentido?

**S.** – A meu ver, um Estado democrático, sedento de liberdade e quando servido por maus copeiros, perde todo controle, inebriando-se de liberdade pura, pune seus governantes, a menos que estes não sejam realmente complacentes e não concedam grande liberdade, acusando-os de malvados que aspiram à oligarquia.

**A.** – É assim que agem.

**S.** – Acho ainda que trata com desprezo os cidadãos que respeitam os governantes, considerando-os escravos voluntários que nada valem, ao passo que elogia e admira em particular e em público os governantes que são semelhantes aos súditos e os súditos que são semelhantes aos governantes. Num Estado desses, porém, não é inevitável que a inclinação à liberdade se estenda a todas as coisas?

**A.** – E como não?

**S.** – E que penetre ainda, meu caro amigo, nas casas das famílias e que, finalmente, se instale a anarquia até entre os animais?

**A.** – O que é que você quer dizer com isso?

**S.** – Por exemplo, que um pai se acostume a se tornar como seu filho e a temer seus próprios filhos e o filho se torne como seu pai e para ser livre não tenha mais nem respeito nem receio de seus pais. Mais ainda, que o mero residente se coloque no mesmo plano do cidadão e que o cidadão no mesmo grau desse residente, o mesmo ocorrendo com os estrangeiros.

**A.** – É, de fato, o que anda acontecendo.

**S.** – Há ainda, contudo, outros pequenos inconvenientes. Em situações semelhantes, o mestre tem medo dos alunos e os adula, os alunos desprezam os mestres e preceptores. Numa palavra, os jovens se comportam como os velhos e os contestam com palavras e com fatos, ao passo que os velhos, para se tornarem agradáveis aos jovens, descambam para a afetação, imitando os jovens para não serem tachados de duros e tiranos.

**A.** – É isso mesmo.

**S.** – Num Estado desses, caro amigo, o limite extremo da liberdade excessiva é atingido quando os homens e as mulheres comprados não são menos livres que seus compradores. Quase ia me esquecendo de dizer quanta igualdade e liberdade subsistem nas relações entre homens e mulheres!

**A.** – Logo, segundo a expressão de Ésquilo, conviria "dizer tudo o que nos vem à boca"?

**S.** – Exatamente. E é justamente o que estou fazendo. Precisaria ver para crer, como até os animais por lá são mais livres que em qualquer outro Estado. De fato, segundo diz o provérbio, as cadelas se assemelham às patroas, os cavalos e os burros são acostumados a andar livres e garbosos, atropelando pelas estradas quem quer que não lhes abra passagem. Enfim, tudo ali respira da mesma maneira plena liberdade.

**A**. – Você acaba de contar o que conheço muito bem porque acontece o mesmo comigo, quando vou ao campo.

**S**. – Mas você sabe muito bem qual é a consequência de tudo isso. O ânimo dos cidadãos se enfraquece a ponto de não suportar nenhum tipo de coação que, ao contrário, os incita à revolta. Finalmente, como você sabe, não se interessam sequer pelas leis, escritas ou não escritas, contanto que não venham a ter sob hipótese alguma um patrão.

**A**. – Estou perfeitamente a par disso.

# XV

**Sócrates** – Pois é, meu amigo, a meu ver é desse belo e vigoroso governo que se origina a tirania.

**Adimanto** – Vigoroso mesmo! Mas o que acontece depois?

**S**. – A mesma doença que leva à ruína a oligarquia, sendo que neste regime irrompe ainda mais forte e violenta por causa da excessiva liberdade, levando a democracia à servidão. Com efeito, geralmente todo excesso provoca a reação contrária, fenômeno que se observa nas estações, nas plantas, nos animais, mas sobretudo nas formas de governo.

**A**. – É natural.

**S**. – Na realidade, a excessiva liberdade quase sempre degenera em excessiva servidão tanto para os cidadãos quanto para o Estado.

**A**. – Logicamente.

**S**. – Por isso é de todo natural que a tirania se origine somente da democracia ou, em outras palavras, acho que a mais absoluta e intolerável servidão se origine da mais pura liberdade.

**A**. – É natural.

**S**. – Parece-me, no entanto, que não era isto que você queria saber, mas qual seria o flagelo que leva à ruína tanto a oligarquia como a democracia.

**A.** – É verdade.

**S.** – Pois bem! Por esse flagelo eu pretendia falar daquele tipo de indivíduos ociosos e esbanjadores, dentre os quais os mais corajosos seguem na frente e os mais fracos os seguem na esteira. Comparamos os primeiros aos zangões providos de ferrão e os segundos, aos inofensivos.

**A.** – Correto.

**S.** – Estes dois grupos de homens se encontram em todo regime e fazem estragos, como no corpo humano faz a anasarca e a bílis. Mas o bom médico e legislador de um Estado, da mesma forma que um bom apicultor, deve impedir com todas as precauções, em primeiro lugar, que se multipliquem ou, como mínimo, cortá-los o mais rápido possível junto dos favos que os hospedam.

**A.** – Sim, por Zeus, deve fazer exatamente isso!

**S.** – Para distinguir da melhor maneira o que procuramos, vamos proceder, portanto, desta maneira.

**A.** – Como?

**S.** – Vamos dividir o Estado democrático nas três partes de que na realidade se compõe. A primeira é talvez aquela classe que nele se forma por causa da permissividade como ocorre no regime oligárquico.

**A.** – É verdade.

**S.** – Só que nesse regime muito mais radicalmente que naquele.

**A.** – O que você quer dizer?

**S.** – Na oligarquia é pouco influente e fraca porque não é apreciada e não é convidada a ocupar cargos públicos. Ao contrário, na democracia é a parte preponderante, com poucas exceções, e são os mais radicais que falam e agem, enquanto os outros, sentados em torno da tribuna, resmungam e não toleram opositores, de tal modo que num regime desses quase tudo é decidido por essa gente.

**A.** – É o que ocorre.

**S.** – Mas existe outra classe que vive sempre segregada do povo.

**A.** – Qual seria?

**S.** – Enquanto todos se entregam a suas ocupações, geralmente a maior parte da riqueza se concentra nas mãos daqueles que possuem um caráter mais equilibrado.

**A.** – É natural.

**S.** – Dessa gente, a meu ver, que os zangões sugam o mel em maior abundância e o mais nutritivo.

**A.** – Sem dúvida, porquanto como se poderia sugar de quem pouco possui?

**S.** – E estes, a meu ver, são os ricos que são chamados de "filhos dos zangões".

**A.** – Parece que sim.

# XVI

**Sócrates** – A terceira classe seria composta pelo povo, pelos artesãos e por aqueles que participam dos negócios públicos e são donos de pequenos patrimônios. Na democracia, porém, representam a classe mais poderosa quando se unem.

**Adimanto** – De fato, é assim, mas sem mel não se dispõem a se unir.

**S.** – No entanto, mel sempre lhes é dado, pelo menos quando o podem os governantes que despojam de seus bens os ricos e os distribuem ao povo, embora conservem para si a maior parte.

**A.** – Sim, desse modo é que é feita a distribuição.

**S.** – Eu acho que, vendo-se espoliados, os ricos se sentem obrigados a falar e a agir no meio do povo, usando de todos os meios para se defender dos espoliadores.

**A.** – Com certeza.

**S.** – Mesmo que não queiram a revolução, são acusados pelos outros de conspirar contra o povo e de aspirar à oligarquia.

**A.** – Sem dúvida.

**S.** – Finalmente, quando descobrem que o povo tenta prejudicá-los, não por ter consciência mas por ser ignorante e insuflado pelos caluniadores, então se transformam realmente, quer queiram quer não, em oligarcas. Esse também, contudo, é um mal produzido pelo ferrão do zangão.

**A.** – É verdade.

**S.** – Assim é que se desencadeiam as denúncias, os processos e as acusações recíprocas.

**A.** – Com certeza.

**S.** – O povo, porém, não tem o infalível hábito de confiar seus interesses a um protetor que procura engrandecer e conferir-lhe todo o poder?

**A.** – É o que faz.

**S.** – Está claro, pois, que o tirano, quando surge, não se origina de outra raiz que não daquela de um protetor do povo.

**A.** – Muito claro, com certeza.

**S.** – Por que motivo, porém, o protetor se transforma em tirano? Não acontece como na fábula que se conta a respeito do templo de Zeus Liceu na Arcádia?

**A.** – Que fábula?

**S.** – Aquela que narra que aquele que tivesse saboreado vísceras humanas misturadas com as de outras vítimas de sacrifícios, haveria de se transformar inevitavelmente em lobo. Mas será possível que você nunca ouviu falar dela?

**A.** – Já ouvi, sim.

**S.** – Pois bem! De igual modo, um chefe, quando se encontra diante de um povo demasiado submisso, não se abstém de empapar-se de sangue semelhante ao seu. Mediante falsas acusações, como acontece quase sempre, arrasta seus partidários para os tribunais, macula-se com delitos tirando a vida de alguns, saboreando com a boca e a língua impuras sangue semelhante ao seu, sempre que manda para o exílio e manda matar, propondo depois aos outros a supressão das dívidas e nova distribuição das terras. Se não fizer isso, necessária e fatalmente não morrerá pelas mãos de seus inimigos ou então tornar-se-á um tirano, convertendo-se, de homem que era, em lobo?

**A.** – Realmente é inevitável.

**S.** – Aí está ele, portanto, em guerra aberta contra os ricos.

**A.** – Sim.

**S.** – Se acaso for exilado e retornar depois, apesar de seus inimigos, não haveria de voltar como perfeito tirano?

**A.** – Certamente.

**S.** – Se os súditos, porém, não podendo derrubá-lo ou condená-lo à morte mediante calúnias públicas, não haveriam de arquitetar um modo de tirar-lhe a vida secretamente, causando-lhe morte violenta?

**A.** – Sim, geralmente é o que fazem.

**S.** – É então que se dá o caso de todos os que chegam a esse posto recorrerem ao famoso pretexto de pedir ao povo uma escolta especial para defender o protetor do povo.

**A.** – É verdade.

**S.** – E o povo, pelo que me parece, cheio de confiança em si mesmo, concede-a, temendo pela segurança do protetor.

**A.** – É o que acontece.

**S.** – Quando, pois, um homem rico e como tal antipático ao povo, se dá conta disso, então, meu amigo, como diz o oráculo a Creso "foge para o Hermo pedregoso, retira-se e sequer pensa em ser tachado de covarde".

**A.** – E faz muito bem, porque não poderia permitir-se de passar segunda vez por esse temor.

**S.** – Se for preso, porém, acho que isso lhe haveria de custar a vida.

**A.** – Com toda a certeza.

**S.** – Mas é claro que esse mesmo chefe "não fica distendido em belo repouso por muito tempo", mas, depois de ter eliminado muitos rivais, galga o mais alto posto do Estado e, com isso, já se tornou não um simples governante, mas um perfeito tirano.

**A.** – Sem dúvida.

# XVII

**Sócrates** – Deveríamos agora descrever a felicidade do cidadão e do Estado em que surge indivíduo desses?

**Adimanto** – Vamos descrevê-la.

**S.** – Nos primeiros dias, não distribui a quantos encontre sorrisos e saudações, dizendo que não é um tirano? Não faz as mais belas promessas em particular e em público? Não perdoa as dívidas, não distribui terra ao povo e a seus partidários e não se mostra afável e benévolo com todos?

**A.** – Precisa agir assim.

**S.** – Depois, a meu ver, quando se livrou dos inimigos externos, mediante alianças com alguns e eliminando outros, sentindo-se bem seguro desse lado, continua a fomentar simulacros de guerras para que o povo sinta a necessidade de um verdadeiro chefe.

**A.** – É provável.

**S.** – E também para que os cidadãos, já empobrecidos pelos tributos, se vejam obrigados a pensar em suas necessidades cotidianas e não passem a conspirar contra ele.

**A.** – Evidente.

**S.** – E, de certo, para matar aqueles que suspeita que sejam demasiado livres de espírito para se dobrarem e deixar-lhe o poder, entregando-os ao inimigo com um pretexto qualquer. Não seriam esses todos motivos de que um tirano teria necessidade para estar sempre às voltas com alguma guerra?

**A.** – Por certo.

**S.** – Procedendo desse modo não se torna odioso para os cidadãos?

**A.** – E como não!

**S.** – Também aqueles, portanto, que o ajudaram a tomar o poder haveriam de falar com franqueza a ele e entre eles, criticando seu modo de agir, se para tanto tiverem coragem?

**A.** – É provável.

**S.** – Por isso, o tirano deverá eliminar a todos eles para dominar em paz e, sem distinção de amigos e inimigos, não deverá ficar com ninguém que lhe faça sombra em sua volta.

**A.** – É claro.

**S.** – Deverá ter olhos perspicazes para distinguir rapidamente quem é corajoso, quem generoso, quem inteligente, quem é rico. E tal será sua situação que se verá obrigado, quer queira quer não, a se declarar inimigo de todos eles e mover-lhes guerra sem tréguas, até que deles tenha conseguido purificar o Estado.

**A.** – Bela purificação!

**S.** – Sim, exatamente o contrário da que os médicos utilizam para purificar o corpo. De fato, esses extirpam o pior e deixam o melhor, enquanto ele faz precisamente o oposto.

**A.** – Não resta, porém, ao tirano outra maneira, se quiser ter o domínio total.

## XVIII

**Sócrates** – Sim, ele está mesmo num dilema realmente agradável que o obriga a viver entre muita gente medíocre que o odeia ou simplesmente a não viver!

**Adimanto** – Sim, é verdade.

**S.** – E não é certo que, quanto mais odioso se tornar aos cidadãos com esse comportamento, tanto mais terá necessidade de um corpo de guarda mais numeroso e fiel?

**A.** – Assim terá de ser.

**S.** – Mas quem lhe será fiel? Onde irá buscar gente assim?

**A.** – Se puder pagar, acorrerá gente de todo lado e espontaneamente.

**S.** – Pelo cão! Parece que você está falando de zangões estrangeiros e recolhidos às pressas!

**A.** – E é assim.

**S.** – Mas não poderia talvez em seu próprio país...

**A.** – O quê?

**S.** – Tirar os escravos dos patrões, libertá-los e transformá-los em seus próprios guardas pessoais?

**A.** – Com certeza, porquanto esses seriam os mais fiéis a ele.

**S.** – É realmente esplêndida a situação do tirano de que você fala, se tiver de conservar como amigos fiéis estes indivíduos, depois de ter matado os de antes!

**A.** – Quer queira quer não, seus homens são exatamente esses.

**S.** – E esses seus novos companheiros passariam a admirá-lo e ficariam com ele como seus novos cidadãos, enquanto as pessoas honestas haveriam de odiá-lo e evitá-lo?

**A.** – Por que não?

**S.** – Não é sem razão que a tragédia é considerada uma obra de arte sábia, particularmente aquela de Eurípides.

**A.** – O que é que quer dizer?

**S.** – Entre as muitas que pronunciou, se encontra esta máxima profunda: "Os tiranos se tornam sábios pela companhia de homens sábios." Evidentemente queria dizer que sábios são aqueles com quem o tirano vive.

**A.** – E proclama ainda que a tirania é divina. Ele e outros poetas a elogiam muito!

**S.** – Por essa razão, os poetas trágicos, que são sábios, haverão de perdoar a nós e a quantos se comportam como nós, se não os recebermos em nosso Estado, visto que exaltam a tirania.

**A.** – Acredito que os mais educados dentre eles nos haverão de perdoar.

**S.** – Apesar de tudo, a meu ver, esses levam os Estados para a tirania e a democracia, vagando pelas cidades, reunindo multidões e pagando vozes belas, volumosas e persuasivas.

**A.** – Assim é.

**S.** – Além disso, eles recebem dinheiro e são elogiados sobretudo por parte dos tiranos, como é natural, e por parte da democracia. Quanto mais, porém, tentarem aproximar-se de formas de governo superiores, tanto mais haverá de diminuir seu prestígio, como se fossem incapazes de seguir adiante por falta de alento.

**A.** – É exatamente assim.

## XIX

**Sócrates** – Nós nos deixamos levar, entretanto, pela divagação. Vamos falar novamente daquela bela guarnição, numerosa, variada, sempre renovada e vamos ver o que o tirano haveria de fazer para mantê-la.

**Adimanto** – É evidente que haveria de começar por saquear o tesouro sagrado do Estado e até o momento em que os lucros da venda lhe fossem suficientes, haveria de diminuir os tributos impostos ao povo.

**S.** – E quando esses fundos se tivessem esgotado?

**A.** – Evidentemente, ele e seus partidários, seus amigos e suas amantes haveriam de viver dos bens de família.

**S.** – Entendo. Caberia ao povo, portanto, que gerou este tirano, mantê-lo juntamente com seus amigos.

**A.** – É praticamente inevitável.

**S.** – Mas como!? Se o povo se indignasse e lhe dissesse que não é justo que um filho adulto tenha de ser mantido pelo pai? Porque, ao contrário, ele deveria ser mantido pelo filho. Não haveria de lhe dizer que não o gerou e não lhe conferiu o poder para se tornar, uma vez crescido, o escravo de seus escravos e manter a ele e a seus escravos com uma multidão de outros estranhos, mas para livrar-se dos ricos sob sua tutela e daqueles que no Estado eram tidos como honestos? Não haveria de lhe ordenar agora que se retire do Estado, junto de seus amigos, como um pai expulsa de casa o filho, junto de seus hóspedes mal-educados?

**A.** – Então, por Zeus, o povo haveria de compreender que tipo de fera pôs no mundo, acariciou e criou e que, mesmo sendo mais fraco, estaria pretendendo expulsar aquele que é mais forte.

**S.** – Mas o que você está dizendo? O tirano se atreveria a usar de violência contra o pai e maltratá-lo se não lhe obedecesse?

**A.** – Sim, e bem antes já o teria desarmado.

**S.** – Mas você está falando de um tirano parricida e péssimo protetor da velhice. Pelo que parece, você está descrevendo talvez a tirania como é conhecida por todos. Segundo o provérbio, o povo, tentando evitar a fumaça da escravidão sob homens livres, caiu no fogo a serviço de escravos e, em lugar daquela excessiva e pura liberdade, pôs sobre si mesmo o jugo da mais dura e amarga escravidão.

**A.** – Sim, é isto mesmo que ocorre.

**S.** – Pois bem! Estaríamos exagerando ao dizer que já discutimos o suficiente a respeito da transição da democracia à tirania e suas características?

**A.** – Não, essa explicação é deveras suficiente.

# Livro IX

## I

**Sócrates** – Agora resta-nos estudar somente o homem tirânico, sua origem da transformação do homem democrático, seu comportamento e sua vida, feliz ou infeliz.

**Adimanto** – Sim, é o que falta considerar.

**S.** – Você sabe o que quero ainda?

**A.** – O quê?

**S.** – Parece que não esclarecemos de modo suficiente quais e quantos são os desejos. Essa lacuna poderá dificultar nossa busca.

**A.** – Não podemos, porém, remediar isso agora?

**S.** – Certamente. E era essa minha intenção. Pois bem! Dentre os desejos e os prazeres não necessários, alguns me parecem ilegítimos. Talvez subsistam em todos, mas se forem reprimidos pelas leis e por exigências mais elevadas, com a ajuda da razão em alguns indivíduos desaparecem por completo ou permanecem isolados e enfraquecidos, ao passo que em outros se tornam mais fortes e numerosos.

**A.** – Mas de que desejos e prazeres você está falando?

**S.** – Daqueles que despertam durante o sono, quando a alma racional que exerce uma suave autoridade sobre a outra, enquanto aquela animalesca e selvagem, repleta de comida e de bebida, agita-se e procura sair para satisfazer suas inclinações, recusando-se a dormir. E você sabe que em tal estado, como se fosse livre e desvinculada de todo controle racional, ela se atreve a tudo. De fato, sequer hesita em tentar unir-se à mãe, ou pelo menos assim acredita, ou a qualquer homem, deus ou animal. Não hesita em manchar-se com todo tipo de assassinato, em não se abster de qualquer comida, numa palavra, não reprime em si mesma qualquer estultícia e qualquer indecência.

**A.** – O que você diz é a pura verdade.

**S.** – Mas um homem sábio e moderado que se dispõe a dormir depois de ter despertado a própria razão e tê-la nutrido de belos discursos e estudos, em paz consigo mesmo, sem irritar a parte concupiscível de sua alma com jejum ou com uma alimentação excessiva, a fim de adormecer e não perturbar a alma racional com a alegria nem com a dor, ao contrário, deixando-a só consigo mesma a meditar sobre alguma coisa que ignora do passado ou do presente ou do futuro; um homem que tenha aplacado a parte emotiva sem ter-se irado com ninguém e vá dormir sem perturbações emotivas, mas que tenha sossegado essas duas partes e colocado em ação a terceira, a reflexão, e assim repouse, então, como você sabe, em tal condição ele capta da maneira mais profunda a verdade e não lhe aparecem, de modo algum, essas visões ímpias nos sonhos.

**A.** – Acho que seja assim mesmo.

**S.** – Acabamos por falar demais dessas coisas, mas o que queremos observar é o seguinte: há uma espécie de desejos perigosos, selvagens e desenfreados também naqueles que parecem muito equilibrados. E esses desejos se manifestam nos sonhos. Veja lá se minhas palavras lhe parecem sensatas e se você está disposto a aprová-las.

**A.** – Certamente as aprovo.

## II

**Sócrates** – Relembre agora nossa descrição do homem democrático. Dizíamos que havia sido criado por um pai econômico, que só apreciava os desejos ligados aos negócios e desprezava aqueles supérfluos, ligados à diversão e à exterioridade. Não é assim?

**Adimanto** – Sim.

**S.** – Esse jovem, tendo entrado em contato com homens mais refinados e cheios de desejos que enumeramos, acabou por se tornar pronto a qualquer excesso e a viver como eles avesso à parcimônia paterna, mas dotado de uma índole melhor que seus corruptores, arrastado para ambas as direções. Firma seu próprio caráter na posição intermediária, desfrutando com moderação de todo prazer, assim pelo menos lhe parece, e vive uma existência não desordenada nem ilegítima e de oligarca se transformou em democrata.

**A.** – De fato, esta é a ideia que nos fazíamos a respeito.

**S.** – Tente supor agora que esse homem, já velho, tenha por sua vez um filho educado nos mesmos hábitos.

**A.** – Certo.

**S.** – Vamos supor agora que o rapaz tenha o mesmo destino de seu pai e que se entregue a um desregramento total que seus sedutores chamariam de independência completa. Seu pai e o resto de sua família haveriam de favorecer os desejos equilibrados, mas haveriam de se opor aos outros. Quando esses terríveis magos e criadores de tiranos se desesperam para dominar de outro modo um jovem, procuram infundir-lhe no coração um amor que preside os desejos ociosos e dispendiosos, como se fosse uma espécie de grande zangão alado. Você acha que o afeto desses seja qualquer outra coisa?

**A.** – Não creio que seja outra coisa.

**S.** – Quando, porém, os outros desejos zumbem em torno dele, cheios de incenso, de perfumes, de coroas, de vinho e de prazeres dissolutos próprios dessas companhias, alimentando e fomentando ao extremo o ferrão do desejo, então esse tirano da alma é escoltado pela loucura e se agita e, se surpreende em si alguma opinião ou desejo considerado honesto e ainda provido de moderação, o suprime e o arranca de seu coração, até se purificar da temperança e estar tomado pela loucura antes desconhecida.

**A.** – Descrição perfeita do processo pelo qual se forma o homem tirano.

**S.** – E não será por esta razão que há muito tempo o amor é chamado de tirano?

**A.** – É provável.

**S.** – E o bêbado não teria também, meu amigo, alguma coisa do tirano?

**A.** – Sim, tem.

**S.** – E o homem louco e perturbado tenta e acha que sabe comandar não somente os homens, mas até os deuses.

**A.** – Sem dúvida.

**S.** – Portanto, caro amigo, um homem se torna realmente tirano quando, por natureza ou por hábito ou por causa de ambos, torna-se beberrão, apaixonado e louco.

**A.** – Assim é.

## III

**Sócrates** – Essa é, ao que parece, sua origem. Mas como vive?

**Adimanto** – Como se diz brincando, é você quem vai dizer.

**S.** – Pois bem, vou dizê-lo. Aquele que estiver completamente dominado em seu coração pela tirania de Eros, acho que vai passar todo o seu tempo em festas, prazeres, banquetes e mulheres.

**A.** – Necessariamente.

**S.** – E não serão muitos, indômitos e insaciáveis os desejos que surgem dia e noite?

**A.** – Certamente muitos.

**S.** – Esses indivíduos dissipam rapidamente suas rendas.

**A.** – Sem dúvida.

**S.** – Contraem depois empréstimos e dilapidam o patrimônio.

**A.** – É inevitável.

**S.** – Quando nada mais lhes sobrar, não é inevitável que os desejos fogosos e violentos passem a piar como pintinhos, feridos pelo ferrão de outros desejos e sobretudo pelo próprio amor, a quem os demais desejos servem como de guarda pessoal e escolta? Então esse homem se agita e procura subtrair alguma coisa de alguém com artifícios ou mesmo com violência.

**A.** – E para tanto, se empenha ferozmente.

**S.** – Assim, se vê obrigado a surripiar quanto lhe apareça ao alcance das mãos ou tornar-se vítima de dores atormentadoras.

**A.** – Não tem outra saída.

**S.** – Do mesmo modo que nele os novos prazeres suplantavam e destronavam os antigos, assim também ele, mais jovem que seu pai e sua mãe, haverá de pretender possuir mais bens do que eles e os despojará, se já houver dissipado sua parte, passando a dissipar também os bens paternos.

**A.** – Com certeza.

**S.** – Se os pais não os entregarem a ele, não haverá de tentar num primeiro momento de roubar seus pais com artifícios?

**A.** – Sem dúvida.

**S.** – Depois, porém, em caso de insucesso, não haverá de recorrer à rapina com violência?

**A.** – Acho que sim.

**S.** – Se, caro amigo, os velhos pais oferecerem resistência, o filho haverá de evitar de exercer sua tirania contra eles?

**A.** – Não alimento grandes esperanças em favor dos pais desse.

**S.** – Mas, por Zeus, Adimanto, se ele se apaixonar por uma cortesã estranha e recém-conhecida, como haverá de tratar a mãe, sua velha amiga e consanguínea? Ou por um jovem, estranho amigo de pouco, como haverá de tratar o velho e alquebrado pai, o mais antigo e íntimo de seus amigos? Um homem desses, você acha que haveria de titubear em bater neles e a colocá-los em segundo plano ante seus novos amores, se os introduzisse em sua própria casa?

**A.** – Não, por Zeus!

**S.** – Parece realmente uma grande sorte ter gerado um filho tirano!

**A.** – Nada invejável.

**S.** – Quando, porém, os bens paternos e maternos estancarem e o enxame dos prazeres já se tiverem estabelecido nele, não haverá de tentar primeiramente arrombar as paredes de alguma casa ou roubar o manto de um viajante, surpreendendo-o durante a alta madrugada, e a seguir não haverá de saquear os templos? No meio de tudo isso, as antigas ideias sobre o bem e sobre o mal que ele seguia desde a infância, haverão de desaparecer diante daquelas apenas libertadas da escravidão pelos guardas pessoais de Eros e essas, junto desse, haverão de vencer. Quando ainda estava sob a autoridade do pai e era um democrata em seu íntimo, estas ideias só encontravam desafogo durante o sono. Mas pela tirania de Eros, haverá de tornar-se, desperto, o que era somente em sonho e não haverá de se abster de qualquer crime terrível, nem de qualquer delito ou de qualquer barbaridade. Eros, que passou a reinar de modo tirânico entre a anarquia e o desregramento de seu coração, uma vez dono do poder soberano, haverá de expor seu súdito a qualquer risco, como ocorre com um Estado, contanto que tirem vantagem ele próprio e seu séquito desordenado, os amigos vindos de fora com as más companhias e aqueles de dentro, soltos e desenfreados, todos com os mesmos hábitos. Não haverá de ser essa, acaso, a vida que vai levar?

**A.** – Essa mesma.

**S.** – Se num Estado, pessoas desse tipo são poucas e a maioria da população se conserva prudente, essas partem para assumir a função de guardas pessoais de um tirano ou mercenários onde houver guerra. Mas se a paz e a tranquilidade reinarem em toda parte, permanecerão no próprio Estado, cometendo grande quantidade de pequenos delitos.

**A.** – Quais?

**S.** – Por exemplo, roubam, arrombam casas, furtam bolsas, furtam os que andam pela cidade, despojam os templos, vendem como escravos outros cidadãos. Além do mais, são hábeis oradores, por vezes se portam como sicofantas, dão falso testemunho e se deixam corromper.

**A.** – São realmente pequenos os delitos de que você fala! Além do mais, poucos também!

**S.** – Sim, são pequenos somente em relação aos grandes. Todos esses não atingem, como diz o provérbio, sequer o tornozelo, se comparados à maldade e à opressão de um tirano. De fato, quando cidadãos desse tipo e seus partidários forem numerosos num Estado e se derem conta de sua própria força, então, com a ajuda da insensatez do povo, escolhem um tirano, aquele que dentre eles se demonstre o tirano maior e mais forte.

**A.** – E têm razão, porquanto esse pode se tornar o tirano mais absoluto.

**S.** – Pode ocorrer, portanto, que o poder lhe seja entregue espontaneamente. Se, no entanto, o Estado resistir, como anteriormente tinha coragem de punir os próprios pais, assim agora haverá de fazer com a pátria, punindo-a, se dispuser dos meios, e introduzindo novos companheiros, aos quais haverá de sujeitar a "mátria", como dizem os cretenses, que um tempo lhe era cara, e a pátria e assim haverá de manter esses companheiros. E esta pode representar a realização dos desejos de um homem desses.

**A.** – Exatamente esta.

**S.** – Antes, porém, de tomarem o governo, quando ainda eram cidadãos privados, não se comportavam como passo a descrever? Em primeiro lugar, sempre prontos a agradar em tudo às pessoas com que vivem, precisamente como os bajuladores, e, se precisam de alguma coisa, fazem mesuras e parecem realmente amigos íntimos. Alcançado, porém, seu objetivo, se tornam estranhos.

**A.** – Com certeza.

**S.** – Assim vivem toda a vida, sem que realmente sejam amigos de ninguém, como patrões ou escravos de outro. Isso porque a índole do tirano não conhece liberdade e amizade.

**A.** – Exatamente.

**S.** – E não haveríamos de definir, com razão, de pérfidas essas pessoas?

**A.** – Claro.

**S.** – E extremamente injustas, se tivermos definido anteriormente de modo correto a justiça.

**A.** – Acho que a definimos corretamente.

**S.** – Concluindo, o homem pior é talvez aquele que, desperto, age como se estivesse sonhando, pelo menos segundo nossa descrição.

**A.** – É verdade.

**S.** – E assim se torna aquele que detém o poder absoluto e um caráter acentuadamente tirano, e tanto pior se tornará quanto mais tempo vive no exercício da tirania.

Glauco tomou a palavra e disse:

– É inevitável.

## IV

**Sócrates** – Por isso, o homem mais perverso não deverá ser também o mais infeliz? E aquele que tiver exercido a tirania por mais tempo e do modo mais completo não se terá tornado efetivamente infeliz de modo mais completo e por mais tempo? Apesar de tudo, o povo não pensa assim.

**Glauco** – Não pode ser de outra maneira.

**S.** – Uma coisa seria, portanto, o homem tirano comparado com o Estado tirano e outra, o homem democrático comparado com o Estado democrático? E isto valeria também para outros tipos de homem?

**G.** – Certamente.

**S.** – Em decorrência, também entre um homem e outro, com relação à virtude e à felicidade, existe a mesma diferença que subsiste entre um Estado e outro?

**G.** – Sem dúvida.

**S.** – E qual seria a diferença com relação à virtude entre um Estado tirano e um Estado monárquico, como o descrevemos acima?

**G.** – São de todo contrários. Um é ótimo e o outro é péssimo.

**S.** – Não vou pedir que se explique melhor porque sua opinião é de todo clara. Com relação, porém, à prosperidade e à miséria, você tem a mesma opinião? Não vamos nos iludir, contudo, ao observar o tirano, que é um só, nem aos poucos de seu séquito. Antes de emitir nossa opinião, vamos entrar no Estado e vamos examiná-lo por toda a parte.

**G.** – Sua colocação é correta, mas é evidente para qualquer um que não existe Estado mais miserável que o tirânico, nem um mais próspero que o monárquico.

**S.** – Talvez convenha tomar esta precaução também em relação aos cidadãos em particular, solicitando que emita um juízo sobre eles quem estiver em condições de penetrar com o pensamento no caráter de um homem e não se deixe iludir, como uma criança, pelas aparências externas, pela pompa que os tiranos mostram aos estranhos, mas que observe atentamente. E se, portanto, eu achasse que todos nós devêssemos escutar quem estiver em condições de avaliar bem, que tivesse vivido na mesma casa com ele, que tivesse assistido à sua vida doméstica nas relações com cada um de seus familiares, nas ocasiões em que se pudesse observá-lo totalmente despido de pompa solene e depois em sua vida pública, após ter visto tudo isso o exortássemos a nos referir se o tirano é feliz ou infeliz em suas relações humanas?

**G.** – Esse pedido seu também seria muito correto.

**S.** – Se você quiser, portanto, vamos fingir que também nós estamos em condições de julgar e vamos imaginar que temos relações com um tirano. Assim, haveríamos de ter alguém que respondesse a nossas perguntas.

**G.** – Muito bem.

# V

**Sócrates** – Vamos lá! Você deve proceder assim. Lembre-se da analogia entre o Estado e o indivíduo, analisa cada um deles e fale da condição de um e de outro.

**Glauco** – Em que sentido?

**S.** – Antes de mais nada, para começar a falar do Estado, você acha que o Estado sujeito a um tirano seja livre ou escravo?

**G.** – Totalmente escravo.

**S.** – Entretanto, você pode ver nele escravos e homens livres.

**G.** – Poucos desses. Os mais respeitados, por assim dizer, estão reduzidos à escravidão mais indecorosa e deprimente.

**S.** – Se, no entanto, o indivíduo é semelhante ao Estado, não é inevitável que também nele subsista a mesma situação e que sua alma esteja sujeita a grande escravidão e opressão justamente em suas partes mais nobres, enquanto pequena parte, a mas malvada e louca, predomina?

**G.** – É inevitável.

**S.** – Uma alma desse tipo, você a classifica como escrava ou livre?

**G.** – Como escrava.

**S.** – Logo, um Estado sujeito a um tirano não faz, de jeito nenhum, o que quer?

**G.** – Certamente que não.

**S.** – Então, uma alma dominada pela tirania em seu conjunto não haverá de fazer, de modo algum, o que quer, mas estará sempre nas garras da agitação e sempre vítima da desordem e do remorso.

**G.** – Sem dúvida.

**S.** – Mas um Estado tirano será rico ou pobre?

**G.** – Pobre.

**S.** – Então é inevitável que uma alma dominada pela tirania seja sempre pobre e esfaimada.

**G.** – Sim.

**S.** – E não é igualmente inevitável que um Estado desses e um indivíduo desses estejam sempre dominados pelo medo?

**G.** – Por certo.

**S.** – Haveria acaso outro em que você acha que poderia encontrar mais soluços, gemidos, lamentos e dor?

**G.** – Não, em nenhum outro.

**S.** – E você acha de poder encontrar em qualquer outro homem um número maior dessas aflições do que nesse homem tirano, dominado pelas paixões e pelo amor?

**G.** – Como seria isso possível?

**S.** – Olhando para todos esses males e outros defeitos do mesmo tipo, acho que você acaba de considerar este Estado como o mais infeliz de todos.

**G.** – E não teria razão?

**S.** – Certamente. Mas com base nessas mesmas considerações, o que você diria do homem tirano?

**G.** – Afirmo que, de longe, é o mais infeliz dos homens.

**S.** – Aqui, no entanto, você está errado.

**G.** – Mas como?

**S.** – Eu não acho que ainda o seja realmente.

**G.** – Quem seria então?

**S.** – Talvez outro lhe haverá de parecer ainda mais infeliz que este.

**G.** – Quem seria?

**S.** – Qualquer um que, embora de natureza tirânica, não vive como cidadão privado, mas tem a infelicidade de se tornar ele próprio, não saberia por que fatalidade, um tirano.

**G.** – Pelo que já dissemos, parece que você tem razão mesmo.

**S.** – Sim, embora não se deva confiar muito em conjecturas, mas proceder com rigor, porque nossa busca se refere ao problema mais importante, isto é, a vida boa e aquela má.

**G.** – Perfeitamente correto.

**S.** – Observe bem, pois, se meu raciocínio é seguro. A mim parece que a condição do tirano deva ser estudada da maneira seguinte.

**G.** – Isto é?

**S.** – Confrontando-a com a situação daqueles cidadãos privados que no Estado possuem muitas riquezas e muitos escravos. Eles têm em comum com o tirano o exercício de ampla autoridade. A diferença é somente quantitativa.

**G.** – É verdade.

**S.** – Você sabe que eles vivem tranquilos e não temem seus escravos.

**G.** – Por que haveriam de temê-los?

**S.** – Claro, mas você sabe qual a razão?

**G.** – Sim. O Estado inteiro socorre todo cidadão privado.

**S.** – Muito bem. Se um deus, porém, tomasse um dono de cinquenta ou mais escravos e, com a mulher e os filhos, o transportasse com o restante de seus bens e com seus escravos para um deserto, onde nenhum homem livre pudesse vir em seu socorro, qual e que tamanho medo você acha que poderia ter por sua própria causa e pela de sua mulher e filhos? Não teria medo de ser massacrado com eles por seus escravos?

**G.** – Um medo louco!

**S.** – Em razão disso, não se veria obrigado a bajular alguns de seus próprios escravos, a libertá-los sem qualquer motivo, e não se haveria de tornar ele próprio um adulador de seus escravos?

**G.** – Sim. Teria de agir exatamente assim para não ser morto.

**S.** – Se esse deus, porém, o rodeasse de muitos vizinhos dispostos a não tolerar a autoridade de outro e se esses punissem com a morte a quem fosse surpreendido mandando?

**G.** – Acho que esse seria ainda mais infeliz, uma vez controlado e rodeado por todos os seus inimigos.

**S.** – E não se encontra em semelhante prisão o tirano, se por natureza está, como descrevemos, cheio de múltiplos e diversos medos e paixões? Embora espiritualmente ávido, sozinho entre os cidadãos, ele não pode viajar para lugar algum, nem ver o que todos os homens livres têm a curiosidade de ver. Encerrado na própria casa, vive geralmente como uma mulher, invejando aqueles cidadãos que viajam para qualquer lugar e podem contemplar todas as belezas.

**G.** – É verdade.

## VI

**Sócrates** – Mais numerosas, portanto, são as desgraças que atingem o homem escravizado a suas paixões, o homem tirano que você considerou o mais infeliz de todos, quando deixa de ser cidadão privado e é obrigado pelo destino a tornar-se tirano, tentando governar os outros sem ser capaz de manter o domínio sobre si mesmo. Pode ser comparado a um homem fisicamente doente e incapaz que, em vez de viver segregado, se inscrevesse em competições e fosse obrigado a passar a vida lutando.

**Glauco** – A comparação é mais que correta.

**S**. – Logo, caro Glauco, não é total a infelicidade do tirano e sua vida não é ainda mais dura do que aquela de quem, como você falava, vive da maneira mais dura?

**G**. – É verdade.

**S**. – Na realidade, mesmo que alguém não acredite nisso, o verdadeiro tirano é um verdadeiro escravo por sua extrema servidão e baixeza, é um adulador dos piores e, evidentemente, não pode satisfazer de modo algum seus desejos. Melhor, falta-lhe quase tudo e, aos olhos de quem sabe perscrutar o fundo de sua alma, demonstra-se realmente pobre, cheio de medo, de convulsões e de dor por toda a vida, se verdade é que sua condição se assemelha à do Estado por ele governado. É assim ou não?

**G**. – É assim.

**S**. – Além disso, não deveríamos atribuir-lhe aqueles males de que falamos antes, mas que inevitavelmente nele se encontram e mais ainda se desenvolvem com o exercício do poder, tais como a inveja, a deslealdade, a injustiça, a falta de amigos, a impiedade, os vícios de todo tipo que ele hospeda e nutre e, como consequência de tudo isso, é o mais infeliz dos homens, aumentando ainda sua desdita ao tornar infelizes também seus íntimos?

**G**. – Nenhum homem sensato o poderia negar.

**S**. – Pois bem! Como o juiz supremo pronuncia sua sentença, assim também você deverá tentar estabelecer uma escala de felicidade entre esses cinco indivíduos: o homem monárquico, o timocrático, o oligárquico, o democrático e o tirânico.

**G**. – O julgamento é fácil. Eu os disponho na ordem em que se apresentaram, como se faz com os corais, com relação à virtude, ao vício, à felicidade e a seu oposto.

**S**. – Deveríamos convocar um arauto ou eu mesmo poderia anunciar que o filho de Ariston sentenciou que o homem melhor, mais justo e mais feliz é o real porque reina sobre si mesmo, enquanto que o pior, o mais injusto e o mais infeliz é o tirano em confronto consigo mesmo e com o Estado?

**G**. – Pode anunciá-lo.

**S**. – E deveria acrescentar também que pouco importa se esses assim parecem ou não aos olhos de todos os homens e dos deuses?

**G**. – Pode acrescentar isso também.

# VII

**Sócrates** – Muito bem. Essa pode ser considerada nossa primeira demonstração. Veja agora se lhe parece lógica a segunda.

**Glauco** – Qual seria?

**S**. – Uma vez que o Estado foi dividido em três partes que correspondem às três partes da alma, a meu ver, se poderia aceitar também outra demonstração.

**G**. – Qual?

**S**. – Como são três suas partes, parece que sejam três também os prazeres, cada um específico de cada uma das partes. Isso vale também para os desejos e as ordens.

**G**. – O que você quer dizer?

**S**. – A primeira parte é aquela com a qual o homem aprende. A segunda, aquela pela qual prova emoções. Para a terceira, em vista da multiplicidade de suas formas, é impossível conferir-lhe um nome único e específico, mas com aquele que é o mais importante e eficaz, a chamamos de parte concupiscível, por causa da violência dos desejos que se relacionam com o comer, o beber, o amor e outros a eles correlatos. E a consideramos também ávida, porque esses desejos, no mais das vezes, se realizam graças ao dinheiro.

**G**. – Nisto procedemos corretamente.

**S**. – Se, portanto, dissemos que seu prazer e seu amor é o lucro, não haveríamos de fixar da melhor maneira nosso conceito, de modo que nos haveria de clarear um pouco as ideias, ao falarmos dessa parte da alma, e não poderíamos considerá-la corretamente ávida e cobiçosa?

**G**. – Parece-me que sim.

**S**. – Não haveríamos de dizer que a parte emotiva aspira sempre à vitória e ao prestígio?

**G**. – Certamente.

**S**. – Seria, pois, oportuno chamá-la de amiga da vitória e da honra?

**G.** – Totalmente oportuno, sem dúvida.

**S.** – Em vez disso, está claro para todos que a parte com a qual aprendemos tende incessantemente a procurar a verdade e, dentre as três, é a que menos se preocupa com dinheiro e glória.

**G.** – Sim.

**S.** – Poderíamos então chamá-la acertadamente de amiga do estudo e da sabedoria?

**G.** – Por que não?

**S.** – E o espírito de alguns, não é dominado por esta parte, o espírito de outros pela segunda e o de outros ainda, pela terceira?

**G.** – Precisamente.

**S.** – Poderíamos afirmar, então, que os homens pertencem a três categorias fundamentais: os amantes da sabedoria, os amantes do sucesso e os amantes do lucro?

**G.** – Sem dúvida.

**S.** – Poderíamos acrescentar que existem três categorias de prazeres que correspondem a esses três caracteres?

**G.** – Claro.

**S.** – Você se dá conta de que, se quisesse perguntar a cada um desses três homens qual dos três modos de vida seria preferível, cada um diria que é o seu? O negociante não haveria de dizer que, comparando com o lucro, o prazer advindo da honra e do estudo não vale nada, uma vez que não dá dinheiro?

**G.** – É verdade.

**S.** – E o ambicioso? Por acaso, não avalia como vulgar o prazer que se tem com o dinheiro, fumaça e besteira aquele que se tem com o estudo, se este não conferir honras?

**G.** – Sim.

**S.** – Quanto a nós, o que haveriam de representar para o filósofo os outros prazeres, se comparados com o conhecimento e o aprofundamento incessante da verdade? Não os haveria de considerar muito distantes do verdadeiro prazer? E não os chama de necessários, no sentido próprio da palavra, porque os haveria de evitar sem falta, se não fossem para ele inevitáveis?

**G.** – Sim, é exatamente assim.

# VIII

**Sócrates** – Como poderíamos então saber qual deles diz a verdade, ao discutir os prazeres e o modo de viver de cada categoria não para viver melhor ou pior, com maior ou menor honestidade, mas somente para falar do modo mais prazeroso e inócuo?

**Glauco** – Eu, com certeza, me sinto incapaz de me pronunciar a respeito.

**S**. – Entretanto, considere isto. Com que meio se pode avaliar um fato pelo modo mais adequado? Existe um critério melhor que a experiência, a inteligência e a razão?

**G**. – Como poderia existir?

**S**. – Pense bem! Dentre os três tipos de indivíduos, qual seria o mais experiente em todos os prazeres que mencionamos? O homem ambicioso, se por acaso se puser a aprender a essência da verdade, teria mais experiência do prazer que se tira do conhecimento do que o filósofo poderia ser mais experiente daquele que se tem pelo lucro?

**G**. – Bem ao contrário! Porque um, o filósofo, deve inevitavelmente provar desde a infância os outros prazeres, ao passo que o homem ambicioso, quando se dedica a aprender como seriam as essências, não tem certeza alguma de sentir e experimentar a suavidade deste prazer. Pelo contrário, apesar de todo o seu esforço, debalde conseguiria senti-lo.

**S**. – Logo, o filósofo conhece ambos os prazeres muito melhor que o homem ambicioso.

**G**. – Sem dúvida.

**S**. – E comparando-o com o ambicioso? Acaso o filósofo conhece o prazer que se tem com a honra muito menos do que esse possa conhecer o prazer que se tem com a reflexão?

**G**. – Se cada um dos dois atinge seu próprio objetivo, a honra cabe a ambos. De fato, muitos honram tanto os ricos, como os corajosos, os sábios, de modo que todos eles conhecem o prazer que se tem com a honra, dentro dos limites do possível. Em vez disso, ninguém, a não ser o filósofo, pode sentir o prazer que se tem pela contemplação do ser.

**S.** – Logo, segundo a experiência, esse é o homem mais apto para emitir um juízo entre os três.

**G.** – Sem dúvida.

**S.** – E será o único em que a experiência se alia à reflexão.

**G.** – Sim.

**S.** – E também a faculdade que consente de emitir um juízo não pertence de per si ao homem ávido, nem ao ambicioso, mas somente ao filósofo.

**G.** – Qual seria essa faculdade?

**S.** – Não foi dito que para julgar é preciso a razão?

**G.** – É verdade.

**S.** – O instrumento essencial do filósofo é exatamente esse.

**G.** – E como não!?

**S.** – Em lugar disso, se se julgasse de modo melhor com a riqueza e com o lucro, deveriam ser de todo corretos a aprovação e o menosprezo do homem ganancioso.

**G.** – Por certo.

**S.** – Se se devesse julgar com base à honra, ao sucesso e ao valor, não estaria no lugar certo o homem ambicioso e amante do sucesso?

**G.** – Claro.

**S.** – Mas como se deve julgar com a experiência, a inteligência e a razão...

**G.** – É inevitável que seja verdadeiro sobretudo o que é aprovado pelo filósofo e pelo filólogo.

**S.** – Portanto, mesmo que sejam três os prazeres, o mais suave talvez seja aquele que se refere à parte da alma com que aprendemos e mais suave a existência daquele que é governado por esta parte?

**G.** – Não pode ser de outra forma. O homem inteligente aprova a própria existência como juiz que tem autoridade.

**S.** – Que gênero de vida e que prazer colocaria em segundo lugar este juiz?

**G.** – Evidentemente aqueles do homem batalhador e ambicioso, mais próximos ao seu do que aqueles do homem de negócios.

**S.** – Então o prazer do homem ávido ou ganancioso vem em último lugar, pelo que parece.

**G.** – Sem dúvida alguma.

# IX

**Sócrates** – São já, portanto, duas demonstrações sucessivas e por duas vezes o justo derrotou o injusto. E pela terceira, vamos invocar, como ocorre em Olímpia, Zeus salvador e Olimpo. Considere agora que o prazer dos outros, excetuando-se aquele do intelectual, não é verdadeiro nem puro, mas se assemelha a uma sombra. Assim, pelo menos, me parece que o tenha definido um sábio. E exatamente essa poderia ser a última e a pior queda do homem injusto.

**Glauco** – Sem dúvida. Mas o que quer dizer?

**S.** – Vou conseguir demonstrá-lo, mas somente com tua ajuda, se você aceitar responder a minhas perguntas.

**G.** – Pergunte, pois.

**S.** – Então, me diga. Não consideramos a dor como o sentimento contrário ao prazer?

**G.** – Sim.

**S.** – Mas não existe também uma situação em que não se sente nem prazer nem dor?

**G.** – Sim, existe.

**S.** – E entre dois sentimentos se prova uma certa paz de alma? Não se poderia defini-la assim?

**G.** – É verdade.

**S.** – Você lembra o que dizem os doentes enquanto sofrem?

**G.** – O quê?

**S.** – Que nada é mais prazeroso que a saúde, mas que antes de ficarem doentes não se haviam dado conta?

**G.** – Sim, lembro.

**S.** – E você não ouve dizer, por quem sofre uma grande dor, que nada há de melhor do que não sofrer mais?

**G.** – Sim, certamente.

**S.** – Eu acho que você sabe que os homens enfrentam muitas outras situações análogas. E então, quando sofrem, exaltam como condição melhor não o fato de ter prazer, mas sim o fato de não sentir dor e estar tranquilos.

**G.** – Porque, nesse caso, talvez a tranquilidade represente uma coisa prazerosa e desejável.

**S.** – Mas quando se termina de desfrutar um prazer, o repouso sucessivo traz uma sensação molesta.

**G.** – Talvez sim.

**S.** – E aquele estado intermediário de que acabamos de afirmar sua existência, isto é, a tranquilidade, poderá ser ora dor ora prazer.

**G.** – Parece que sim.

**S.** – Mas pode tornar-se um ou outra juntos o que não é nenhum dos dois?

**G.** – Acho que não.

**S.** – Apesar de tudo, o prazer e a dor, quando surgem na alma, são ambos um movimento, ou não?

**G.** – Sim.

**S.** – Mas não acabamos de reconhecer que esse estado intermediário, que não é prazer nem dor, é a tranquilidade?

**G.** – Sim, reconhecemos.

**S.** – Como, pois, se pode afirmar corretamente que seja prazeroso não sentir dor ou que seja doloroso não ter prazer?

**G.** – Não, não se pode.

**S.** – Então esse estado parece prazeroso em confronto com a dor e doloroso com relação ao prazer, mas na realidade não o é. Em todos esses fantasmas não há nada de real com relação à verdade do prazer, mas somente ilusão.

**G.** – A isso, pelo menos, nos induz a pensar nosso discurso.

**S.** – Considere agora os prazeres que não provêm da dor, para que você não venha a crer que neste caso a essência do prazer seja muitas vezes cessação da dor e vice-versa.

**G.** – Em que caso e de que prazeres você quer falar?

**S.** – De muitos prazeres, mas sobretudo daqueles do olfato, se você quiser tomá-los em consideração. De fato, eles surgem de improviso com grande intensidade, sem serem precedidos de qualquer dor e cessam também sem deixar dor alguma.

**G.** – É a pura verdade.

**S.** – Por isso, não devemos crer que o prazer puro seja isenção da dor e vice-versa.

**G.** – Certo que não.

**S.** – Entretanto, as sensações que do corpo se propagam na alma e se chamam prazeres, talvez os mais numerosos e intensos, são todos desse tipo, isto é, cessação da dor.

**G.** – Sim, é verdade.

**S.** – E não se dá o mesmo também com a alegria e a dor que a espera provoca antecipadamente?
**G.** – Sim.

## X

**Sócrates** – Você sabe, pois, quais são e a que se assemelham sobretudo?
**Glauco** – A quê?
**S.** – Você acha que na natureza exista o alto, o baixo e o centro?
**G.** – Por certo.
**S.** – E quem se move do baixo para o centro, não imagina por acaso de estar subindo? Se parado no centro, olhar para o ponto de onde partiu, não acha que se encontra no alto, visto que jamais viu a verdadeira altura?
**G.** – Por Zeus, não acho que esse pudesse pensar outra coisa.
**S.** – Mas se se movesse novamente para baixo, não teria razão em acreditar que estaria descendo?
**G.** – Como não!?
**S.** – E não se encontraria nessa situação porque ignora o que seja realmente no alto, ao centro e embaixo?
**G.** – Evidente.
**S.** – Como admirar, pois, que, ignorando a verdade, os homens se formem ideias erradas sobre muitíssimas coisas, mas especialmente em relação ao prazer e à dor e ao estado intermediário entre esses estejam numa condição tal que, passando para a dor, têm razão em acreditar que sofrem porque sofrem realmente e, passando da dor à condição intermediária, acreditam sinceramente que estão próximos da satisfação e do prazer? É como se eles, por ignorarem o branco, opusessem o cinza ao preto. Da mesma maneira se enganam pela inexperiência do prazer e opõem à dor a ausência da dor.
**G.** – Por Zeus, não me maravilho mesmo, antes teria de me surpreender o contrário.
**S.** – Agora, preste atenção ao que vou dizer. A fome, a sede e qualquer outra exigência similar não representam lacunas para o bem-estar do corpo?

**G.** – Certamente.

**S.** – Mas a ignorância e a estultícia não são lacunas para o bem-estar da alma?

**G.** – Sim.

**S.** – E ficaria satisfeito que se desse a se alimentar quem conseguisse a inteligência?

**G.** – Claro que sim.

**S.** – Mas a verdadeira forma de satisfação se refere ao menos ou ao mais?

**G.** – Ao mais, evidentemente.

**S.** – Qual dos dois gêneros, a seu ver, está mais próximo da essência pura: o alimento, as bebidas, os condimentos e a nutrição em geral ou a opinião verdadeira, a ciência, a inteligência e, enfim, toda espécie de virtude? Para decidir, pense nisto: o que depende do ser eternamente igual e imortal e da verdade e é ele próprio tal e em tal condição se encontra, não lhe parece que seja alguma coisa a mais com relação ao que depende daquilo que nunca é igual a si mesmo e mortal e é ele próprio tal e em tal condição se encontra?

**G.** – Sim, aquilo que participa do ser imutável é muito superior.

**S.** – Mas a essência daquilo que é sempre mutável participa da essência mais do quanto possa participar da ciência?

**G.** – De modo algum.

**S.** – E da verdade?

**G.** – Nem dela.

**S.** – E se participa menos da verdade, participa menos também da essência?

**G.** – Inevitavelmente.

**S.** – Enfim, aquilo que se relaciona ao cuidado do corpo tem menor participação da verdade e da essência do que aquilo que se relaciona com o cuidado da alma?

**G.** – Sem dúvida.

**S.** – E você não acha que a mesma relação valha entre o corpo e o espírito?

**G.** – Sim.

**S.** – Mas aquilo que se nutre de maior realidade e é ele próprio mais real não goza de maior plenitude em relação ao que se nutre de menos realidade e é ele próprio menos real?

**G.** – Como não!?

**S.** – Se, pois, nutrir-se das coisas adequadas à própria natureza é prazeroso, o que se nutre mais realmente e com coisas mais reais goza mais verdadeira e realmente do verdadeiro prazer, enquanto o que participa de coisas menos reais pode nutrir-se menos verdadeira e solidamente e participar de um prazer menos seguro e menos verdadeiro.

**G.** – É de todo inevitável que seja assim.

**S.** – Assim, aquele que, ignorando a inteligência e a virtude, está sempre ocupado em banquetes e em prazeres similares, move-se para baixo, ao que parece, e depois volta ao centro e assim fica vagueando por toda a vida, sem nunca olhar nem se projetar para o alto, superando esse limite. Esses indivíduos também não se nutrem da verdadeira realidade nem provam um prazer sólido e puro porque se comportam como os animais que olham sempre para baixo e, curvados para baixo e para a mesa vão se alimentando e copulando. Mais ainda, impelidos por essa avidez insaciável, se batem e se empurram com chifres e cascos de ferro, acabando por se matarem, exatamente porque não nutrem daquilo que é real a verdadeira parte de si mesmos nem seu invólucro.

**G.** – Sócrates, você fala como se fosse um oráculo sobre a vida dos homens.

**S.** – E não ficam sempre mísera e inevitavelmente entre prazeres impuros e dor, entre sombras que do verdadeiro prazer só têm os contornos mas se mostram coloridas pela superposição de prazer e dor, de tal modo que ambos se revelam intensos e produzem seus amores incontroláveis e suas lutas insensatas como, segundo Stesícoro, em Troia se combateu pelo fantasma de Helena, ignorando a verdade?

**G.** – Não há como evitar algo de semelhante.

## XI

**Sócrates** – E o mesmo não ocorre inevitavelmente da mesma forma a propósito da parte emotiva da alma, quando é satisfeita com a inveja provocada pela ambição ou com a violência provocada pela ânsia de vitória ou com a ira devida a um mau caráter, quando se procura saciar-se de honras, de vitória e de ira sem bom senso e sem discernimento?

**Glauco** – Sim, é inevitável que o mesmo ocorra com relação a isso.

**S.** – E então? Não poderíamos afirmar com certeza que também os desejos de lucro e de ambição, se seguirem a ciência e a razão e com elas forem em busca dos prazeres que lhes são indicados pelo intelecto, haveriam de colher os prazeres mais autênticos que lhes fosse possível ter, exatamente porque seguem a verdade e os prazeres que lhes são próprios, se é verdade que para cada um é próprio o que é melhor?

**G.** – Sim, realmente é assim.

**S.** – Portanto, quando a alma em sua totalidade segue sem dissensão o filósofo, a cada uma de suas partes cabe agir no próprio interesse e nos limites da justiça e cada uma aufere, quanto possível, dos melhores prazeres que lhe são próprios e que são também os mais verdadeiros.

**G.** – Sem dúvida.

**S.** – Em vez disso, quando comanda uma das duas outras partes, acontece que ela não consegue o próprio prazer e obriga às outras a procurar um inapropriado e falso.

**G.** – Com certeza.

**S.** – E tanto mais se haveria de chegar a esse resultado, quanto mais nos afastássemos da filosofia e da razão?

**G.** – Certamente.

**S.** – E não se afasta ao máximo da razão o que se afasta da lei e da ordem?

**G.** – Evidente.

**S.** – E não se revelaram como os mais distantes os desejos amorosos e tirânicos?

**G.** – Sem qualquer sombra de dúvida.

**S.** – Pelo contrário, como os menos distantes aqueles monárquicos e equilibrados?

**G.** – Sim.

**S.** – Logo, acho que o tirano será o homem mais distante de seu verdadeiro prazer e o outro, o menos distante.

**G.** – Inevitavelmente.

**S.** – Por isso, o tirano haverá de viver da maneira mais desagradável e o rei da maneira mais prazerosa.

**G.** – Sem dúvida.

**S.** – Você saberia também o quanto mais desagradavelmente que o rei deva viver o tirano?

**G.** – Pode dizê-lo você mesmo.

**S.** – Se, pelo que parece, os prazeres são três mas um só é legítimo e os outros dois são bastardos, o tirano, depois de ter ultrapassado o limite dos prazeres bastardos e ter fugido para longe da lei da razão, convive com prazeres vis que lhe servem de corpo de guarda; talvez só assim se possa explicar sua inferioridade.

**G.** – Como?

**S.** – O tirano vem em terceiro lugar, depois do homem oligárquico, porque entre eles se encontra o homem democrático.

**G.** – É verdade.

**S.** – Portanto, se antes tínhamos razão no que dissemos, esse convive com um fantasma de prazer que se encontra três vezes mais distante em relação ao primeiro?

**G.** – Assim mesmo.

**S.** – Mas o homem oligárquico vem em terceiro lugar em relação ao homem monárquico, se considerarmos o homem aristocrático e o homem monárquico como a mesma pessoa.

**G.** – Sim, está no terceiro lugar.

**S.** – Assim, o tirano está nove vezes distante do verdadeiro prazer.

**G.** – Claro.

**S.** – Por isso, ao que parece, o fantasma do prazer do tirano pode ser expresso linearmente por um número plano.

**G.** – Por certo.

**S.** – E a distância que o separa do prazer do homem monárquico é expressa elevando esse número ao quadrado e depois ao cubo.

**G.** – Para um matemático, isto é evidente.

**S.** – Se, pelo contrário, pudesse expressar-se numericamente o quanto o rei esteja distante do tirano em relação ao verdadeiro prazer, se terá como resultado, fazendo a multiplicação, que ele vive 729 vezes melhor que o tirano e, de modo inverso, que o tirano é 729 vezes mais infeliz que o rei.

**G.** – Que número incrível para medir a distância entre os dois, isto é, entre o homem justo e o homem injusto, com relação ao prazer e à dor!

**S.** – Entretanto, é verdadeiro e apropriado ao modo de viver deles, se a esses correspondem os dias e as noites, os meses e os anos.

**G.** – Sim, devem corresponder.

**S.** – Se, portanto, o homem honesto e justo supera em tanto o homem mau e injusto em relação ao prazer, qual não haverá de ser sua prodigiosa superioridade em relação à decência de vida, à beleza e à virtude?

**G.** – Será realmente prodigiosa, por Zeus!

## XII

**Sócrates** – Muito bem. Agora que chegamos a este ponto do discurso, vamos resumir as etapas que nos conduziram até aqui. Dizíamos que ao homem perfeitamente injusto convém ser assim, contanto que tenha a reputação de ser justo. Não dissemos isso, talvez?

**Glauco** – Exatamente.

**S.** – Agora que chegamos a um acordo sobre os efeitos de um comportamento honesto e de um comportamento desonesto, vamos falar com quem assim se expressou.

**G.** – Como vamos fazer isso?

**S.** – Vamos modelar com a fantasia um simulacro da alma para que esse se dê conta do que andou dizendo.

**G.** – Que simulacro?

**S.** – Um semelhantes aos monstros das antigas fábulas, tais como Quimera, Cila, Cerbero e tantos outros que reuniam, pelo que se diz, muitas formas num único corpo.

**G.** – Sim, é isso mesmo que se diz.

**S.** – Tente, pois, modelar um monstro de muitas formas e muitas cabeças de animais domésticos e selvagens, capaz de mudar de aspecto e de gerar por si mesmo todas essas formas.

**G.** – Seria preciso um artista fenomenal para fazê-lo! De qualquer modo, visto que a palavra é mais maleável que a cera e de qualquer outra matéria desse tipo, já o moldei!

**S.** – Agora, molda a forma de um leão e depois de um homem. A primeira, porém, dever ser muito maior dessas duas e depois molde outra.

**G.** – Isto é mais fácil. Aqui está, já modelei todas.

**S.** – Agora, junte as três e una-as muito bem.

**G.** – Está feito.

**S.** – Envolva-as agora externamente com uma única forma, a humana. Assim, deverão parecer um único ser, um homem por certo, para quem não possa olhar para seu interior e veja somente o invólucro externo.

**G.** – Já as recobri.

**S.** – Vamos responder, portanto, ao que afirma que a esse homem convém comportar-se de modo injusto e de nada lhe serve praticar a justiça, que isto equivale a sustentar que lhe convém alimentar esse monstro multiforme e fortalecê-lo juntamente com o leão e o resto, enquanto se reduz à fome o homem, tornando-o tão fraco que deva ser arrastado pelos outros dois para onde queiram e, ao contrário de acostumá-los a conviver e a se tornarem amigos, deixar que combatam entre si, que se estraçalhem e se devorem.

**G.** – Sim, elogiar um comportamento injusto seria exatamente isto.

**S.** – Aquele que dissesse que a justiça é conveniente, haveria de confirmar a necessidade de agir e de falar de modo que o homem interior pudesse dominar o mais possível o homem inteiro e vigiar o monstro de muitas cabeças, como faz um camponês que cultiva com cuidado as plantas domésticas mas impede o crescimento das ervas daninhas, obtendo a aliança da natureza do leão e cuidando de todas as naturezas juntas, tornando-as amigas entre si e amigas dele. Não é assim que as haverá de criar?

**G.** – Sim, quem elogia a justiça afirma exatamente isto.

**S.** – Assim sendo, sob qualquer aspecto, aquele que exalta a justiça está na verdade e aquele que exalta a injustiça está no falso. Tomando em consideração o prazer, a honra e a utilidade, aquele que elogia a justiça tem razão, enquanto que aquele que a censura nada diz que preste e sequer conhece aquele que censura.

**G.** – Pelo menos para mim, parece que não o conheça mesmo.

**S.** – Vamos tentar convencê-lo com brandura, porquanto seu erro é involuntário, e vamos lhe perguntar: "Caro amigo, a distinção legal entre o que é belo e o que é feio não foi feita por razões análogas? O que é belo não submete ao homem, ou melhor, à sua parte divina, o que há de animalesco nele, enquanto o que é feio não submete a natureza doméstica à natureza selvagem?" Nosso interlocutor vai estar de acordo com isto ou não?

**G.** – Se me der razão, sim.

**S.** – Com base neste raciocínio, haveria de existir, pois, alguém a quem lhe fosse útil tomar ouro de modo injusto para si, se deveras ocorrer algo semelhante, ou seja, se, ao tomar o ouro, escravizar a parte melhor dele à parte pior? Entretanto se, para tomar o ouro, devesse entregar como escravos de patrões selvagens e malvados o filho e a filha, não haveria de lhe convir nem se tomasse uma grande quantidade dele. Se escravizasse sua natureza mais divina àquela mais ímpia e desnaturada sem sentir piedade, não seria talvez um miserável e não se deixaria corromper pelo ouro de maneira bem mais funesta que Erifila que aceitou o colar em troca da vida de seu marido?

**G.** – Sim, respondendo por ele, seria muito pior.

# XIII

**Sócrates** – E você não acha que também a intemperança foi desaprovada há tanto tempo exatamente porque deixa mais livre que a devida a natureza perigosa, aquele grande e multiforme monstro?

**Glauco** – Evidente.

**S.** – E não são desaprovados a arrogância e o mau humor, quando os instintos do leão e da serpente se desenvolvem e se propagam sem harmonia?

**G.** – É verdade.

**S.** – Não são desaprovados também o luxo e a indolência porque deixam em liberdade esse mesmo monstro, fazendo com que cresça nele a covardia?

**G.** – Com certeza.

**S.** – Não são desaprovadas a adulação e a mesquinhez, quando submetem a natureza irascível a esse monstro vulgar e, por ganância de dinheiro, acostumam os jovens a se humilharem e a se tornarem macacos em vez de leões?

**G.** – Sem dúvida.

**S.** – Por qual razão você acha que seja ignominiosa a condição dos artesãos e dos operários, senão porque sua parte melhor é por natureza tão fraca que não pode dominar os animais que neles subsistem, ao contrário, os afaga e só consegue aprender a abrandá-los?

**G.** – Parece que é assim.

**S.** – E um homem desse tipo, para ser governado pelo mesmo princípio que governa o homem melhor, deve ser, a nosso ver, escravo daquele homem ótimo que tem em si o princípio divino. Achamos, porém, que não deva ser governado em seu detrimento, como pensava Trasímaco em relação aos súditos, mas somente porque é melhor para qualquer um ser dominado por quem é divino e inteligente. Certamente seria melhor ainda se este princípio o possuísse em si mesmo. Caso contrário, é preciso impô-lo do exterior, para que sejamos quanto possível todos iguais e amigos, guiados pelo mesmo princípio.

**G.** – Perfeitamente correto.

**S.** – Também a lei revela uma intenção análoga porque oferece sua ajuda a todos os cidadãos. Esse é também o objetivo da autoridade sobre as crianças. Não lhes permitimos que disponham de si mesmas antes que lhes tenhamos estabelecido na alma, como num Estado, uma ordem. Mas depois de ter desenvolvido sua parte melhor com o que de melhor há em nós mesmos e depois de haver substituído nossa participação com um guardião e um guia semelhante nelas, finalmente deixamos livres as crianças.

**G.** – Está claro.

**S.** – Por isso, Glauco, como é possível sustentar que seja conveniente seguir a injustiça ou a intemperança ou ainda o delito, se tudo isso tornará pior também aquele que, em decorrência, consiga mais dinheiro ou qualquer outro poder?

**G.** – Não é mesmo possível.

**S.** – E como é possível afirmar que é conveniente agir mal sem ser descoberto e sem espiar? Quem consegue fazer isso, não se torna ainda pior? Pelo contrário, a parte animalesca daquele que não evita o castigo pode ser aplacada e domesticada e a parte doméstica pode ser liberada; assim, a alma em seu conjunto é reposta em sua melhor natureza e, adquirindo temperança, justiça e sabedoria, assume uma condição mais honrosa do que aquela que é assumida, quando o corpo cresce em vigor e beleza com a saúde, tanto quanto o espírito é mais precioso que o corpo.

**G.** – É verdade.

**S.** – E ao menos o homem de bom senso não haverá de viver tendendo de modo total para esse objetivo, honrando em primeiro lugar aquelas disciplinas que podem tornar assim sua alma e deixando de lado as outras?

**G.** – Claro.

**S.** – Mais, não haverá de viver para esse fim sem confiar o bom estado e o cuidado de seu corpo ao prazer bestial e irracional, sem se preocupar muito em ser forte ou sadio ou belo se, em decorrência disso não devesse tornar-se sábio, mas procurando abertamente realizar a harmonia física em vista do equilíbrio espiritual?

**G.** – Sim, se quiser ser um verdadeiro músico.

**S.** – E não haverá de procurar o mesmo acordo e equilíbrio também em relação à posse de dinheiro? E não haverá de evitar o crescimento excessivo de seus bens, sob pena de atrair sobre si infinitas desgraças, sem se deixar deslumbrar pelo apreço da multidão?

**G.** – Acho que sim.

**S.** – Atento para não perturbar seu equilíbrio interior pelo excesso ou pela escassez de bens, ele irá aumentar ou consumir seu patrimônio como puder.

**G.** – É verdade.

**S.** – Olhando para o mesmo objetivo, haverá de aceitar algumas honras e haverá de saboreá-las, se as considerar capazes de torná-lo melhor, mas haverá de evitar aqueles reconhecimentos privados e públicos que, a seu ver, possam vir a destruir seu equilíbrio.

**G.** – Mas com essa preocupação, não haverá de querer dedicar-se à política.

**S.** – Pelo cão! Ele haverá de se ocupar e de boa vontade, em sua cidade mas talvez não em sua pátria, a menos que não apareça uma ocasião prodigiosa.

**G.** – Entendo. Você se refere àquela república de que descrevemos a fundação, mas que foi fundada somente em nossas palavras porque, eu acho, que no mundo não se encontre em parte alguma.

**S.** – Mas talvez exista seu modelo no céu para quem estiver disposto a vê-lo e apoiar-se ele próprio nesse Estado. De qualquer modo, não importa se existe ou se foi destinado a existir: um homem desse tipo haveria de se ocupar somente desta cidade e de nenhuma outra.

**G.** – Talvez seja verdade.

# Livro X

## I

**Sócrates** – De qualquer modo, muitas outras razões me levam a afirmar que nosso Estado foi fundado melhor que qualquer outro. Digo isso pensando sobretudo na questão da poesia.

**Glauco** – Por quê?

**S.** – Porque refutamos toda aquela que se fundamenta na imitação. Agora que já deixamos nitidamente traçada a distinção entre as diversas partes da alma, me parece ainda mais evidente que essa não deva ser aceita de modo algum.

**G.** – O que você quer dizer?

**S.** – A vocês vou falar claramente, mas não gostaria que o digam aos poetas trágicos e a todos os outros que recorrem à imitação. Tudo isso me parece veneno para os ouvintes, pelo menos para aqueles que não podem se servir como antídoto, do conhecimento daquilo que são realmente as obras poéticas.

**G.** – O que é que o leva a falar assim? Qual é sua opinião?

**S.** – É o que vou dizer, embora o amor e a veneração que desde a infância sinto por Homero quase me impeçam de falar. Com efeito, me parece que foi ele o primeiro mestre e precursor de todos esses poetas. Não se deve, porém, ter pelo homem mais respeito que pela verdade e, portanto, vou falar como, aliás, já comecei.

G. – Muito bem.

S. – Escute, pois, ou melhor, responda.

G. – Faça suas perguntas.

S. – Você seria capaz de me explicar o que vem a ser, em geral, a imitação? Eu mesmo não entendo bem o que venha a ser.

G. – E você acha que eu entendo disso?

S. – Nada haveria de estranho porque gente de vista fraca chega a ver muitas coisas antes que pessoas de vista aguda.

G. – Isso é verdade. Em sua presença, porém, não teria coragem de falar sequer do que parece evidente. É melhor, portanto, que você fale.

S. – Por onde é que você quer que comecemos a análise, mantendo-nos fiéis a nosso método habitual? De fato, geralmente consideramos uma só espécie que compreende muitos objetos particulares a que conferimos o mesmo nome. Você está me entendendo ou não?

G. – Entendo, sim.

S. – Vamos tomar, portanto, também nesse caso um objeto entre tantos. Você sabe que existem muitas camas e muitas mesas, por exemplo.

G. – Sem dúvida.

S. – Esses objetos, porém, podem ser reunidos segundo duas ideias, a de cama e a de mesa.

G. – Sim.

S. – E não costumamos dizer que os fabricantes de um e outro desses objetos têm em mente a ideia no decorrer de seu trabalho e assim fazem as camas e as mesas que usamos, além de qualquer outro objeto? Acaso não é verdade, porém, que nenhum artesão realiza a própria ideia do objeto? E como poderia?

G. – Sim, seria impossível.

S. – E esse artesão que vou mencionar, como o chamaria?

G. – Que artesão?

S. – Aquele que faz tudo o que os artesãos fazem separadamente.

G. – Você está falando de um homem prodigiosamente hábil.

S. – Talvez sua admiração por ele vai se tornar ainda maior, porquanto nada falei ainda. Com efeito, esse mesmo artesão não tem só o talento de fazer qualquer objeto, mas também faz brotar todas as plantas da terra, faz nascer todos os seres vivos, ele mesmo incluído, e depois a terra, o céu, os deuses do céu e tudo o que está sob a terra no Hades.

**G.** – Que sabichão prodigioso!

**S.** – O quê? Você não acredita? Então me diga! Parece-lhe que um artífice desses não possa mesmo existir ou que, em certas condições, alguém possa criar tudo isto? Você não vê que em certa medida esse criador poderia ser você?

**G.** – Mas em que condições?

**S.** – A realização não é difícil, mas é múltipla e rápida. Basta que você tome um espelho e o volte em todas as direções. Com muita rapidez, você haverá de criar o sol e os corpos celestes, rapidamente haverá de criar a terra, celeremente você haverá de criar a si mesmo, os demais seres vivos, os objetos, as plantas e tudo o que acabei de mencionar.

**G.** – Sim, mas somente na aparência, sem qualquer consistência real.

**S.** – Muito bem. Você acaba de penetrar precisamente em meu raciocínio. De fato, também o pintor assim o faz, me parece. Ou não?

**G.** – Com certeza.

**S.** – Acho que você, no entanto, poderá objetar que suas criações não são verdadeiras. Entretanto, em certo sentido, também um pintor faz uma cama. Ou não?

**G.** – Sim, mas também somente na aparência.

## II

**Sócrates** – E quem fabrica as camas? Você não acabou de dizer que nem ele realiza a ideia, isto é o que consideramos a essência de uma cama, mas somente uma cama qualquer?

**Glauco** – Sim, é verdade.

**S.** – Mas se não realiza a essência, não pode realizar uma cama real, mas somente um objeto que se assemelha àquele real mas não o é. Seria verdadeiro afirmar que o trabalho de quem fabrica camas ou de outro artesão qualquer seja completamente real?

**G.** – Não, ou pelo menos é o que haveria de parecer a quem se ocupa dessas questões.

**S.** – Não devemos nos admirar, portanto, que esse trabalho seja um pouco mais obscuro que a verdade.

**G.** – Não, por certo.

**S.** – Agora, se você quiser, vamos tentar compreender quem haveria de ser um imitador desses mesmos objetos.

**G.** – Como você quiser.

**S.** – Há três espécies de cama: a natural que, a meu ver, poderíamos considerar como obra de um deus, ou poderia ser de alguém mais?

**G.** – Não, acho que de ninguém mais.

**S.** – A segunda espécie é obra do artesão.

**G.** – Sim.

**S.** – A terceira é obra do pintor. Não seria assim?

**G.** – De acordo.

**S.** – Pintor, marceneiro, deus, aí estão os três criadores das três espécies de cama.

**G.** – Sim, são esses três.

**S.** – O deus, ou porque não quisesse ou porque por necessidade não pudesse fazer em sua forma natural mais de uma cama, realizou portanto somente aquela que é a cama segundo a essência. Duas ou mais como aquela não foram criadas pela divindade, nem o serão jamais.

**G.** – Por quê?

**S.** – Porque se tivesse somente duas, necessariamente apareceria uma terceira, da qual as outras duas teriam a espécie, e a cama segundo a essência seria esta, e não as duas primeiras.

**G.** – Correto.

**S.** – Acho que, ciente disso, o deus criou em sua forma natural somente essa cama porque quis ser, não um artesão, mas o real criador de uma cama real, não de uma cama qualquer.

**G.** – Talvez seja assim.

**S.** – Você quer que o chamemos criador desse objeto ou vamos lhe conferir qualquer outro designativo desse tipo?

**G.** – É justo, porque criou esse objeto e todo o resto desde a origem.

**S.** – E o marceneiro, não é o artesão da cama?

**G.** – Sim.

**S.** – Haveríamos de considerar como artesão e fabricante de tal objeto também o pintor?

**G.** – De modo algum.

**S.** – Mas então, a seu ver, qual sua relação com a cama?

**G.** – Acho que a solução mais razoável seja a de considerar o pintor como um imitador do objeto, do qual os dois outros são artífices.

**S.** – Muito bem. Então você considera imitador o criador de um produto que esteja a três graus de distância daquele original?

**G.** – Exatamente.

**S.** – Assim, o mesmo vale para o poeta trágico, enquanto imitador. Como todos os outros imitadores, ele estará no terceiro lugar, depois do real e da verdade.

**G.** – Talvez sim.

**S.** – Quanto ao imitador, estamos praticamente de acordo. Com relação ao pintor, diga-me mais uma coisa. Você acha que ele se esforça para imitar exatamente aquele único objeto original ou os produtos dos artesãos?

**G.** – Estes últimos.

**S.** – Segundo sua essência ou segundo suas aparências? Explique também este ponto.

**G.** – O que você quer dizer?

**S.** – Apenas isto. Uma cama não é diferente de si mesma, se vista de lado ou de frente ou de qualquer outra maneira? Ou parece diferente mas não é? Isto não vale também para todos os demais objetos?

**G.** – É assim mesmo, parece diferente mas não o é.

**S.** – Reflita agora. Qual é a finalidade da pintura em relação a cada objeto? Quer reproduzi-lo como é na realidade ou de acordo com sua aparência? Enfim, é imitação da aparência ou da verdade?

**G.** – Da aparência.

**S.** – Por isso, a imitação está distante do verdadeiro e, ao que parece, realiza tudo captando um pouco a aparência ilusória de cada coisa. O pintor, por exemplo, pode pintar um sapateiro, um marceneiro, todos os demais artesãos, mas não conhece nenhuma de suas respectivas artes. Entretanto, se é um bom pintor, ao pintar um marceneiro e ao mostrá-lo de longe, conseguiria iludir as crianças e os ignorantes, dando-lhes a impressão de se encontrarem diante de um verdadeiro marceneiro.

**G.** – Com certeza.

**S.** – Aqui está, porém, meu caro, o nó de toda a questão. Sempre que alguém vier nos dizer que encontrou um homem que conhece todas as artes e ofícios, como cada um dos especialistas específicos, conhecedor exímio de cada detalhe, deve-se acreditar que este seja um ingênuo e que talvez tenha encontrado um charlatão que o iludiu, apresentando-se como grande sábio, pelo fato de ele mesmo ser incapaz de distinguir a ciência, a ignorância e a imitação.

**G.** – Você tem toda a razão.

## III

**Sócrates** – Resta-nos examinar a tragédia e Homero, seu iniciador. De fato, ouvimos dizer por parte de alguns que os poetas trágicos conhecem todas as artes, todas as coisas humanas que se relacionam com a virtude e com o vício e, além disso, as divinas. É inevitável, sem dúvida, que um bom poeta deva conhecer os temas de que trata, se quiser desenvolvê-los bem. Caso contrário, nem poeta seria. Torna-se necessário verificar se aqueles que afirmam isto não se deixaram iludir por esses imitadores ou se ficaram ofuscados e, à vista de suas obras, não compreendem que estas estão a três graus de distância da realidade e que podem ser criadas facilmente, mesmo sem conhecer a verdade, exatamente porque são aparências privadas de realidade; ou ainda, se esses estão com a razão e se os bons poetas conhecem tudo aquilo que lhes atrai a admiração das multidões.

**Glauco** – Essa deve ser exatamente nossa averiguação.

**S.** – Você acredita que, se alguém pudesse criar as duas coisas, isto é, o objeto a imitar e sua imitação, haveria de se dedicar realmente a criar imitações e haveria de considerar essa atividade como o fim principal de sua existência?

**G.** – Acho que não.

**S.** – Se, porém, conhecesse realmente o que imita, dedicaria muito mais seu tempo a objetos reais que a imitações e, como memória procuraria deixar muitas obras boas, preferindo ser o objeto antes que o autor dos elogios.

**G.** – Também penso assim, porquanto a honra e a vantagem seriam bem diversas num caso e noutro.

**S.** – Não vamos exigir, portanto, de Homero nem de qualquer outro poeta que fossem peritos em medicina, ao contrário de se limitarem a imitar os discursos dos médicos. Que doentes pode gabar-se de ter curado, como Esculápio, um poeta antigo ou moderno, que alunos de medicina deixou, como seus discípulos que aquele fez. Nem vamos interrogá-los sobre as demais artes. Vamos deixá-los de lado. Com relação, porém, aos temas mais belos e mais importantes tratados por Homero, como a guerra, a estratégia, a política, a educação do homem, é justo perguntar a ele: "Caro Homero, se realmente em relação à virtude não estás a três graus de distância da verdade, como criador de uma imagem e, portanto, imitador; se estás no segundo lugar e podes conhecer quais os hábitos que tornam os homens melhores ou piores em particular e em público, lembra-nos que cidade teve um governo melhor graças a ti, como Esparta graças a Licurgo e muitos outros Estados, grandes e pequenos, graças a muitos outros legisladores. Qual cidade reivindica o fato de que foste um bom legislador e lhe prestaste serviços? A Itália e a Sicília reivindicam Carondas e nós, Sólon. Mas quem te reivindica?" Estaria ele em condições de citar algum Estado?

**G.** – Não creio. Nem os homéridas falam disso.

**S.** – Por acaso, é mencionada alguma guerra bem conduzida sob seu comando e por seus conselhos?

**G.** – Nenhuma.

**S.** – São lembradas como dele muitas engenhosas invenções de homem sábio em certas coisas, nas artes ou em outras atividades, como são lembrados Tales de Mileto e Anacarsis de Cítia?

**G.** – Não, absolutamente nada.

**S.** – Se não em particular, pelo menos publicamente se diz que Homero tenha sido em vida mestre de educação para quem a ele se apegou e tenha deixado aos pósteros um modo homérico de vida, como Pitágoras foi profundamente estimado por isso e seus discípulos, chamando ainda hoje de pitagórico seu modo de viver, se distinguem dos demais?

**G.** – Não, nada disso se conta a respeito dele. A cultura de Creófilo, companheiro de Homero, pareceria ainda mais ridícula que seu nome, se for verdade, Sócrates, o que se diz de Homero, ou seja, que em vida foi sempre menosprezado por esse Creófilo.

## IV

**Sócrates** – Sim, é o que se diz. Mas você acha, Glauco, que Homero, se tivesse sido realmente capaz de educar os homens e torná-los melhores por um real conhecimento que por imitação, não teria tido muitos seguidores e não teria sido por eles honrado e estimado? Entretanto, Protágoras de Abdera e Pródico de Coos, bem como tantos outros conseguiram persuadir seus seguidores, com suas conversações particulares, de que estariam em condições de administrar a própria casa e o próprio Estado somente se se submetessem à orientação pedagógica deles. Tornaram-se tão estimados por sua sabedoria que pouco faltou para que seus seguidores os carregassem em triunfo. Mas os contemporâneos de Homero e de Hesíodo teriam deixado que andassem de cidade em cidade a recitar seus versos, em vez de retê-los a preço de ouro e obrigá-los a fixar residência definitivamente junto a eles, se estes tivessem sido realmente capazes de fomentar o crescimento da virtude dos homens? Se não tivessem conseguido convencê-los, não os teriam seguido para onde quer que fossem para poder aprender toda a sua cultura?

**Glauco** – Parece que você, Sócrates, está realmente com a razão.

**S.** – Podemos, portanto, afirmar que todos os poetas, a começar por Homero, quando tratam da virtude ou de qualquer outro tema são imitadores de imagens e não atingem a verdade. Como dizíamos há pouco, o pintor não haverá de criar a aparência de um sapateiro, sem que ele próprio entenda algo de calçados, para aqueles que não entendem mais que ele e admiram somente as cores e as formas?

**G.** – Exatamente.

**S.** – De modo análogo, acho que poderíamos dizer que o poeta dá um colorido em palavras e frases a toda arte, sem saber fazer outra coisa que imitar. Por isso, aquele que, como ele, cuida somente das palavras, parece que fala realmente bem, quer use a poesia do ritmo e da harmonia com relação à arte do sapateiro, quer faça o mesmo com relação à estratégia ou a qualquer outra atividade, tão grande é o encanto natural da poesia. Enunciadas, porém, de todo despidas das cores da poesia e da música, acho que você percebe como aparecem essas palavras. Sem dúvida, você já notou isso.

G. – Com certeza.

S. – Acaso não se assemelham aos rostos de jovens que deixam de ser belos quando começaram a se tornar pálidos?

G. – Realmente, é assim.

S. – Vamos adiante. O criador de uma imagem, ou seja, o imitador, nada entende da realidade, mas só da aparência. Não é verdade?

G. – Sim.

S. – Não vamos, porém, deixar pela metade nossa análise. Vamos considerar a questão a fundo.

G. – Pode falar.

S. – Um pintor, por exemplo, haverá de pintar as rédeas e o freio do cavalo?

G. – Sim.

S. – Quem os fabrica, não seriam o seleiro e o ferreiro?

G. – Sem dúvida.

S. – O pintor sabe como devem ser feitos as rédeas e o freio? Ou ignora até quem os fabrique, o ferreiro e o seleiro, ao passo que sabe quem deles deve servir-se, isto é, o cavaleiro?

G. – É assim mesmo.

S. – O mesmo não vale para qualquer objeto?

G. – O que você quer dizer?

S. – Para cada objeto existem três artes: aquela que o utiliza, aquela que o realiza e aquela que o reproduz.

G. – Certamente.

S. – Mas a virtude, a beleza, a perfeição de todo objeto, de todo ser vivo, de toda ação se referem somente à utilidade para a qual cada um deles é feito pelo homem ou gerado pela natureza?

G. – Com certeza.

S. – Então é de todo inevitável que de cada coisa seja melhor conhecedor aquele que dela faz uso e este passe a informar ao fabricante as qualidades e os defeitos que ocorrem durante o uso. Por exemplo, um flautista informa ao fabricante de flautas quais os instrumentos que possuem um belo som e passará a lhe dizer como deve fabricá-los e este haverá de lhe obedecer.

**G.** – Perfeito.

**S.** – Logo, o bom conhecedor se pronuncia sobre as flautas boas e aquelas ruins e o outro as haverá de fabricar confiando no primeiro?

**G.** – Com certeza.

**S.** – Assim, o fabricante haverá se de fiar no julgamento do usuário em relação à perfeição ou imperfeição do próprio objeto, haverá de se manter com contato com ele e haverá necessariamente de escutá-lo, ao passo que somente o usuário terá profundo conhecimento do objeto.

**G.** – Exatamente.

**S.** – Mas o imitador poderá, pelo uso, obter o conhecimento daquilo que representa, se é belo e correto ou não, ou ainda adquirir uma opinião segura pelo contato com um conhecedor que lhe explique como deve representar?

**G.** – Não, não vai obter nem uma nem outra coisa.

**S.** – Logo, o imitador não haverá de possuir nem o conhecimento nem a opinião precisa a respeito das qualidades e dos defeitos daquilo que imita.

**G.** – Parece que não.

**S.** – Que belo imitador, se conhece tão bem aquilo que faz!

**G.** – Não seria grande coisa.

**S.** – Entretanto, não deixará de continuar a imitar sem saber o que subsiste de perfeito ou de imperfeito em cada objeto. Ao que parece, haverá de imitar o que haverá de parecer belo ao povo ignorante.

**G.** – Sem dúvida.

**S.** – A meu ver, já nos pusemos de acordo a respeito desses problemas. O imitador não sabe nada de essencial sobre aquilo que imita. Sua imitação é uma brincadeira, mais que uma atividade séria. Aqueles que se dedicam à poesia trágica, fazendo poemas em jambos e em hexâmetros, são todos eles, e no grau máximo, imitadores.

**G.** – É verdade.

## V

**Sócrates** – Por Zeus! Essa imitação não dista três graus da verdade? Sim ou não?

**Glauco** – Sim.

**S.** – E sobre que parte do homem ela exerce seu próprio poder?

**G.** – Mas de que parte você pretende falar?

**S.** – Você haverá de saber. A mesma grandeza, vista de perto ou de longe, não parece igual.

**G.** – Certamente que não.

**S.** – E os mesmos objetos aparecem tortos ou retos, se vistos fora ou dentro da água, e côncavos ou convexos, de acordo com a ilusão ótica provocada pelas cores, e é evidente que se produz na alma uma grande confusão. Precisamente em função dessa nossa fraqueza natural, a pintura em contraste claro-escuro, bem como a magia e tantos outros artifícios desse tipo, induzem a ilusões contínuas.

**G.** – É verdade.

**S.** – Contra seus efeitos, porém, foram descobertos remédios eficazes, isto é, calcular, medir e pesar, de tal modo que não prevalece em nós o que parece maior ou menor ou ainda mais numeroso ou mais pesado, mas a faculdade que é capaz de calcular, de medir e de pesar.

**G.** – Com certeza.

**S.** – E tudo isso não pode ser obra de nossa alma racional?

**G.** – Sim, é obra dela.

**S.** – Com frequência, porém, mesmo medindo e comparando umas com as outras, as mesmas coisas parecem ao mesmo tempo opostas entre si.

**G.** – Sim.

**S.** – Não dissemos, porém, que a mesma pessoa não pode ter contemporaneamente duas opiniões contrárias sobre os mesmos objetos?

**G.** – E estávamos com a razão.

**S.** – Logo, a parte da alma que emite opiniões sem levar em consideração a medida não pode ser idêntica àquela que julga conforme a medida.

**G.** – Certamente que não.

**S.** – Talvez aquela que se atém à medida e ao cálculo seja a parte melhor da alma.

**G.** – Sem dúvida.

**S.** – E a parte oposta talvez seja a pior dentre nossas faculdades.

**G.** – Assim deve ser.

**S.** – Precisamente em vista de tal conclusão, eu dizia que a pintura e a arte de imitar em geral ficam bem distantes da verdade em relação a seus efeitos e, ao contrário, têm estreita ligação com aquilo que em nós está distanciado da razão e não se propõe nenhum objetivo sadio e verdadeiro.

**G.** – Exatamente.

**S.** – A imitação, portanto, má companheira daquilo que é mau, produz maus efeitos.

**G.** – Talvez sim.

**S.** – Isto vale somente em relação à imitação que fere a vista ou também àquela que fere o ouvido e que chamamos de poesia?

**G.** – Também a essa, naturalmente.

**S.** – Não vamos nos deter, por isso, na analogia com a pintura, mas vamos chegar exatamente àquela parte da alma para a qual se dirige a imitação poética e vamos ver se se trata de algo insignificante ou se é algo importante.

**G.** – Assim mesmo é que se deve proceder.

**S.** – Para começar, diríamos que a imitação representa homens que agem por necessidade ou espontaneamente, acreditando obter com suas ações vantagem ou desvantagem e, enquanto fazem tudo isso, experimentam sentimentos de prazer ou de dor. Ou acaso a imitação é algo mais que isto?

**G.** – Não.

**S.** – Em tudo isto, porém, o homem está de acordo consigo mesmo? Ou também nas ações, como à vista dos próprios objetos, está em discórdia e em luta consigo mesmo? Agora me lembro, contudo, que sobre este ponto é inútil discutir, pois nos discursos anteriores já reconhecemos de modo suficiente que o homem está repleto de infinitas contradições desse tipo.

**G.** – Correto.

**S.** – Sim, correto. Agora, porém, me parece necessário falar daquilo que antes deixamos de lado.

**G.** – Isto é?

**S.** – Um homem equilibrado, a quem lhe acontecer o infortúnio de perder um filho ou algum outro bem extremamente caro, haverá de suportar tal desgraça, dizíamos antes, melhor que qualquer outro.

**G.** – Com certeza.

**S.** – Vamos ver agora, se não haverá de sentir nenhuma dor ou, se isso é impossível, se limita a moderar a própria dor.

**G.** – Acho que a verdade é precisamente essa.

**S.** – Agora, me diga. A seu ver, em que momentos ele haverá de controlar mais sua dor? Quando visto por seus semelhantes ou quando se encontrar sozinho?

**G.** – Sem dúvida, quando visto pelos outros.

**S.** – Acho que na solidão haverá de ter coragem de pronunciar muitas palavras que se envergonharia de dizer em público, além de fazer muitas coisas que não se atreveria a fazê-las diante dos outros.

**G.** – E assim é.

## VI

**Sócrates** – Mas o que leva o homem a se dominar não são a razão e a lei, enquanto o que o leva a sofrer não é a própria dor?

**Glauco** – É verdade.

**S.** – E aquele que experimenta dois impulsos contrários em relação à mesma situação, pode-se dizer que possui em si inevitavelmente duas personalidades.

**G.** – Com certeza.

**S.** – E uma das duas não está disposta a obedecer a tudo quanto a lei prescreve?

**G.** – Gostaria que se explicasse melhor.

**S.** – A lei diz que nas adversidades é melhor conservar a calma e não se agitar, porque em tais circunstâncias não é muito claro o que é bom e o que é mau, e aquele que se agita não ganha nada, nem para seu futuro. Finalmente, nenhuma das vicissitudes humanas merece grande consideração, além do que a aflição é um obstáculo para o que deveria vir em nosso auxílio de imediato.

**G.** – De que é que você está falando?

**S.** – Da capacidade de refletir sobre o ocorrido. Como no jogo dos dados, é preciso adaptar a própria situação à sorte, de acordo com o direcionamento que parece melhor à razão. Se sofrermos uma queda, não devemos fazer como as crianças que põem a mão na ferida e passam o tempo a chorar, mas habituar a alma a se curar, sempre da maneira mais veloz possível, e a fortalecer a parte acidentada e doente, substituindo os lamentos pelos cuidados.

G. – Sem dúvida alguma, não há nada melhor a fazer quando a sorte não estiver de nosso lado.

S. – Vamos repetir, portanto, que a parte melhor de nós mesmos é aquela que quer seguir a razão.

G. – É claro.

S. – Mas aquela que nos relembra nosso sofrimento e nos impele a lamentar-nos sem parar, não a haveríamos de definir como irracional, preguiçosa e quase covarde?

G. – Sem dúvida alguma.

S. – Somente, porém, nossa natureza emotiva pode ser objeto de variadas imitações, ao passo que um caráter inteligente e calmo, sempre igual a si mesmo, não é facilmente imitável, nem seria atraente se acaso fosse imitado, sobretudo para essa gente de todo tipo que se reúne nos teatros durante as festas públicas, porque seria oferecer-lhe um quadro inteiramente estranho para ela.

G. – Sem sombra de dúvida.

S. – O poeta imitador não está de forma alguma naturalmente próximo a esse princípio racional e sua habilidade não é feita para torná-lo benquisto e aplaudido pelo povo, ao contrário explora o caráter emotivo e inconstante, porquanto mais facilmente imitável.

G. – É claro.

S. – Nossa crítica, portanto, é justa e podemos compará-lo ao pintor, a quem se assemelha, porque cria obras ruins em relação à verdade e porque trata com a outra parte da alma, que lhe é afim, e não com aquela melhor. Com razão, portanto, não deveríamos admiti-lo num Estado bem administrado, porque ele desperta, alimenta e fortalece essa parte da alma e destrói aquela racional. É o que haveria de acontecer, quando num Estado se entrega o poder absoluto aos malvados e se dá cabo dos honestos. De modo similar, diríamos que o poeta imitador introduz um mau governo na alma de cada indivíduo, agradando a parte insensata, aquela incapaz de distinguir o maior do menor, aquele que acha que os mesmos objetos são por vezes grandes e por vezes pequenos. Realmente, um poeta desses cria fantasmas e está muito distante da verdade.

G. – Exatamente.

# VII

**Sócrates** – Entretanto, não lançamos ainda contra a poesia a acusação mais grave. Com efeito, a coisa pior é seu poder de arruinar também os homens de bem, com raríssimas exceções.

**Glauco** – Como não, se esses são realmente seus efeitos?

**S.** – Escute com atenção. Os melhores dentre nós, ao ouvirmos Homero ou um poeta trágico imitar um herói em aflição, enquanto declama longos versos gemendo ou canta ou bate no peito, sentem prazer, você bem o sabe, e se deixam levar pela compaixão, admirando realmente o poeta que foi capaz de transmitir essas impressões da maneira mais viva.

**G.** – Sim, sei muito bem.

**S.** – Quando, no entanto, nos sobrevém uma dor pessoal, você sabe que nos gabamos do contrário, ou seja, de conseguir suportá-la com equilíbrio, e consideramos viril esse comportamento e efeminado aquele que há pouco apreciávamos.

**G.** – Sim, já notei isso.

**S.** – Mas é razoável elogiar aquele que representa um homem como nós pessoalmente não gostaríamos de ser e do qual, ao contrário, sentiríamos vergonha? É justo sentir com isto prazer e ter admiração, antes que desgosto?

**G.** – Não, por Zeus, não parece razoável!

**S.** – Certamente que não, sobretudo se você pensar dessa maneira.

**G.** – Explique-se melhor.

**S.** – Observa bem que os poetas saciam e satisfazem aquela força que nas desgraças pessoais era refreada, mas tinha sede de lágrimas e de gemidos, queria saciar-se de lamentações, porque esta é exatamente sua natureza. A parte naturalmente melhor de nós mesmos, sem uma educação racional adequada e sem a força do hábito, afrouxa a vigilância da parte lamuriosa, porque contempla o sofrimento dos outros e acha que não há nada de mal em aprovar e em lamentar outro homem que proclame a própria honestidade, embora se queixe inoportunamente. Ao contrário, ela acha que com isso terá um prazer e se recusaria a ser dele privada com o desprezo pela arte poética em si. De fato, a poucos é dado, acredito, compreender que inevitavelmente os sentimentos dos outros se tornam os próprios, porque não é fácil dominar a compaixão nas desventuras pessoais depois de tê-la fortalecido com as vicissitudes dos outros.

**G.** – É a pura verdade.

**S.** – O mesmo discurso não há de valer também para a poesia cômica? Se numa representação cômica, ou em particular, você se diverte realmente com uma palhaçada que você mesmo se envergonharia de reproduzir, e não a despreza considerando-a desonesta, você não consegue o mesmo efeito como no caso da compaixão? Aquilo que você reprimia em si mesmo com a razão, apesar do desejo de fazer rir, porque você temia ser tachado de vulgar, então você o deixa livre e o fortalece e, depois, nas conversas particulares você se deixa levar por isso, sem se dar contra que está fazendo o papel de palhaço.

**G.** – É verdade.

**S.** – E não é sempre o mesmo o efeito da imitação poética em relação ao amor, à ira e a todas as impressões de dor e de prazer que acreditamos inseparáveis de qualquer ação nossa? A poesia, de fato, os irriga e alimenta, em vez de torná-los estéreis, e os põem acima de nós, quando deveriam obedecer para não nos levarem a sermos piores e mais infelizes de melhores e mais felizes que éramos.

**G.** – Realmente, você tem toda a razão.

**S.** – Por isso, Glauco, quando você encontrar algum admirador de Homero e o escutar dizer que este poeta educou a Grécia e que, para o governo e a educação da humanidade, vale a pena tornar a estudá-lo e a reorganizar toda a própria existência segundo seus ensinamentos, a estes você deve acolher e cumprimentá-los como as melhores pessoas do mundo, reconhecendo que Homero é o poeta supremo e o pai da tragédia. Ao mesmo tempo, porém, você deve-se lembrar que no Estado se deverá aceitar da poesia somente os hinos aos deuses e os elogios às pessoas de bem. Se, ao contrário, você aceitar a musa corrupta da poesia lírica ou épica, em seu Estado certamente reinarão o prazer e a dor, em vez da lei e daquele princípio que a comunidade sempre reconhece como o melhor.

**G.** – É a pura verdade.

# VIII

**Sócrates** – Esta deve ser nossa defesa com relação à exclusão da poesia de nossa república. A isto nos obrigava, com efeito, a razão, visto que essa é a natureza da poesia. Poderíamos acrescentar, para não sermos acusados de duros e rudes, que é muito antiga a oposição entre filosofia e poesia. Basta relembrar "a cadela que ladra contra o patrão", "o grande homem metido nas conversas fúteis dos insensatos", "o amontoado de sábios que derrota Zeus", "esses que agem sorrateiramente porque esfaimados" e muitíssimas outras provas da antiga inimizade. Quanto a nós, se a imitação poética que busca o prazer tivesse somente alguma razão para ser acolhida numa república bem administrada, a aceitaríamos de boa vontade, porque estamos cientes que também nós nos encantamos com ela. Mas é uma impiedade trair o que parece verdadeiro. Você também, meu amigo, se encanta com a poesia, sobretudo quando se apresenta pelos versos de Homero. Ou não é assim?

**Glauco** – Com certeza.

**S.** – Seria justo, pois, readmiti-la, uma vez que possa se justificar em versos líricos ou de outro modo?

**G.** – Sem dúvida.

**S.** – Poderíamos conceder a seus protetores, simples admiradores da poesia mas não poetas, de pronunciar sua defesa em prosa, relembrando dela não somente seu lado agradável, mas também sua utilidade para os Estados e para a existência humana. De bom grado, haveríamos de escutá-los. De fato, talvez nós mesmos saíssemos ganhando, se a poesia conseguisse se demonstrar não somente agradável, mas também útil.

**G.** – Claro que só teríamos a ganhar.

**S.** – Caso contrário, meu caro amigo, haveríamos de nos comportar como os namorados que, ao descobrirem que seu amor é prejudicial, rompem, mesmo que seja à força. Assim também nós estaríamos dispostos, por causa do amor por essa poesia que nos foi inculcado pela educação ministrada por nossos bons governos, a reconhecer tal poesia como ótima e verdadeira. Enquanto, porém, não tiver condições de se defender, haveremos de escutá-la com reservas, ficando atentos para não reincidir na infantil paixão do povo. Por isso, estamos persuadidos que este tipo de poesia não deve ser levado a sério, como se fosse capaz de atingir a verdade e fosse, em decorrência, coisa importante. Pelo contrário, ao escutá-la, é preciso ficar alerta para não comprometer o próprio equilíbrio interior e acreditar naquilo que já dissemos a seu respeito.

**G.** – Estou totalmente de acordo.

**S.** – Grande é a prova, Glauco, maior do que se possa supor, aquela em que se exige tornar-se honesto ou mau, de tal modo que não devemos nos deixar induzir nem pelas honrarias, nem pelo dinheiro, nem por algum poder, nem pela própria poesia a menosprezar a justiça e as outras virtudes.

**G.** – Baseando-me em tudo o que foi dito, estou de acordo e acredito que todos devam pensar da mesma forma.

## IX

**Sócrates** – Entretanto, sequer falamos ainda das maiores recompensas e dos maiores prêmios reservados à virtude.

**Glauco** – Devem ser incrivelmente elevadas, essas de que você pretende falar, se forem maiores que os prêmios que já enumeramos!

**S.** – O que pode, no entanto, ser chamado grande em tão breve espaço de tempo? Porque todo o tempo que decorre da infância à velhice é muito pequeno, se comparado com a eternidade.

**G.** – Um nada, diria.

**S.** – E você acha, portanto, que um ser imortal deva se preocupar por um tempo tão breve mais que da eternidade?

**G.** – Eu não, mas entendo o sentido de tua pergunta.

**S.** – Você não compreendeu que nossa alma é imortal e não morre jamais?

Fixando-me com ar de surpresa, Glauco, disse:

**G.** – Eu não, por Zeus! Mas você tem condições de provar esta afirmação?

**S.** – Acho que sim, se não me engano. Também você seria capaz, pois não é difícil.

**G.** – Pelo contrário, eu acho que é. De qualquer forma, estou curioso por escutar esta demonstração que lhe parece tão fácil!

**S.** – Preste atenção, pois.

**G.** – Fale, então.

**S.** – A seu ver, existem o bem e o mal?

**G.** – Com certeza.

**S.** – Sobre eles, você tem a mesma opinião que eu?

**G.** – Isto é?

**S.** – O mal é tudo o que traz ruína e destruição, enquanto o bem é tudo aquilo que conserva e é útil.

**G.** – De acordo.

**S.** – E você não acredita que haja um bem e um mal para cada coisa? Os olhos, por exemplo, estão sujeitos à oftalmia, o corpo em seu todo está sujeito a doenças, o grão à ferrugem, a madeira à podridão, o bronze e o ferro à ferrugem. Enfim, quase todo ser tem seu próprio vício e sua própria doença.

**G.** – Sim, acredito.

**S.** – E todo ser não se deteriora e não é levado à morte exatamente pela própria doença?

**G.** – Sem dúvida.

**S.** – Assim, todo ser é levado à ruína por sua doença e pelo mal que traz em si. Se não fosse assim, nenhuma outra causa poderia destruí-lo. De fato, não há que temer que o bem possa destruir qualquer coisa, nem poderia fazê-lo aquilo que não é nem bem nem mal.

**G.** – Sem dúvida alguma, e como poderia fazê-lo?

**S.** – Se, portanto, encontrarmos um ser que tenha sido tornado mau pela doença sem ser levado à dissolução e à morte, poderíamos ter certeza então que tal ser não estivesse sujeito à morte?

**G.** – Em tal caso, talvez sim.

**S.** – E não existe alguma coisa que torna a alma má?

**G.** – Claro que existe! Tudo aquilo que mencionamos, como a injustiça, a intemperança, a covardia, a ignorância.

**S.** – Mas a alma se dissolve e morre por causa de um desses vícios? Cuidado para não cair no erro de acreditar que o homem injusto e insensato morra, quando descoberto, por sua injustiça, que é o mal de sua alma. Considere, ao contrário, a questão da maneira seguinte. Como a maldade do corpo, isto é, a doença, o consome e o destrói até aniquilá-lo, assim também todas as coisas de que falávamos há pouco são aniquiladas pelo mal que se prende e adere a elas, levando-as ao aniquilamento. Não é assim?

**G.** – Sim.

**S.** – Entretanto, considere a alma da mesma maneira. A presença constante da injustiça e dos demais vícios a corrompem e a levam a definhar até conseguir separá-la do corpo, impelindo-a para a morte?

**G.** – Não, em absoluto!

**S.** – É estranho, porém, que a maldade de outrem destrua aquilo que não pode ser destruído pela própria.

**G.** – É realmente estranho.

**S.** – Na realidade, Glauco, você deve considerar que, a nosso ver, nem os alimentos estragados, velhos ou podres, podem destruir o corpo. Se acaso sua má qualidade provoca no corpo o mal que lhe é próprio, isto é, a doença, haveríamos de dizer que esse pereceu por causa de seu próprio mal. Jamais haveríamos de acreditar, porém, que o corpo pudesse ser destruído por alimentos estragados, que são diferentes do corpo como o corpo é diferente deles, a menos que o mal estranho engendre no corpo seu mal específico.

**G.** – Você tem toda a razão.

## X

**Sócrates** – Pela mesma razão, se a doença do corpo não provoca na alma a doença da alma, não devemos em absoluto pensar que a alma deva perecer por um mal estranho, se não tiver um próprio, e que essa venha a perecer pelo mal do outro.

**Glauco** – Parece-me justo.

**S.** – Logo, ou alguém demonstra que estamos errados ou, até enquanto isso for impossível, devemos afirmar que nem a febre ou qualquer outra doença, nem a morte, nem se o corpo fosse retalhado em pedaços minúsculos, enfim, nada disso pode provar o aniquilamento da alma, porque antes seria necessário demonstrar que esses sofrimentos físicos tornam a própria alma mais injusta e mais ímpia. E não toleraremos a afirmação que a alma ou qualquer outra coisa perece pela intervenção de um mal estranho ao seu, se não concorrer o mal que lhe é próprio.

**G.** – Mas isso ninguém poderá comprovar, isto é, de que as almas dos que morrem se tornem mas culpadas por causa da morte.

**S.** – De qualquer modo, se alguém tivesse a ousadia de impugnar esse raciocínio e sustentar, exatamente para não ser obrigado a reconhecer a imortalidade da alma, que o moribundo se torna pior e mais injusto, haveríamos de convir, se nosso contraditor tiver razão, em considerar a injustiça como uma doença mortal para quem a possui e que por ela, naturalmente homicida, morressem aqueles que a tivessem contraído. Os mais injustos haveriam de morrer mais depressa, os menos injustos mais lentamente, ao contrário do que se diz agora, isto é, que os injustos são condenados à morte por quem os pune.

**G.** – Por Zeus! A injustiça, pois, não haveria de ser considerada um mal realmente terrível, se levasse à morte a quem por ela fosse afetado. Seria, na realidade, um meio de livrar-se dos próprios males. Em vez disso, acho que deva ser considerada como assassina dos outros, enquanto conserva cheio de vida e ainda muito dinâmico quem a contraiu. Ao que parece, portanto, está bem longe de ser causa de morte!

**S.** – Tem razão. Quando, na realidade, a própria maldade e o próprio mal não conseguem matar e fazer perecer a alma, é difícil que o mal destinado à destruição de outro ser destrua a alma ou qualquer outra coisa diversa do ser.

**G.** – Ao que parece, é difícil.

**S.** – Logo, o ser que não morre por nenhum mal, nem próprio nem de outrem, deve existir sempre. Mas o que existe sempre é imortal.

**G.** – Necessariamente.

## XI

**Sócrates** – Esse problema está, portanto, resolvido. Se assim for, porém, você há de convir que a eternidade se refere sempre às mesmas almas. De fato, uma vez que nenhuma perece, seu número não pode diminuir nem aumentar. Se um grupo qualquer de seres imortais pudesse aumentar, é claro que agregaria a ele seres imortais e assim, ao final, todos os seres acabariam por ser imortais.

**Glauco** – É verdade.

**S.** – A razão, no entanto, nos impede de acreditar nisso e também de pensar que a alma seja, na realidade, originalmente tal que pudesse refletir um ser cheio de incrível multiplicidade, dessemelhanças e discordâncias.

**G.** – O que você quer dizer?

**S.** – Não é fácil que seja eterno o que é resultante da composição de elementos diversos, a menos que seja perfeito como ora demonstramos no caso da alma.

**G.** – De fato, não é provável.

**S.** – O raciocínio apenas exposto e outros desse tipo podem, pois, levar a afirmar a imortalidade da alma. Ao contrário, porém, de como fazemos, não se deve observar sua verdadeira natureza agora que é afetada pela união com o corpo e com os outros vícios, mas é preciso contemplá-la no estado puro, com os olhos do intelecto. Então se há de ver que é muito mais bela e haveríamos de distinguir com maior clareza a justiça, a injustiça e tudo o que já dissemos. Nossas palavras são verdadeiras em relação a seu estado presente. Com efeito, nós a vimos na condição de Glauco Marinho[1], porquanto dificilmente se poderia ver ainda sua forma original, porque das antigas partes de seu corpo, algumas foram quebradas, outras esmagadas e completamente desfiguradas pelas ondas. Novos elementos, porém, se agregaram, como conchas, algas, seixos, de tal modo que Glauco se assemelha mais a outro ser qualquer que o que era originalmente. Da mesma maneira, nós também vemos a alma agora, sujeita a mil males que a desfiguram. É preciso olhar, Glauco, em outra direção.

**G.** – Qual?

**S.** – Para o amor pela sabedoria. É preciso entender o que ela compreende e quais as companhias que deseja, visto que é afim ao que é divino, imortal e eterno, e ainda qual poderia ser se seguisse tal princípio, elevada por tal impulso para fora do mar em que ora se encontra e sacudisse de si os seixos e as conchas que a recobrem, levados pelo lodo de que se nutre, daquele material lamacento e rochoso, múltiplo e selvagem, que provém dos chamados festins bem-aventurados. Então se poderia notar sua verdadeira natureza, complexa ou simples, e de que elementos se compõe. Acho que agora, apesar de tudo, explicamos bastante bem as características e as formas assumidas pela alma na vida humana.

**G.** – Perfeitamente bem.

# XII

**Sócrates** – Resolvemos praticamente com o raciocínio todas as dificuldades, sem recorrer aos prêmios nem ao prestígio que a justiça confere, como fazem, segundo o que vocês dizem, Hesíodo e Homero. Descobrimos, porém, que a justiça como tal é para a própria alma o bem mais precioso e que esta deve agir segundo a justiça, quer possua o anel de Giges ou não, e ainda o elmo de Hades.

**Glauco** – Você tem toda a razão.

**S.** – Portanto, Glauco, que mal haveria, se à justiça e às outras virtudes, além dessas vantagens, restituíssemos também todos os prêmios que os homens e os deuses oferecem à alma, tanto em vida do homem como depois de sua morte?

**G.** – Não há mal algum.

**S.** – Vocês haveriam de me restituir, portanto, o que lhes emprestei no decurso da discussão?

**G.** – O quê?

**S.** – Eu lhes concedi que o homem justo passasse por injusto e o homem injusto passasse por justo. Na realidade, vocês pensavam que essa concessão, mesmo que impossível aos olhos dos deuses e dos homens, fosse indispensável para nosso debate, ou seja, para confrontar a justiça e a injustiça, consideradas em sua essência. Você não se lembra mais?

**G.** – Seria desonesto se negasse lembrar-me disso.

**S.** – Agora que a sentença foi pronunciada, eu lhes peço novamente, em nome da justiça, de avaliá-la segundo a fama que possui com os deuses e os homens, para que seja merecedora do primeiro prêmio que ela detém graças à sua ótima reputação e que confere a seus seguidores, a partir do momento que já é claro que ela distribui bens reais e não engana quem a segue realmente.

**G.** – Seu pedido é justo.

**S.** – Em primeiro lugar, portanto, vocês não haveriam de me conceder que pelo menos aos deuses não escapa a distinção entre o homem justo e o homem injusto?

**G.** – Concedemos.

**S.** – Em tal caso, um será caro aos deuses e o outro odioso, como pensávamos desde o começo.

**G.** – Sem dúvida.

**S.** – Não haveríamos de admitir que para o homem caro aos deuses receba em total plenitude todos os bens que deles provêm, a menos que esse homem tenha algum vício como consequência de uma culpa anterior?

**G.** – Exatamente.

**S.** – Forçoso é, pois, reconhecer que para o homem justo, mesmo se reduzido à pobreza, a doenças ou a alguma outra desventura aparente, tudo resultará em bem para ele, quer em vida, quer após a morte. Na verdade, os deuses jamais abandonam aquele que se esforça em tornar-se justo e semelhante à divindade, mediante o exercício da virtude, por quanto isso seja possível a um homem.

**G.** – Sim, é lógico que um homem assim não seja abandonado pelo princípio que lhe é afim.

**S.** – Logo, não se deve pensar exatamente o contrário em relação ao homem injusto?

**G.** – Sem dúvida.

**S.** – Estas são, portanto, as recompensas que os deuses podem conceder ao homem justo.

**G.** – Eu, pelo menos, também penso assim.

**S.** – E não seriam esses também os prêmios que recebem também da parte dos homens? As coisas não correm dessa maneira? Os maus e injustos não fazem como os atletas que correm bem na ida, mas não na volta? De fato, no começo partem com rapidez, mas no fim se tornam alvo de zombaria, abaixam as orelhas e se retiram da corrida sem ter ganho nada. Os verdadeiros corredores, porém, chegam até o término, vencem e conquistam a coroa. Geralmente, não acontece isto também com os homens justos? Ao cabo de suas ações, de suas relações com os outros e de sua vida, eles conquistam boa reputação e são premiados pelos homens.

**G.** – É verdade.

**S.** – Você me permitira de dizer com relação a estes o que você mesmo dizia com relação aos injustos? O que pretendo dizer, na realidade, é que os homens justos, uma vez atingida a idade madura, assumem o governo da república como querem, casam nas famílias que querem e dão suas filhas em casamento a quem quiserem. Tudo aquilo que você dizia a propósito dos injustos eu o afirmo em favor dos justos. Quanto aos injustos, digo que em geral, mesmo que escapem de qualquer coisa quando jovens, são descobertos no final da corrida, tornam-se alvo de zombaria e, quando velhos, são humilhados clamorosamente pelos estrangeiros e pelos concidadãos, frustrados e submetidos àquelas penas que você, e com razão, considerava terríveis. Acredite, pois, que, também a meu ver, eles deverão sofrer todos aqueles tormentos. Mas repare bem se minhas palavras lhe parecem aceitáveis.

**G.** – Sem dúvida, porque você tem razão.

## XIII

**Sócrates** – Aí estão, portanto, os prêmios, as recompensas e os presentes concedidos ao homem justo, enquanto vivo, provenientes dos deuses e dos homens, além daqueles oferecidos pela própria justiça.

**Glauco** – E são realmente belos e duradouros.

**S.** – Entretanto, são um nada, em número e grandeza, em relação aos prêmios e às penas que esperam o justo e o injusto depois da morte. É preciso descrevê-los para conferir com nosso debate a um e a outro tudo o que lhes cabe.

**G.** – Fale sem receio, pois poucos assuntos são mais agradáveis que este.

**S.** – Não vou lhe contar um relato de Alcínoo, mas o de um homem valente, Her, filho de Armênio, originário da Panfília. Morto em combate, dez dias depois ele foi encontrado em bom estado, quando eram recolhidos do campo de batalha os cadáveres quase decompostos. Levado para casa, quando já estavam para concluir os funerais, no décimo segundo dia, estando ele estendido sobre a pira para ser cremado, retornou à vida e então contou o que havia visto lá embaixo no Hades. Disse que sua alma, depois de ter saído do corpo, andou errante junto de muitas outras e todas elas num lugar maravilhoso, onde havia duas aberturas que comunicavam com a terra e duas outras semelhantes no céu e que correspondiam às primeiras. No meio desse local estavam sentados juízes. Emitiam as sentenças e depois mandavam os justos seguirem para a direita ao alto, através do céu, mas antes punham sobre o peito deles as tabuletas com o texto da sentença. Aos injustos ordenavam, ao contrário, de seguirem para a esquerda e abaixo, e também a eles punham uma tabuleta às costas, em que figuravam escritas todas as suas culpas. Chegada sua vez, os juízes ordenaram a Her referir aos homens o que havia visto lá embaixo, advertindo-o para que escutasse e observasse tudo. Ele viu, pois, as almas se dirigirem, depois do juízo, a uma e outra das aberturas do céu e da terra respectivamente, enquanto as duas outras aberturas deixavam subir da terra, uma, almas empoeiradas e cansadas, enquanto da outra desciam do céu almas puras. Todas que iam chegando pareciam vir de longa viagem, mas alegres por terem chegado a esse prado, como quem arma acampamento para uma festa solene. Algumas que se conheciam trocavam acenos de cumprimentos. Aquelas provenientes da terra se informavam com as outras sobre os acontecimentos do céu e vice-versa. Algumas faziam seus relatos com gemidos e lágrimas e recordavam quantos e que sofrimentos haviam suportado e visto, durante sua viagem debaixo da terra, uma viagem de mil anos. As outras, pelo contrário, provenientes do céu, contavam suas impressões alegres e as incríveis belezas que haviam contemplado. Repetir esses numerosos relatos seria longo demais, Glauco.

Em resumo, Her contou que cada alma era castigada dez vezes mais por cada culpa cometida ou por cada pessoa ofendida e cada castigo durava cem anos, pouco mais ou menos quanto dura a vida humana, de tal modo que todas pagavam uma pena dez vezes superior à culpa. Aquele, por exemplo, que havia sido responsável pela morte de muita gente ou que havia traído cidades e exércitos ou que os havia reduzido à escravidão, ou que se havia maculado por qualquer outro delito, para cada uma dessas maldades pagava uma penas dez vezes superior. Aquele, porém, que tivesse agido bem, com justiça e piedade, era recompensado mediante o uso da mesma medida. Com relação aos mortos logo após o nascimento ou que haviam vivido breve tempo, Her disse diversas coisas que não vale a pena relembrar.

De acordo com ele, as culpas e os méritos relacionados com os deuses e com os pais, além dos assassinatos à mão armada eram compensados em medida ainda maior. De fato, dizia que havia cruzado com um homem a quem haviam perguntado onde se encontrava Arideu, o Grande. Este havia sido tirano de uma cidade da Panfília mil anos antes e havia trucidado seu pai e seu irmão mais velho, além de ter cometido muitas outras atrocidades, como se contava. Her disse que o interrogado respondeu: "Aqui não veio e jamais poderá vir."

# XIV

**Sócrates** – "Entre os demais espetáculos terríveis a que assistimos, estava também este. Quando estávamos próximos à abertura e nos preparávamos para descer, depois de ter suportado todas as penas, de improviso vimos a ele e outros, quase todos tiranos. Com eles havia também alguns indivíduos de condição privada, mas que se haviam manchado de extraordinários delitos. No momento em que esses acreditavam poderem subir, a abertura não os deixava passar e se punha a mugir toda vez que tentasse subir um daqueles pecadores incuráveis e um dos que não tivessem expiado bastante seus crimes." Her disse que viu então homens cruéis e ardendo em fogo que, estando por aí perto e ouvindo aquele bramido, agarravam aqueles infelizes e os levavam embora. Quanto a Arideu e outros, amarraram-nos pelas mãos, pelos pés e pelo pescoço e, depois de tê-los jogado ao chão e lhes terem tirado a pele, os arrastavam ao longo da estrada, por sobre certas plantas espinhentas, indicando aos que passavam o motivo pelo qual os tratavam desse modo e revelando-lhes que os estavam arrastando para o Tártaro. Her disse que, mesmo tendo provado muitos e diferentes terrores, ouvir aquele mugido os superava a todos e a coisa mais agradável para cada um deles era a de subir sem ouvi-lo. Havia ainda outras punições e outros castigos desse tipo e recompensas correspondentes às punições.

Cada grupo, depois de ter passado sete dias naquele prado, devia partir daí no oitavo dia para chegar, depois de quatro dias, num local onde se via no alto um feixe de luz difusa, reto como uma coluna, muito parecido com o arco-íris, só bem mais luminoso e puro. Chegando aí depois de um dia de caminhada, viram as extremidades das correntes que suspendiam aquele feixe luminoso ao céu. Aquela luz envolvia o céu, como as cordas giram em torno das trirremes. Do mesmo modo, ele circundava toda a esfera celeste[7]. A essas extremidades estava pendurado o fuso da Necessidade que impulsionava todas as

---
[7] Nesta passagem, Platão descreve figuradamente os corpos celestes com seus movimentos, referindo-se sobretudo ao sol, à lua e aos planetas do sistema solar.

esferas que giravam. A haste e o gancho do fuso eram de aço e a concha era feita deste e de outros metais. Essas eram suas características. A forma era semelhante àquela dos nossos. Segundo Her, porém, era preciso visualizá-lo composto da seguinte maneira: era como se numa grande concha côncava e completamente vazia houvesse outra semelhante e menor encaixada, como caixas enfiadas uma na outra, e depois uma terceira, uma quarta e ainda outras quatro. No total, as conchas eram oito, inseridas uma na outra. No alto, podiam ser vistas somente suas bordas circulares que formavam, em torno do fuso, o dorso contínuo de uma única concha. A haste do fuso passava através da oitava. A primeira concha exterior tinha a borda circular mais larga, a sexta estava em segundo lugar, a quarta estava em terceiro lugar, a oitava no quarto lugar, a sétima no quinto, a quinta no sexto, a terceira no sétimo e a segunda no oitavo lugar. A borda da concha maior era trabalhada, aquela da sétima era muito luminosa e espargia sua luz sobre a oitava, a segunda e a quinta tinham a mesma cor, mais amarela que a outra, a terceira era muito branca, a quarta era avermelhada, a sexta era mais branca que a terceira.

O fuso girava todo ele com o mesmo movimento e na rotação conjunta os sete círculos internos se moviam lentamente com um movimento contrário ao conjunto. Dentre estes, o mais veloz era o oitavo, seguido do sétimo, do sexto e do quinto que procediam juntos. Nesse movimento contrário, o quarto círculo parecia estar no terceiro lugar, o terceiro no quarto lugar e o segundo no quinto. O fio girava sobre os joelhos da Necessidade. Sobre os círculos no alto, movia-se, junto de cada um, uma Sereia que emitia uma única nota com um único som, mas as oito juntas formavam uma harmonia. Outras três mulheres, dispostas em círculo, cada uma sobre seu trono a igual distância, eram as filhas da Necessidade, as Moiras vestidas de branco com faixas na cabeça: Laquesis, Cloto e Atropo. Ao som das Sereias, Láquesis cantava o passado, Cloto o presente e Átropo o futuro. Cloto, tocando com a mão direita o círculo externo do fuso, o fazia girar a intervalos e Atropo fazia o mesmo, tocando com a esquerda os círculos internos. Láquesis, com ambas as mãos, tocava alternadamente uns e outros.

# XV

**Sócrates** – Logo que chegaram, Her e companheiros tiveram de se apresentar imediatamente a Láquesis. Primeiramente, um arauto os pôs em fila, depois tomou dos joelhos de Láquesis as sortes e os modelos de vida, subiu num elevado palco e assim falou:

"Proclamação da virgem Láquesis, filha da Necessidade! Almas efêmeras, aqui está o início de outro ciclo de nascimentos que haverão de trazer morte. Não será um gênio a vos escolher, mas vós havereis de escolher vosso gênio! A que for sorteada por primeiro, por primeiro haverá de escolher a vida que será necessariamente ligada a ela. A virtude não tem dono. Cada uma a possuirá mais ou menos, de acordo como for honrada ou menosprezada. A responsabilidade é de quem faz a escolha. A divindade é inocente."

Ao terminar essas palavras, o sacerdote lançou as sortes para todos e cada um escolheu aquela que lhe havia caído por perto, exceto Her, a quem isto não foi permitido. A seguir, a escolha foi explicada a cada um. Novamente foram dispostos no chão, diante deles, os modelos de vida, muito mais numerosos que as almas presentes. Havia-os de todos os tipos, os de todos os animais e dos homens. Dentre esses, havia as tiranias, algumas perfeitas, outras cortadas ao meio e terminando na pobreza, no exílio e na miséria. Havia também vidas de homens ilustres, tanto pela beleza do corpo, do rosto e pelo vigor e a resistência física, quanto pela nobreza e pelas virtudes dos antepassados. Havia também vidas de homens obscuros, privados de todas essas qualidades, e ainda de mulheres do mesmo tipo. Entre as almas não havia hierarquia porque mudavam inevitavelmente de lugar com relação à escolha. Os outros elementos estavam todos misturados, tanto riqueza, como pobreza, doença e saúde. Havia também a possibilidade de escolhas intermediárias entre estes extremos.

Aí está, a meu ver, caro Glauco, a grande prova para o homem. Sobretudo por isto, cada um de nós deve deixar de lado os outros conhecimentos e esforçar-se em procurar e adquirir somente este, na esperança de conseguir reconhecer e encontrar quem o torne capaz e experimentado em discernir a vida boa daquela má, em escolher sempre e em qualquer lugar a melhor possível, levando em conta o efeito total e particular de tudo o que expusemos há pouco. É preciso, enfim, saber qual beleza está unida à pobreza ou à riqueza, qual disposição de alma tem um efeito bom ou mau, o que são a nobreza e a obscuridade de nascimento, a condição privada e pública, a força e a fraqueza, a cultura e a ignorância, e quais efeitos produzem juntos todas essas características espirituais, naturais e adquiridas. Então se poderia escolher racionalmente, com base em todos esses elementos e tendo presente a natureza da alma, a vida pior e aquela melhor, considerando pior aquela que conduzir a alma a se tornar mais injusta e melhor aquela que a levar a se tornar mais justa, menosprezando todas as outras possibilidades. Na realidade, constatamos que a melhor escolha, para vivos e mortos, é exatamente esta. E com esta convicção inabalável é preciso descer ao Hades para não se deixar capturar também lá embaixo pela riqueza e por desgraças semelhantes, para não cair na tirania e em outros comportamentos análogos que levam a cometer muitas maldades insuportáveis e depois sofrer individualmente ainda mais; para saber escolher a vida intermediária e evitar o excesso nas duas direções, seja nesta vida, o quanto possível, seja em todas as existências sucessivas. Este é, realmente, o modo pelo qual o homem pode conquistar a máxima felicidade.

## XVI

**Sócrates** – O mensageiro das coisas dos infernos contou que, exatamente naquele momento, o arauto acrescentou: "Também o último que chegou, se fizer sua escolha com todo o discernimento e viver com seriedade, tem diante de si uma existência aceitável, em nada indecorosa. O primeiro a escolher não se distraia e o último não perca o ânimo."

Depois destas palavras, Her contou que o primeiro a ser sorteado escolheu a mais absoluta tirania, sem dar-se conta de tudo por sua insensatez e ganância. Não notou, portanto, que assim estava destinado a devorar seus próprios filhos e a enfrentar muitas outras desgraças. Quando, com a cabeça fria, examinou sua sorte, bateu no peito e deplorou o que havia feito sem dar atenção às advertências do arauto. De fato, não se acusava a si mesmo pelos próprios males, mas ao destino, aos gênios e a tudo, exceto a si mesmo. Era um dos provenientes do céu e na vida precedente havia vivido numa condição bem equilibrada, mas sua prática da virtude havia sido guiada pelo hábito, sem auxílio da filosofia. Enfim, entre aqueles que se deixavam surpreender por ignorância dos sofrimentos, os que desciam dos céus não eram os menos numerosos. Ao contrário, a maioria daqueles que subia da terra, tendo sofrido eles próprios e tendo visto outros sofrer, escolhiam sem precipitação. Por isso, entre a maior parte das almas ocorria uma troca de males e de bens, também por causa da ordem do sorteio. Se realmente quem quer que viesse a este mundo se aplicasse sadiamente à filosofia e se sua vez no sorteio não o chamasse entre os últimos, talvez, de acordo com quanto se conta das coisas lá embaixo, poderia ser feliz não somente nesta vida, mas também sua viagem daqui até lá embaixo e seu retorno para cá não haveriam de ocorrer embaixo da terra no sofrimento, mas no céu e sem dificuldades.

Her contava que o espetáculo de cada alma ocupada em escolher a própria existência era realmente incrível. Um espetáculo de compaixão, mas também risível e absurdo. Porque em geral as almas escolhiam de acordo com os hábitos adquiridos na vida precedente. Contou ter visto, por exemplo, a alma que havia sido de Orfeu escolher a vida de um cisne por ódio às mulheres, visto que havia morrido pelas mãos delas e, portanto, não queria nascer como uma mulher. Viu a alma de Tamíris escolher o rouxinol. Viu também um cisne e outras aves canoras escolher mudar-se em homens. A alma sorteada no vigésimo lugar escolheu a existência de um leão. Era Ajax Telamon que não queria tornar-se homem, relembrando o julgamento das armas. A seguinte era de Agamenon que também odiava o gênero humano por causa do que havia sofrido e escolheu transformar-se em águia. Nos sorteios intermediários estava a alma de Atalanta que, considerando as grandes honras prestadas aos atletas, não teve coragem de passar por sobre este gênero de vida e o abraçou. Depois viu a alma de Epeu tomar a condição de mulher trabalhadora. Entre as últimas se apresentou a alma do bufão Tersites entrar no corpo de um macaco. A alma de Ulisses foi a última a escolher e já curada das ambições, graças à lembrança das dificuldades passadas, andou girando longo tempo em busca da vida de um ocioso qualquer e encontrou uma com dificuldade, largada num canto, menosprezada por todos os outros. Ao vê-la, disse que a teria escolhido mesmo se tivesse chegado ao sorteio como primeira e, contente, a levou. De igual modo, os animais se mudavam em seres humanos ou em outros animais. Aqueles injustos em animais selvagens, aqueles justos em animais domésticos. Ocorriam também misturas de todo tipo.

Quando todas as almas haviam escolhido cada uma a própria vida, apresentaram-se a Láquesis, respeitando a vez do sorteio. Ela mandou para sancionar e guardar a vida escolhida o gênio que cada uma havia tomado para si. Como primeiro trabalho, este conduzia a alma a Cloto, colocava-a sob a mão dela e sob o fuso em movimento, aperfeiçoando o destino escolhido no momento do sorteio. Depois de tê-la convidado a tocar o fuso, a conduzia até Atropo que tornava imutável a trama já tecida. De lá, a alma, sem poder voltar-se para trás, chegava aos pés do trono da Necessidade e passava para o outro lado. Uma vez que todas tivessem passado, dirigiam-se para a planície de Letes, num calor sufocante e abrasador, porquanto não havia ali árvore alguma ou qualquer coisa que brote da terra. À noite, as almas acamparam junto ao rio Ameles, cuja água vaso algum pode conter. Cada uma foi obrigada a beber uma certa quantidade dela, mas aquelas que não eram protegidas pela prudência bebiam mais que o necessário. Quem bebesse daquela água, esquecia-se de tudo. Uma vez adormecidas, no coração da noite, sobreveio um terremoto, iluminado por raios e, de improviso, elas se levantaram, correndo uma daqui outra acolá em direção do nascimento e dispersaram-se como estrelas fugazes. Her, porém, havia recebido ordem de não beber daquela água. Não sabia como nem por que caminho havia retornado ao corpo, mas de repente ergueu os olhos e de madrugada viu-se estendido sobre a pira.

E assim, Glauco, seu relato se conservou e não foi perdido, podendo até ser salutar também para nós, se nele crermos e conseguirmos atravessar ilesos o rio do esquecimento e não contaminarmos nossas almas. Se vocês me derem crédito, se estiverem convencidos de que a alma é imortal e capaz de suportar todo mal e todo bem, haveremos de percorrer sempre a via elevada e praticar de todos os modos a justiça junto com a prudência. Assim nos tornaremos caros a nós mesmos e aos deuses, enquanto ficarmos aqui embaixo e também quando conquistarmos as recompensas da justiça, semelhantes às dos atletas vitoriosos que correm para conquistá-las. E assim seremos felizes, seja nesta terra, seja na caminhada de mil anos que descrevemos.

# Vida e obras do autor

Platão nasceu em Atenas, Grécia, no ano 427 antes de Cristo, de família nobre e rica. Aos vinte anos, passa a frequentar o círculo dos discípulos de Sócrates, conhecendo pessoalmente este filósofo e com ele convivendo até a morte do mesmo, no ano 399. Empreende muitas viagens pela Grécia, vai até o Egito, viaja à Itália três vezes, onde mora e onde é nomeado conselheiro do tirano de Siracusa, Dionísio, o Velho. Expulso, voltaria mais tarde na mesma função de conselheiro de outro tirano de Siracusa, Dionísio, o Jovem; ao envolver-se em questões políticas internas, cria inimizades na cúpula do poder e perde o encargo. Convidado uma terceira vez, Platão passa a defender seu amigo exilado Dion e perde novamente seu encargo. Após a primeira permanência na Sicília, de volta a Atenas, funda uma escola, a Academia. Depois da terceira experiência na Sicília, fixa residência definitiva em sua cidade natal, Atenas, e se dedica até a morte à sua Academia e a escrever seus livros e tratados. Morre, entre os anos 348 e 347, sem ter podido dar o retoque final à sua grande obra, As Leis.

## Breve cronologia da vida de Platão:

**427** - nascimento em Atenas
**407** - conhece Sócrates e entra em sua escola

**399** - processo e morte de Sócrates; em defesa do mestre, Platão escreve o livro Apologia.
**388** ou **387** - primeira viagem à Sicília e conselheiro do tirano Dionísio, o Velho
**387** ou **386** - de volta a Atenas, funda a Academia
**367** ou **366** - segunda viagem à Sicília e conselheiro do tirano Dionísio, o Jovem
**361** ou **360** - terceira viagem à Sicília e novamente conselheiro de Dionísio
**348** ou **347** - morre em Atenas

**Impressão e Acabamento:**
Gráfica Oceano

```
                                                                    τ̣
     ̣  ̣λ̣α̣σ̣ς̣   ̣κ̣α̣ι̣υ̣τ̣                     ̣  ̣  ̣  ̣  ̣  ̣ ̣λ̣ο̣υ̣                   δ̣ι̣
  ο̣ν̣τ̣ε̣  ̣α̣δ̣  ̣  ̣  ̣ν̣ο̣υ̣  ̣                    ̣  ̣  ̣τ̣ε̣ρ̣  ̣                        ο̣ι̣
  ε̣φ̣ε̣σ̣τ̣η̣κ̣ι̣ε̣σ̣α̣                          ̣  ̣  ̣π̣ο̣                             τ̣α̣
  α̣ι̣  ̣ο̣ν̣  ̣ν̣ τ̣ο̣ι̣                    ε̣ι̣ς̣ τ̣ο̣υ̣τ̣ο̣υ̣ς̣ γ̣α̣ς̣                        τ̣ε̣
  ε̣σ̣ι̣  ̣  ̣  ̣  ̣  ̣  ̣  ̣α̣ι̣ν̣                  π̣α̣θ̣ο̣υ̣ ι̣α̣ε̣  ̣  ̣                    ο̣τ̣
       ̣  ̣ τ̣ε̣ρ̣α̣ δ̣ι̣α̣                     ε̣ρ̣ω̣τ̣ο̣ς̣  ̣  ̣                         γ̣ε̣
  κ̣τ̣η̣σ̣ι̣α̣π̣ο̣ο̣υ̣μ̣ε̣ν̣                          τ̣ε̣τ̣ρ̣α̣λ̣ο̣μ̣ε̣  ̣                    τ̣ε̣
  π̣ο̣ν̣ο̣υ̣ι̣π̣ε̣ι̣ε̣κ̣ο̣ν̣                          α̣π̣ο̣ο̣ο̣υ̣ν̣                        σ̣τ̣
  λ̣ο̣γ̣ω̣ι̣ α̣δ̣υ̣ν̣α̣τ̣ο̣σ̣                          α̣ν̣ω̣δ̣α̣  ̣κ̣α̣ι̣η̣                    ε̣λ̣
  α̣ρ̣χ̣  ̣ο̣σ̣ο̣ν̣ο̣μ̣π̣ρ̣ο̣                          ε̣φ̣α̣η̣τ̣κ̣ι̣α̣ι̣ο̣υ̣  ̣                   ε̣υ̣
   ̣ο̣γ̣  ̣ι̣σ̣ο̣σ̣τ̣ο̣                           π̣ε̣ρ̣τ̣ο̣τ̣ε̣  ̣  ̣ω̣ι̣ν̣                   σ̣  ̣
  ε̣τ̣τ̣ι̣χ̣ρ̣ο̣σ̣δ̣ε̣τ̣ο̣ν̣                           α̣π̣ε̣κ̣α̣ν̣  ̣  ̣ε̣σ̣                     ̣  ̣
         ̣  ̣τ̣ο̣ν̣ π̣ο̣τ̣ε̣                          ο̣υ̣τ̣ω̣ν̣ε̣ι̣ς̣  ̣  ̣σ̣  ̣                α̣ε̣
  ρ̣τ̣ο̣ς̣ ο̣υ̣ δ̣ι̣α̣ π̣ρ̣ο̣λ̣  ̣                       τ̣ο̣υ̣σ̣δ̣ε̣ ε̣π̣ι̣ν̣                    α̣ε̣
  η̣  ̣ε̣κ̣α̣τ̣ι̣ο̣ρ̣α̣ν̣                             α̣ι̣ε̣μ̣ω̣σ̣ε̣ι̣π̣ε̣                   ο̣ν̣ε̣
  ο̣σ̣  ̣  ̣ν̣ι̣  ̣σ̣ε̣ν̣ω̣                          ο̣τ̣ι̣κ̣α̣ι̣γ̣α̣ρ̣ω̣τ̣α̣ς̣                 δ̣ι̣ω̣
  π̣ρ̣  ̣  ̣ ρ̣υ̣  ̣ ν̣                              φ̣ι̣λ̣α̣ρ̣ε̣ι̣σ̣ι̣ν̣ο̣υ̣ς̣                τ̣ο̣ν̣τ̣
         ̣ο̣τ̣ι̣ κ̣ο̣σ̣ω̣ν̣ο̣σ̣                        ω̣σ̣α̣ν̣τ̣ω̣ο̣σ̣α̣  ̣                  ι̣δ̣υ̣ς̣
           ̣ε̣ν̣δ̣α̣τ̣ι̣ω̣ι̣                          ν̣ι̣δ̣ω̣σ̣ε̣ι̣ρ̣  ̣                   κ̣μ̣α̣ν̣
      ̣  ̣δ̣ι̣  ̣ ε̣τ̣η̣τ̣ο̣υ̣                         τ̣ω̣λ̣ο̣γ̣ω̣κ̣α̣ν̣ε̣                   α̣λ̣ε̣
      ̣  ̣  ̣  ̣  ̣  ̣α̣λ̣ο̣γ̣ο̣                        κ̣ν̣ο̣ε̣κ̣τ̣ο̣υ̣β̣ι̣ο̣υ̣                α̣ν̣τ̣ι̣
  υ̣α̣σ̣  ̣ν̣ε̣ν̣ν̣η̣τ̣α̣ι̣                            ε̣λ̣π̣ο̣θ̣ε̣σ̣ι̣ γ̣α̣ρ̣α̣ι̣                ι̣ο̣ν̣α̣
  α̣γ̣ε̣τ̣α̣ι̣μ̣σ̣ο̣δ̣ι̣π̣ο̣                            ω̣ν̣τ̣ι̣σ̣τ̣υ̣χ̣ο̣ι̣π̣α̣ν̣                τ̣ε̣ν̣α̣π̣
  τ̣ε̣ρ̣α̣μ̣α̣τ̣ρ̣ο̣ι̣α̣σ̣                              γ̣ε̣ν̣ν̣α̣λ̣α̣ι̣  ̣  ̣κ̣π̣ι̣ρ̣               σ̣τ̣ι̣β̣ο̣
  τ̣ο̣π̣ε̣δ̣ε̣α̣η̣π̣ι̣                                 ο̣σ̣τ̣ο̣ν̣σ̣ο̣  ̣  ̣  ̣υ̣ο̣υ̣             ν̣ε̣ι̣α̣
  ν̣τ̣η̣ν̣κ̣α̣λ̣ο̣υ̣                                   δ̣ι̣ε̣π̣ι̣ο̣ν̣τ̣ο̣σ̣ε̣ν̣ε̣υ̣ω̣ν̣            ρ̣α̣τ̣λ̣
  τ̣η̣τ̣ι̣ν̣ν̣δ̣α̣ι̣                                   ε̣κ̣α̣υ̣π̣ρ̣ο̣τ̣ε̣ρ̣η̣τ̣ο̣               ι̣τ̣α̣  ̣
  α̣χ̣η̣ι̣α̣λ̣α̣ν̣                                    τ̣ω̣π̣ρ̣α̣ε̣υ̣σ̣ε̣ω̣π̣τ̣ο̣ν̣              δ̣  ̣
```